EYストラテジー・アンド・コンサルティング 著

「ソーシャル×テクノロジー」
で生まれるビッグチャンス

3つのステップで成功!

社会課題で新規事業をつくる

SE SHOEISHA

はじめに

「ポリクライシスの時代」への突入

ポリクライシス（Polycrisis）という言葉をご存じだろうか。

これはフランスの社会学者であるエドガール・モランが提唱した造語で、〝Poly〟（多数の）と〝Crisis〟（危機）を組み合わせている。つまり、複数の世界的な危機が絡み合い、個々の事象を単純に足し合わせた以上の大きな影響を及ぼすことを指す。日本語では〝複合危機〟と訳される。世界経済フォーラム（ＷＥＦ）が公表した２０２３年版の「グローバルリスク報告書」[1]でも、ポリクライシスというキーワードが登場して注目を浴びた。

同報告書では、環境破壊や自然災害、気候変動といった問題の緩和あるいはそれに対する適応に失敗することで、食料・水・希少鉱物・エネルギーなどをめぐる天然資源危機が増幅するとしている。それがさらに地政学上の対立や国家間の紛争、インフレによる生活コストの高騰、サプライチェーンの寸断といったリスクを増大させることが懸念されているという。

現在、世界的に起きている危機が勝手に消えるとは誰も思っていないはずだ。また感染症によるパンデミックのような危機が、私たちには想像のつかないタイミングと次元で発生することもすでに経験している。これからは、同時多発かつ複雑に絡み合う複数の世界的なリスクに対応しなくてはいけない時代（ポリクライシスの時代）に突入したのだ。

この時代に求められる企業経営とは

では、ポリクライシスが常態化した時代の企業経営とはどうあるべきか。

今、世界で起きている様々な危機は、企業だけでなく人類の存続をも脅かしかねない地球規模のものだ。先の「グローバルリスク報告書」の2024年版では、「今後10年間のグローバルリスクのトップ10」の上位を気候変動に関するものが占めた（1位 異常気象、2位 地球システムの危機的変化、3位 生物多様性の喪失と生態系の崩壊、4位 天然資源不足）。また、生成AIなどの先端技術がもたらすリスク（5位 誤報と偽情報、6位 AI技術がもたらす悪影響、8位 サイバー犯罪やサイバーセキュリティ対策の低下）も今後さらなるリスクになると予測されている。

これまで企業にとってのリスクと言えば、競争環境の変化を指すものだった。例えば、「顧客の価値観の変化」や「新たな競合の登場（ディスラプターの登場）」、「代替の脅威（自社の商品・サービスが代替品・サービスにシェアを奪われる）」などだ。

しかし今、企業経営が直面しているのはポリクライシスだ。経営者はポリクライシスを言い訳にして、持続的な成長を放棄することも当然できないであろう。だからと言って「来年のことを

1　1000名を超える様々な分野の世界的なリーダーの集合知を結集し、短期および長期に起こり得る世界的な危機的事象を公表する報告書。

言えば鬼が笑う」とばかりに、将来のリスクに目をつぶるわけにもいかない。

そのため、中長期での機会とリスクを織り込むために、メガトレンド[2]を予測した上で未来の自社の経営や事業をデザインし、企業を大きく転換していくような経営が求められている。

チューリッヒ・インシュアランス・グループのサステナビリティ・リスク部門責任者であるジョン・スコットは先の「グローバルリスク報告書」の中で、次のように述べている。

「世界は、ＡＩ、気候変動、地政学的な変化、人口動態の変遷など、大きな構造転換期を迎えています。しかし、**それらはチャンスでもある**」

すでにカーボンニュートラルに関しては、国や企業は守りの姿勢から攻めの姿勢へと転換しつつある。つまり、**「新たなルールを遵守する」という発想から、「脱炭素を新たな成長の機会やビジネスチャンスと捉える」という発想への転換**だ。日本の「２０５０年カーボンニュートラルに伴うグリーン成長戦略」でも、「温暖化への対応を、経済成長の制約やコストとする時代は終わり、国際的にも、成長の機会と捉える時代に突入した」と認識されている。そのため成長が期待される14の重点分野を定め、「経済と環境の好循環」をつくる産業政策が立案されている。

では、企業はポリクライシスの時代において、いかに社会課題を成長のチャンスにできるのか。

これが本書のテーマである。

社会課題はビジネスチャンス

多くの企業は、既存の主力事業の成長が見込めない中で、自社の将来を支える新たな主力事業を模索している。著者陣が所属するＥＹストラテジー・アンド・コンサルティング株式会社（以下、

EYSC）でも、「3〜5年後、ないしは10年後に新たな主力となる事業」の検討支援を依頼いただく機会は増えている。当然ながら、成長の見込めない既存事業の延長線上に有望な事業はないため、現在の事業環境から将来を予測して新たな事業を考える「フォアキャスティング」のアプローチには限界がある。そのため近年は、客観性の高い将来予測などを参考にしながら、「実現したい未来」を描いた上で将来の事業を検討する「バックキャスティング」のアプローチが、多くの企業で用いられている。

一方で、バックキャスティングのアプローチを用いても、なお問題になるのが、「将来の具体的なビジネス機会をどのように見出すべきか」である。

我々はその答えとして「**将来の社会課題への着目**」を提唱している。将来の社会課題に着目することで、企業はポリクライシスの時代に成長のチャンスを見出すことになる。

では、社会課題とは何か。これは**様々な社会問題（一般に広くその存在が知れ渡っている未解決の普遍的な問題）が原因となって引き起こされる、広範囲に影響のある課題**を指す。社会や政治・経済、人々の生活などに関わり、かなりの人数に影響する。例えば、「環境問題・格差拡大」、「紛争・戦争」は社会問題であり、それに対し「暑熱による過剰死亡リスク増大」、「家庭環境による格差拡大」、「供給制限によるエネルギー価格高騰」などは社会課題である。

社会課題の解消には、多大な時間と投資が必要だが、成功すれば**経済的なインパクトは大きい**。また、再生可能エネルギーのように、社会課題の解決を目的とした技術には**多くの資金が流入する**。そして様々な企業が参入することで**社会実装が加速し、さらに産業としての規模が大きくなる**。

2 政治・経済・産業・社会・技術だけでなく、生活などの様々な分野において、地球規模で重大な影響を及ぼす変化やその動向。

る。また社会課題解決を背景にしたビジネスを展開する企業は、その**企業価値が向上する**。

となると、企業がここに成長のチャンスを見出さない理由はないはずだ。もし企業が将来の社会課題に着目せず、また成長のチャンスと捉えられないのであれば、「社会貢献を果たしていない」だけでなく、「ビジネスの成長と企業価値の向上を自ら放棄している」とも言える。

実は、すでに企業における社会課題解消の機運は高まりつつある。一方で、それをビジネスにして高収益を上げる企業はまだ少ない。社会課題は成長のチャンスではあるが、ビジネスという面では依然道半ばで黎明期にあると言えよう。

本書では、未来の社会課題に着目し、ビジネスとしての潜在性の高い社会課題解決を見つけ、ビジネスとして成功させるための手法を具体的に紹介したい。

第1部は社会課題ビジネスの定義や具体的な事例、企業における取り組みの現在地を述べる「基礎編」、第2部は企業に収益をもたらす社会課題解消ビジネスの具体的な立ち上げ方を解説する「実践編」と位置づける。第3部は社会課題の解消とビジネスに不可欠な先端テクノロジーの実際に迫る「エマージングテクノロジー編」、第4部は社会課題解消ビジネスの具体的な題材を提示する「具体的な社会課題編」として構成する。

本書は、単なる事例集ではない。また昨今、様々なメディアで取り上げられるサステナビリティ・トランスフォーメーション（SX）に散見されるような「べき論・概念論・理想論」とも異なる。社会課題を題材にした収益の伴うビジネス、その実践をとことん追求した書籍である。本書を最後までお読みいただいた時には、世の中の社会課題の本質と、ビジネスにする上でのリアルをご理解いただけるであろう。

第2部

社会課題ビジネスの思考法

第3部 どんなテクノロジーが社会課題を解消するのか

第4部 どんな社会課題テーマに着目すべきか

会員特典データのご案内

SEPTEmber フレームワークで整理した社会課題の例（第 5 章コラム）、および世界経済フォーラムが選出したエマージングテクノロジーのリスト（第 14 章）を会員特典として提供します。
会員特典データは、以下のサイトからダウンロードして入手いただけます。

⬇⬇⬇

https://www.shoeisha.co.jp/book/present/9784798188263

※会員特典データのファイルは圧縮されています。ダウンロードしたファイルをダブルクリックすると、ファイルが解凍され、利用いただけます。

●注意

※会員特典データのダウンロードには、SHOEISHA iD（翔泳社が運営する無料の会員制度）への会員登録が必要です。詳しくは、Web サイトをご覧ください。
※会員特典データに関する権利は著者および株式会社翔泳社が所有しています。許可なく配布したり、Web サイトに転載することはできません。
※会員特典データの提供は予告なく終了することがあります。あらかじめご了承ください。
※図書館利用者の方もダウンロード可能です。

●免責事項

※会員特典データの記載内容は、2025 年 4 月現在の法令等に基づいています。
※会員特典データの提供にあたっては正確な記述につとめましたが、著者や出版社などのいずれも、その内容に対してなんらかの保証をするものではなく、内容やサンプルに基づくいかなる運用結果に関してもいっさいの責任を負いません。
※会員特典データに記載されている会社名、製品名はそれぞれ各社の商標および登録商標です。

第1部

なぜ今、社会課題解消ビジネスなのか

ビジネスの新潮流として注目される「社会課題解消ビジネス」。なぜ世界的に注目されているのか、そもそもどのようなビジネスなのか、先行する海外ではどのようなビジネスが存在するのか、一方で日本企業の取り組み状況はどのようなものか。こういった観点から検証する。

第1章

ビジネスとしての社会課題が注目されるのはなぜか

古くて新しい経営課題

まず、企業が現在、社会課題とビジネスをどのように捉えているのかを見ていきたい。

経済情報のプラットフォームサービスを提供するスピーダが実施した「中期経営計画の実態調査2024」によると、国内の上場企業の約8割が中期経営計画を策定しているという。中期経営計画は、企業が3～5年後の中期の数値目標[1]や事業の方向性を明確にし、また投資家のみならず従業員とも共有してその実現をコミット（責任を持って約束）するものだ。

近年、事業環境の不確実性が高まる中、企業の中期経営計画に対する取り組み方も変わってきた。従来は、現状の自社の成長率を前提に、数値目標を線形に積み上げていくのが通常だった。それが近年では、将来のありたい姿を明確にして、その実現に向けた投資や構造改革といった具体的な企業変革のための施策を示す企業が増えている。

また、企業の中期経営計画に、数年前からある傾向が見られる。それは、**「社会課題」と「ビジネス」双方への言及**である。

● 「社会課題の解決に貢献するビジネスを創出」
● 「事業を通じて社会課題の解決に貢献し続ける企業への進化」
● 「社会課題の解決と収益力向上の両立を目指す」
● 「社会課題を解決するリーディングカンパニーとなる」

など、その表現は様々であるが、社会課題を解消する企業を目指すことを宣言する企業が増えている。この傾向について特筆すべき点としては、

① 特定の業界ではなく、業種業界を問わず多くの企業で言及されている。
② 社会課題を「新ビジネス創出」など新たな成長の機会と捉えている。
③ 社会課題解消について、収益を出しながら持続的に行う事業と考えている。

などが挙げられるが、実は、ビジネスを通じて社会課題を解消するだけでなく、社会課題解消自体をビジネスとして収益化する、という考え方自体は必ずしも新しいものではない。ハーバード大学のマイケル・E・ポーターとマーク・R・クラマーが2011年に発表した論文「Creating Shared Value（共通価値の創造、以下CSV）」では、CSVを「社会のニーズや問題に取り組むことで社会的価値を創造し、同時に、経済的価値が創造される」フレームワークとして紹介している。また、2021年には、英国の学術誌「International Journal of Management

1　売上高、営業利益、新旧の事業の売上比率、自己資本利益率（ROE）、株価純資産倍率（PBR）など。

Reviews」で、CSVは「企業が社会課題を新たなビジネスオポチュニティに転換する戦略的なプロセス」と再定義されている。

ポーターらはCSVの論文で、これまで企業が収益と社会課題解消を両立させるのは難しいとされてきた考えを否定し、社会課題を解消しながら、収益を上げつつ競争優位も高められると説明している。またCSVは、企業の慈善活動やCSR[2]など特定の目的のための寄付などとは、**経済的利益と社会的利益の両方を生み出す**という点で異なるという。

日本でも、少子高齢化の進展、人口の都市部への集中、ライフスタイルの変化などに伴う様々な社会課題の顕在化を背景に、事業性を確保しながら社会課題を解決しようとする活動の支援を経済産業省が開始。「ソーシャルビジネス研究会」を2007年に設置し、その報告書の中で、以下の3点の要件を満たす主体をソーシャルビジネスとして定義している。

① **社会性**　現在解決が求められる社会的課題に取り組むことを事業活動のミッションとすること。
② **事業性**　①のミッションをビジネスの形に表し、継続的に事業活動を進めていくこと。
③ **革新性**　新しい社会的商品・サービスや、それを提供するための仕組を開発すること。また、その活動が社会に広がることを通して、新しい社会的価値を創出すること。

近年、様々な企業の中期経営計画等で謳われている「社会課題をビジネスにする」ことは、今に始まった経営の考え方ではなく、「**古くて新しい経営課題**」と言えよう。ではなぜ今、それが改めて注目されているのか。その背景は、3つの条件が揃ったことにある、と考える。

図表1-1　社会課題解消ビジネスが注目される背景

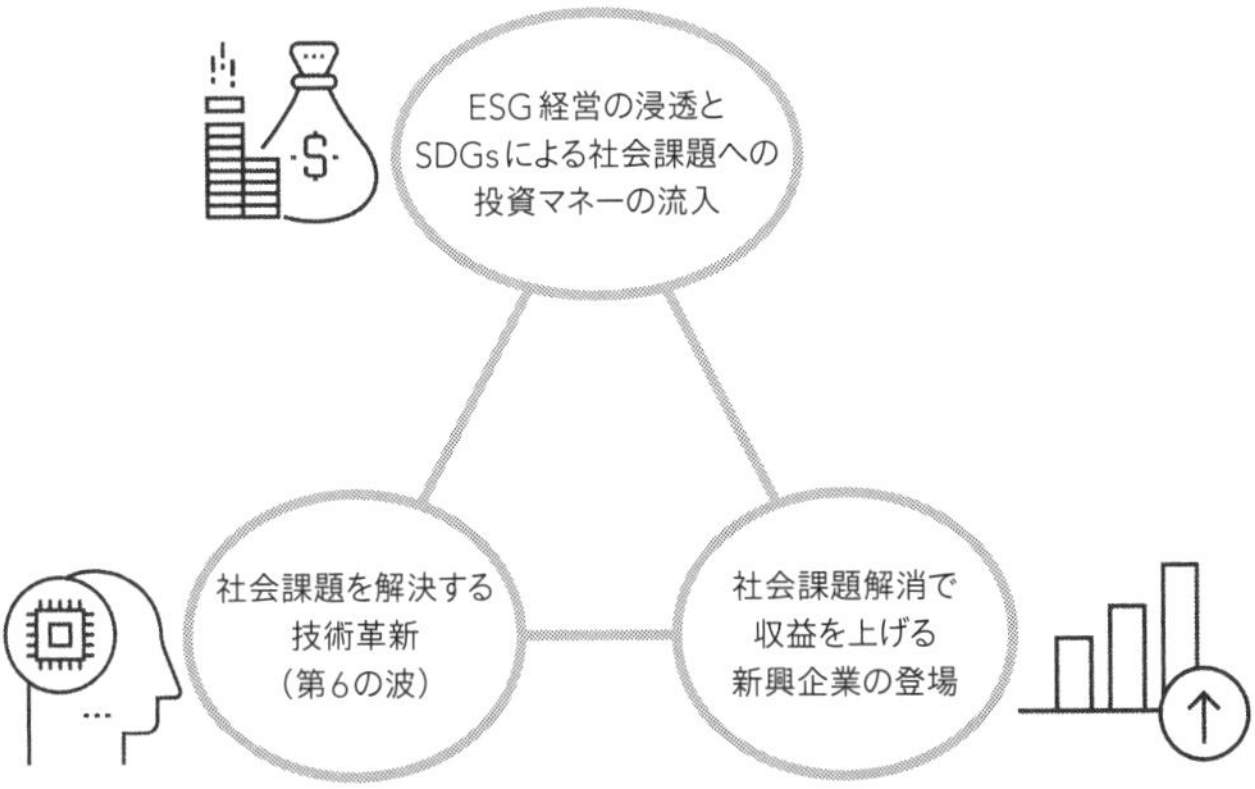

- ESG経営の浸透とSDGsによる社会課題への投資マネーの流入
- 社会課題を解決する技術革新（第6の波）
- 社会課題解消で収益を上げる新興企業の登場

以上3つの条件が揃ったことで、社会課題の解決とビジネスとの両立を目指す企業が増えたと考える。言い方を変えると、社会課題はその解決に資する先端テクノロジーとめぐり会い、投資マネーを背景に様々な企業が社会実装に挑戦することで、「ビジネスになる」とも言える。

同時に先端テクノロジーは、**社会課題とめぐり合うことで初めてビジネス上実用可能になり、「お金を生むテクノロジーになる」**と考えられる。先端テクノロジーは往々にしてマネタイズが難しい（「お金を生むテクノロジー」になりにくい）が、適切なタイミングで社会課題に適用するこ

2　CSR＝Corporate Social Responsibility、企業が社会的存在として果たすべき責任

とでブレイクスルーにつながるのである。

ここからは3つの条件それぞれについて、詳しく見ていきたい。

条件1　ESG経営とSDGs

まず、企業におけるESG（環境・社会・ガバナンス）経営の浸透により、社会課題解消に取り組む合理的な理由ができた。日本政府が2050年までに温室効果ガスの排出を全体としてゼロにするカーボンニュートラルを目指すことを2020年に宣言して以降、ESGの中でも「環境（Environment）」に対する企業の問題認識が高まった。結果、ESG経営を急速に推進する追い風になったと考えられる。

日本企業がESG経営として実際に取り組んでいることは、コーポレートサイト上での情報開示、企業が考慮すべき重要課題（マテリアリティ）の特定、人的資本情報開示、気候関連財務情報開示タスクフォース（TCFD）対応など情報開示が中心である。一方、欧米の企業では「Beyond ESG」として情報開示の先にあるESG経営で差別化を目指す企業も出てきており、日本企業でも「攻めのESG」として、企業成長と社会課題解消の両立を目指す企業も現れている。

また、SDGs（持続可能な開発目標）の採択も大きな背景となっている。これにより、「社会課題を解消しなくてはいけない」というコンセンサスが世の中に形成され、投資家も社会課題解消に関心を寄せ、世界の投資マネーがそこへ流入するようになった。策定当時、国連貿易開発会議（UNCTAD）の「World Investment Report 2014」の中で、SDGsの達成には年間5兆～7兆ドルの投資が必要であると推定されていた。しかしながら、2022年時点で必要な投資額と実際の投資額とのギャップが、年間で約3兆9000億ドルに上るとOECDは推定している。

SDGs達成には、このギャップの解消が急務であるが、公的資金で全てを賄えるわけはなく、SDGsの各分野に対する民間セクターからの資金流入の加速・拡大が不可欠となっている。そういうわけで、各国政府からも、企業の事業としての社会課題解消に対する要請が高まっている。

条件2 技術革新の「第6の波」

社会課題解消とビジネスの両立が注目されるようになった第2の条件が、技術革新である。技術革新と経済成長は密接に関連しており、18世紀後半の産業革命以降、数十年の周期でそのサイクルが繰り返され、またその周期も短くなっていると考えられている。

事実、歴史を振り返ってみても、各サイクルの中で技術革新が起き、社会に経済発展をもたらし、企業にも新たな成長の機会をもたらしている。18世紀後半の産業革命の始まり以来、6つのサイクル（波）が特定され、現在はまさに技術革新の「第6の波」を迎えているとされる。

第6の波は、モノのインターネット接続（IoT）、ロボット工学、ドローンなど、人工知能とデジタル化などによって起きる。物理的な商品やサービスのデジタル化がさらに加速する可能性が高く、自動化や予測分析、データ処理など技術の高度化が生み出す効果は非常に大きい。そのため第5の波までとは全く異なる次元の技術革新になると考えられている。

また気候変動を背景に、地球環境問題の解決策として注目される技術は、クリーンテクノロジー（Clean Technology）と呼ばれる。再生可能エネルギー、太陽光や風力発電、スマートグリッド、さらには浄水技術などがそれにあたり、まさに第6波の技術革新と考えられている。つまり、第

図表1-2　技術革新の6つの波

波	概要
第1波（1785~1845）	水力、繊維、鉄などの技術革新により、産業革命初期は衣服や様々な道具などが多くの人々の生活を変えたが、その後、海上輸送技術の発展により主に欧州各国の植民地帝国と商業帝国を支えた。重要な内陸水路システムも構築され、生産と輸送のコストが大幅に削減
第2波（1845~1900）	主に蒸気機関の技術革新により、エネルギー源として石炭が使用可能になり、鉄道輸送システムの発達で国内外でより幅広い資源にアクセス可能となり、蒸気船は世界貿易と商業機会の拡大を可能にした。また綿の大量生産により、衣料品が手頃な価格になり、繊維産業の機会が大幅に向上
第3波（1900~1950）	電気・電化の技術革新により様々な機械・機器が使用可能となり、地下鉄や路面電車などの都市交通システムが発展し、経済活動が劇的に変化。また内燃機関技術により自動車産業が生まれ、乗客と貨物の移動性が拡大
第4波（1950~1990）	第二次世界大戦後、プラスチック（石油化学）などの新素材や電子機器（テレビ）などの新分野により大きく産業が変化。ジェットエンジンは航空産業を大衆向けに拡大し、人々の移動範囲が飛躍的に広がった
第5波（1990~2020）	情報技術の発展に伴い、製造から販売までの流通システム（ロジスティクス）や通信などの面で効率化が進み、企業間取引が大幅に拡大。コンピュータ機器（ハードウェアやパーソナルコンピューティングデバイス）とソフトウェア産業が発展し、電子商取引プラットフォームなど新しい産業が誕生
第6波（2020~2045?）	**第6の波の原動力となる可能性のある主要技術はすでに導入されており、主にロボット工学、自動化、デジタル化、持続可能性などに関連するものが含まれる**

6の波以降は、社会課題解消に貢献する技術革新が登場すると想定されており、先端テクノロジーの社会実装のスピードとインパクトはこれまでの波を上回ると予想されている。

条件3　新興企業の登場

第3の条件として、社会課題を技術革新で解決し、実際に収益を上げる企業の登場が挙げられる。新型コロナウイルス感染症による世界的なパンデミックにより、社会のデジタル化が急速に進展した。その結果、全世界でユニコーン企業が急増した。ユニコーン企業は分野別に見ると、FinTech（フィンテック）や電子商取引（EC）、AIに関連した企業が多い。それらに加えて、社会や経済、生活のデジタル化の進展により、先端テクノロジーを活用したソリューションを提供するX-Tech（クロステック、エックステック）企業が、産業や業種を超えて様々な分野に登場した。気候変動をはじめとする様々な社会課題の解決を目指したX-Tech企業も登場し、実際にビジネスとして成功し始めている。

すでに認知されている新興企業の例はテスラであろう。同社は、電気自動車の製造・販売で広く認知されているが、蓄電池や太陽光発電の機器も製造・販売している総合的なクリーンエネルギー企業である。

テスラが掲げる企業としての使命（ミッション）は、「持続可能なエネルギーへ世界の移行を加速させること」である。同社の発表した「2023 Impact Report」によると、テスラの顧客は、大気中に2000万トン以上のCO_2e（温室効果ガスの二酸化炭素換算値）が放出されることを防いだという。また、電気自動車だけでなく、同社が製造・販売する住宅太陽電池パネルやソーラーループ[3]、パワーウォール（家庭用リチウムイオン蓄電池）、パワーパック（企業および電力会社向け蓄電池）を組み合わせて、エネルギーと交通の領域でのエコシステムを築くことで、化石燃料を代替するエネルギーを提供する。また同社の売上高純利益率は、2021年上半期から2023年下半期までトヨタ自動車を上回っており、社会課題解消とビジネスの両立が実現していると言える。

X-Techがターゲットにする社会課題は、地球温暖化や気候変動だけでなく、食、農業、ヘルスケアや教育のほか、睡眠障害や女性の健康の課題にまで及び、様々なスタートアップが勃興している。また、それぞれの市場規模も兆円単位と巨額で、成長性も高いことに注目すべきだ。

つまり、様々な社会課題と先端テクノロジーがかけ合わさることで、社会課題解消の市場が生まれ、企業にとっては大きな機会となるのである。そのため先端テクノロジーは、どんな社会課題と出会うかによって、「お金を生むテクノロジーになる」のか、どれぐらいの価値を生むのかが大きく変わる。

実は、米国を中心に、社会課題解消に取り組む企業の業績や成長性についての研究が進んでいる。米国のビジネス系の学術研究誌（「Journal of Business Research」）で取り上げられた興味深い研究がある。それは「Social enterprises and market performance（社会課題解消に取り組む企業の市場におけるパフォーマンス）」という研究で、2004年から2010年までの米国の新規ベンチャー4928社、とりわけそのうち社会課題解消に取り組む232社を対象にしている。その研究によると、社会課題解消に取り組むベンチャー企業には、以下のような傾向が見受けられる。

- 他のベンチャー企業に比べ、成長性そのものは必ずしも高くないが、長く存続している。
- 成長は、その革新的な製品やサービスが要因になっているが、公共分野との連携を深め、ローカル市場の拡大を追求する企業はさらに成長している。

また、世界経済フォーラムが発表したレポート「The State of Social Enterprise: A Review of Global Data 2013–2023」では、2013年から2023年の間に収集された80カ国以上のデータを使用して、社会課題解消に取り組む企業に関して、業績の観点だけでなくより多面的な分析が行われ、次のようなことが分かっている。

- 世界には、自社の経済的利益よりも社会課題解消を優先する企業が約1000万社存在する。
- そうした企業は、ソーシャルインパクトを残しながらも、毎年約2兆ドルの収益を生み出している。この数字は、アパレル業界（1兆5700億ドル規模）より大きく、広告業界（8750億ドル規模）の2倍に上る。
- 生み出す雇用は全世界で2億人分であり、農業から金融サービスまで様々な分野に及ぶ。
- 約1兆1000億ドルの外部資金を集めている（個人貯蓄を超える額である）。
- 2社に1社は女性経営者が経営する。

社会課題解消とビジネスの両立を実現する企業は、社会および環境に大きなインパクトを与えるのはもちろん、実際に経済的価値や雇用を生み出している。また女性経営者が多いことからも、ジェンダーギャップを埋める役割も果たしているのである。

3　太陽光パネルと屋根用タイルを一体化した建材一体型太陽電池。

X-Tech	社会課題	代表的なサービス（例）
エドテック（EdTech）	国・地域・経済による教育格差、教師の働き方改革、教師や教材の不足、学校施設の劣化	●授業支援・校務支援 ●デジタル教材 ●学習支援・管理システム
アグリテック（AgriTech）	人口増加に伴う農業の環境負荷の増加、農薬や肥料の過剰投与、大気汚染や水質汚染、土壌汚染の拡大	●作物・土壌・灌漑・畜産管理 ●スマート農業 ●バイオテクノロジー ●屋内農業
スリープテック（SleepTech）	不眠症、睡眠時無呼吸症候群、レストレスレッグ症候群といった睡眠障害の有病率の増加	●ウェアラブル睡眠トラッカー ●スマートマットレス ●睡眠モニター ●睡眠サウンドマシン
フェムテック（FemTech）	働く女性の増加と女性の抱える課題（月経随伴症状等）による社会経済的負担・社会的損失	●骨盤底筋活性化 ●胎児挙動のモニタリング ●ホットフラッシュ緩和 ●生理周期管理アプリ

なお、社会課題解消で収益を上げる企業が台頭している背景の1つとして、「テックラッシュ（Techlash）」があると言われている。これは、技術（tech）と反発（backlash）の2つの言葉から成り、テクノロジー大手に対する敵意の高まりという新しい現象を表現するために、エコノミスト誌が生み出した造語である。オックスフォード英語辞典では、「特にシリコンバレーを拠点とする大手プラットフォーマーが持つ影響力の増大に対して、広く抱かれている強い嫌悪感」と定義されている。

大手プラットフォーマーとは、アルファベット（グーグル）、アマゾン、アップル、

図表1-3 テクノロジーの活用事例

X-Tech	社会課題	代表的なサービス（例）
クリーンテック（CleanTech）	地球温暖化による海水の膨張や氷河の融解、海面の上昇、気候変動による異常気象の頻発、自然生態系や生活環境の破壊	●再生可能エネルギー ●マイクロ発電所 ●CO_2回収・利用・貯蔵 ●エネルギー貯蔵技術
フードテック（FoodTech）	畜産物と穀物の需要の高まりによる食料不足、開発途上国における貧困や自然災害、紛争飢餓の拡大、食品ロスの拡大と廃棄や焼却に伴う温室効果ガスの排出	●フードロボット ●分子ガストロノミー ●人工肉、培養肉 ●食品宅配サービス
ヘルステック（HealthTech）	低所得国での妊産婦・新生児・5歳以下の高い死亡率、熱帯病や伝染病の拡大、薬物・スマホ等の依存性の増加、医療費の高騰と格差拡大	●遠隔医療・オンライン診療 ●AI画像診断 ●ウェアラブル&ヘルストラッキング ●高齢者の見守り ●デジタルメンタルヘルスケア

メタ（フェイスブック）、マイクロソフトの5大IT企業を指すが、こうした企業のサービスをただ享受するだけの時代は終わった。生活の隅々まで彼らのサービスが浸透することで、主に4つの悪しき影響（独占化・寡占化、偽情報・誹謗中傷の広がり、個人情報の乱用、メンタルヘルスの悪化）が生まれている。人々はその影響の大きさに気づき、強烈な拒否感を示し始めた。そのため、社会課題を解決して社会に貢献し、収益性も高めながら社会と共生して持続可能な事業を展開する企業に対して、人々の支持が広がっていると言える。

Column

動物園化するスタートアップ

社会課題解消に取り組むスタートアップは、実態がつかみづらいところがある。また、財務的な業績だけを追う企業ばかりではないため、なおのこと各社のビジネス上の戦略や目的が把握しづらい。ただ、社会課題解消ビジネスを検討していく上で、「どのように他社と差別化していくのか」を検討することは必須となる。そのため、ここではどのようなスタートアップが存在するのかを紹介し、差別化を検討する上でのインプットにしていただきたい。

まず皆さんは、「ゼブラ企業」という言葉をご存じだろうか。

米国では、スタートアップの特性やその戦略を動物にたとえることがある。「ユニコーン」は有名すぎる例であるが、サイ、ブタ、ガゼル、ラクダ、さらにはゴキブリなど——。

「ゼブラ企業」とは、持続可能性、社会的責任、コミュニティなどの価値を優先し、利益追求と社会との共存性を重視するスタートアップを指す。2017年に米国の4人の女性起業家によって、ユニコーン企業へのアンチテーゼとして提唱されたという。ゼブラ（シマウマ）の白と黒の縞模様が、社会貢献と事業成長の両立を象徴する。スタートアップ界隈では一般的な、「成長のために早く動いて既存の秩序を破壊する」という考え方とは一線を画す。

スタートアップとは、企業成長に貪欲で短期間で急成長を目指す企業と捉えられているが、実際には多様化が進んでいて一様ではない。様々なスタートアップの特徴を表にまとめてみたので、動物園に行ったような気持ちになって覗いてみていただきたい。

図表1-4　動物にたとえたスタートアップの類型

種類	特徴	企業例
サイ 	●野心的で、規模と収益性の両方を目指す ●評価額10億ドル以上でありながら、持続可能な収益性を優先し、長期的な事業の健全性を重視する	ズーム・コミュニケーションズ
ブタ 	●クラウドファンディングなどを利用して、革新的なサービスを立ち上げる ●世の中にあるスタートアップ支援など、初期投資の少ない方法を活用し、事業を立ち上げる	Pebble Technology
クマ 	●ベンチャーキャピタルなどの支援を受けず、自力で立ち上げる ●自主性を重視し、出資者等のステークホルダーの影響を極力受けずに成長することを目指す	GoPro
ガゼル 	●毎年着実に売上が伸びている（創業5年未満、過去3年間で年平均20%を超える成長率を達成） ●短期間のうちに高成長を目指す	セールスフォース
シマウマ 	●社会的影響と倫理的なビジネス慣行を優先する ●収益性を維持しながら、より公平で持続可能な世界を創造することを目指すため、経済的成功と共に社会に良い結果をもたらすことに重点を置く	Warby Parker
ラクダ 	●フリーミアム[4]戦略などをとらずサービス・プロダクトの価値にふさわしい対価を顧客に求めるなど、バーン（資金燃焼）せずにバランスをとる ●成長への野心を持ちながらもバランスの良い成長経路を選択する	Grubhub

図表1-4　動物にたとえたスタートアップの類型（続き）

種類	特徴	企業例
ロバ 	●急速な拡大よりも持続的な成長に重点を置くという点でラクダと類似する ●初期段階から収益性とキャッシュフロー創出を優先し、外部からの資金調達よりもブートストラップ（自己資金や内部リソースによる事業立ち上げ）を選択する	37signals
ペンギン 	●従業員の幸福とワークライフバランスを重視し、前向きな職場環境の構築に力を注ぐ ●優秀な人材を引き付け、維持するために革新的な特典や福利厚生を提供する	Zappos.com
タツノオトシゴ 	●持続可能性と環境への影響を最優先し、自社の事業を通じて、持続可能な社会を創造することを目指す ●気候変動やその他の環境問題に対処するための革新的なソリューションの開発に注力する	テスラ パタゴニア
不死鳥 	●資金確保に苦戦し、また市場の支持を得られないことで初期に破産に直面しても復活する ●失敗から学び、自ら新しいニッチ市場を開拓して再起し、成功を収める	WhatsApp
ゴキブリ 	●困難な環境でも生き残るため、早期に収益を上げることに焦点を当て、派手な評価や急成長よりも着実で持続可能な成功を優先する ●自己資金で運営され、変化する市場状況に適応して長期的な存続を確保する	Mailchimp

4　基本的なサービスや商品は無料で提供し、より高度なサービスや商品は有料で提供するビジネスモデル。

第2章

どんな社会課題解消ビジネスがあるのか

4つのタイプの社会課題解消ビジネス

社会課題解消とビジネスの両立を図る事業には、実際にはどのようなものがあるのか。国内や海外のスタートアップによるものから新興の大手企業によるもの、さらには大企業や大規模資本を持つ企業によるものまで実に様々だ。社会課題解消ビジネスの輪郭をより明確にするために、2つの軸で整理してみたい。

まず1つの軸が「**ビジネスの起点**」である。社会課題解消ビジネスと言うと、すでに顕在化している、あるいは現段階では潜在的な社会課題があり、その解決のために「**社会課題起点**」で立ち上げられるビジネスをイメージしやすい。しかし実際には、必ずしも社会課題が起点となるわけではない。すでに事業を営む多くの企業の場合、

- 既存事業を拡張して解決できる社会課題を特定しビジネスにしたい。
- 既存事業の範囲と隣接した社会課題に着目してビジネスにしたい。

● 世の中が社会課題に着目していることを背景に既存事業を伸ばしたい。

などの動機で社会課題解消ビジネスを検討するケースも多いだろう。そのため、起点が「社会課題」なのか、「既存事業」なのか、2つのパターンが設定できる。

もう1つの軸が「**解消する社会課題**」である。より大きな社会的インパクトを追求し「社会課題そのもの」の解消を目指す企業と、「社会課題から派生した課題」の解消を目指す企業がある。

例えば、再生可能エネルギー（以下、再エネ）をはじめとするクリーンエネルギーの普及を進めることは、「社会課題そのもの」の解決を目指す。一方、企業間で温室効果ガスの排出削減量を売買できるカーボンクレジットの普及を進めることは、「社会課題から派生した課題」の解決を目指すものである。

社会課題解決ビジネスを「ビジネスの起点」と「解決する社会課題」の2つの軸で整理すると、4つのタイプに分類できる。次節以降で詳しく見ていきたい。

① 社会課題アントレプレナー型
② 社会課題企業型
③ 既存事業レバレッジ型
④ 既存事業転換型

図表2-1　社会課題解消ビジネスの4つのタイプ

		ビジネスの起点	
		社会課題起点	既存事業起点
解決する社会課題	社会課題から派生した課題	①社会課題アントレプレナー型	③既存事業レバレッジ型
	社会課題そのもの	②社会課題企業型	④既存事業転換型

①社会課題アントレプレナー型

特定の社会課題を解決するために、いわゆる**「金儲け」の追求よりも社会的インパクト**[1]**を創出することを目的に、新たなビジネスを起こす**のが、「社会課題アントレプレナー型」である。

環境に配慮した製品を生産したり、人間が生活を行う上で必要とする衣食住、または基本的な生活サービスである医職住などが十分に提供されていない地域に必要な支援を提供したり、不公平な扱いを受けている人々やコミュニティに対して支援を行うなど、その内容は様々だ。

従来の慈善事業との違いは、ビジネス戦略やビジネスモデル、さらにはサービス開発やマーケティングの手法、革新的な技術など、ビジネスの様々な要素を社会課題解消に適用していることだ。そのため、助成金や寄付、政府資金だけに頼る慈善団体や非営利団体とは異なり、一過性ではなく持続可能な事業を展開できる。

例として、「d.light（米国）」と「ApplyBoard（カナダ）」を紹介したい。

d.lightは、2007年に米国で設立された太陽光発電ソリュー

1　短期、長期の変化を含め、当該事業や活動の結果として生じた社会的、環境的なアウトカム（変化・効果）。

図表2-2　d.lightのビジネスモデル

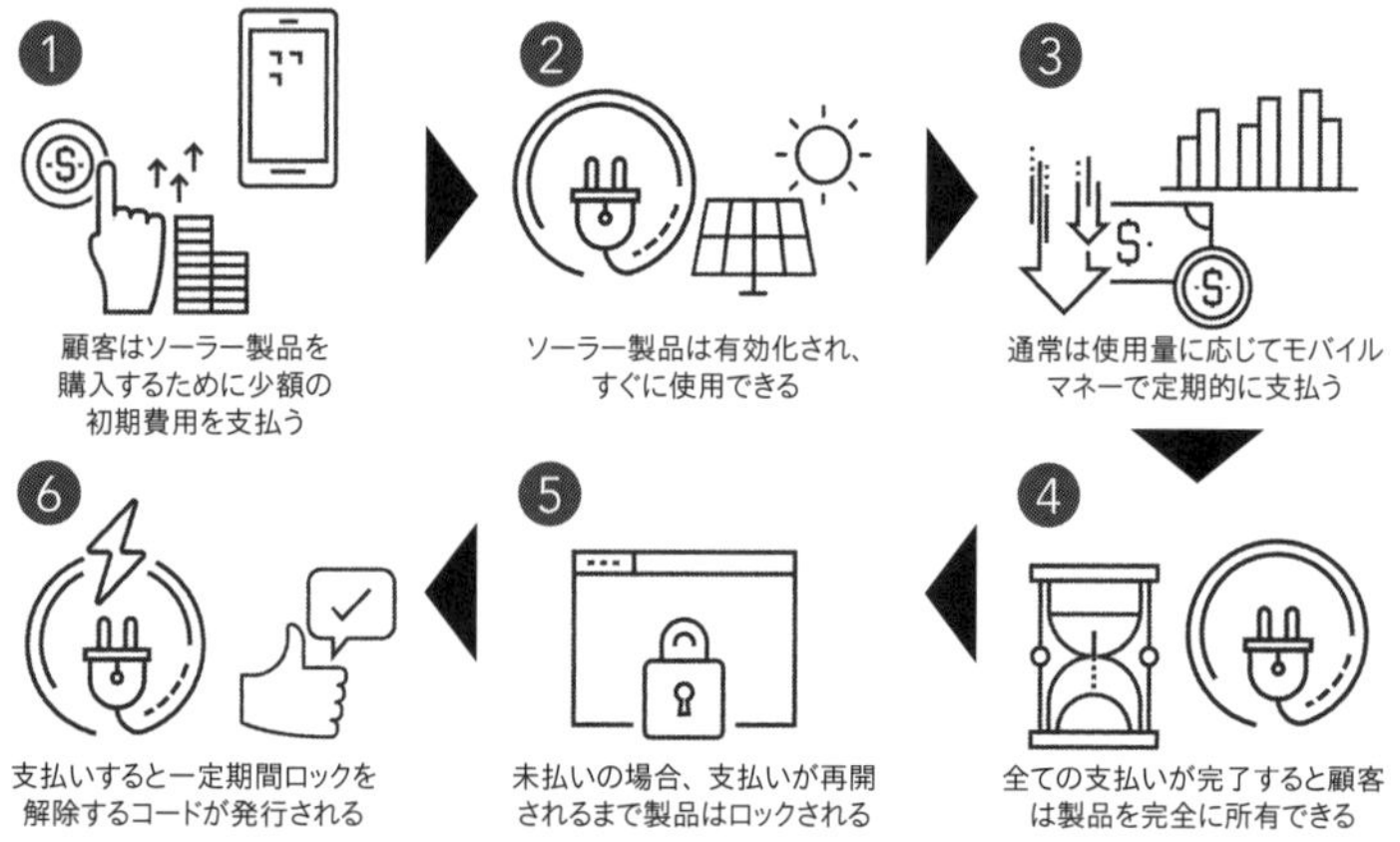
1
顧客はソーラー製品を
購入するために少額の
初期費用を支払う
2
ソーラー製品は有効化され、
すぐに使用できる
3
通常は使用量に応じてモバイル
マネーで定期的に支払う
4
全ての支払いが完了すると顧客
は製品を完全に所有できる
5
未払いの場合、支払いが再開
されるまで製品はロックされる
6
支払いすると一定期間ロックを
解除するコードが発行される

ションプロバイダーである。

国際エネルギー機関（IEA）によると、２０２２年時点でアフリカの全人口の43%にあたる６億人が電力にアクセスできず、そのほとんどはサハラ以南のアフリカに住んでいるとされる。d.lightは、電力供給が十分にされていないアフリカを中心とした開発途上国・地域をターゲットにして、低所得世帯や中小企業向けに設計されたソーラーランタン、家電製品、インバータ、モバイルスマートフォンなどを提供する。また、初期費用なしで設置可能な従量課金型の家庭用向け太陽光発電を提供することで、電力の行き届かない地域の人々の暮らしを大きく変えている。

また、カナダのApplyBoardは、国・地域を超えた国際教育の機会を学生に広く提供するために、海外留学手続きを効率化するプラットフォームを提供する。

同社は「国籍や居住地を問わず、世界中の学生が可能な限り最高の教育を受けられるようにすること」を使命に掲げる。１２５カ国以上の

図表2-3　ApplyBoardのビジネスモデル

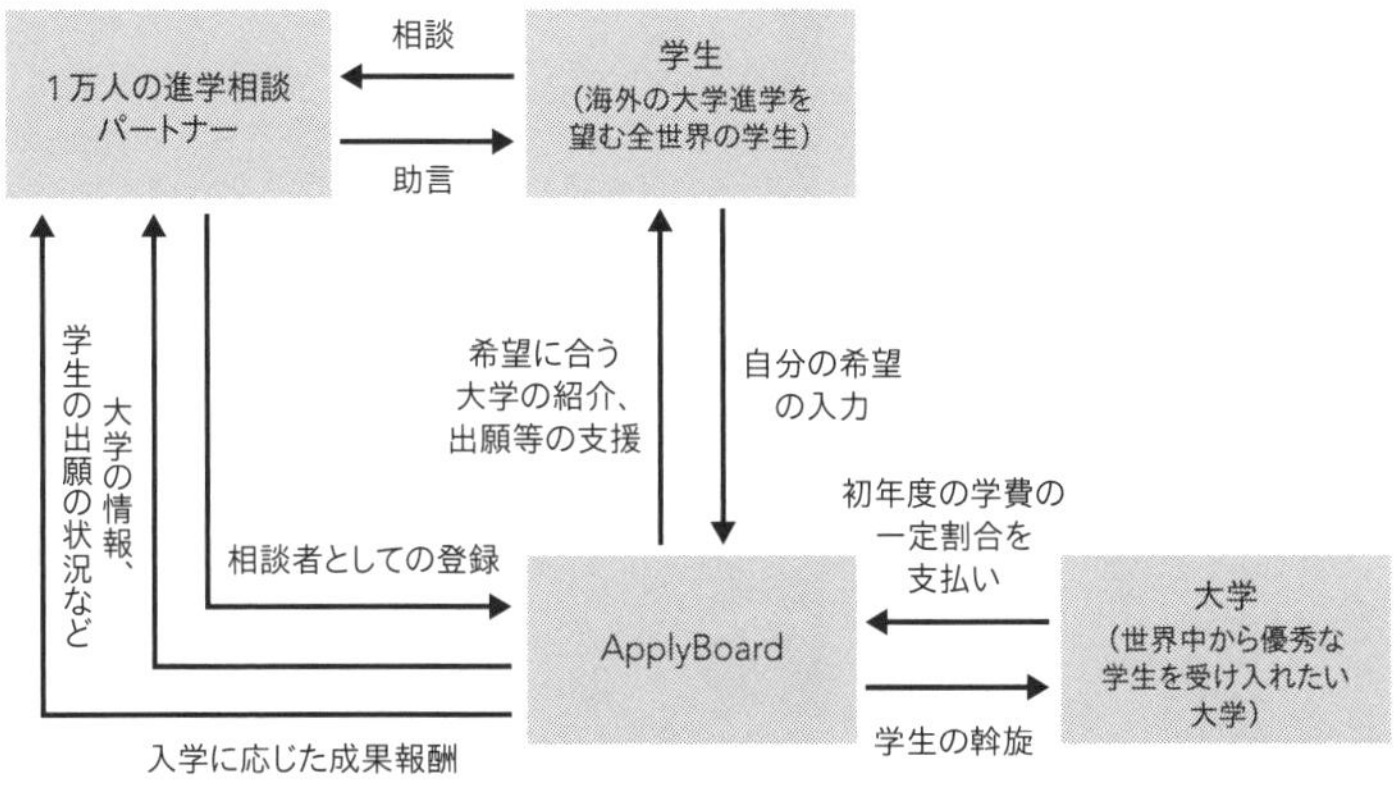

国の学生が経歴や趣味、経済状況などの情報を登録することで、留学生と1500校以上の大学や大学院をAIがマッチングする。留学生はアプリ上で共通願書を大学に提出し試験に合格すると、同社がビザの取得まで支援する。同社は入学した学生の授業料の数%を大学から徴収するビジネスモデルを採用する。そのため、学生は大学への出願料は支払うが、同社のサービス利用は無料だ。教育機関だけでなく留学の斡旋事業者とも提携し、学生が海外での学びの機会を実現できるよう支援する。

注目すべきは両社とも、**社会課題を解消するために新たなビジネスモデルや新技術を活かしている**点だ。

d.lightであれば、電力供給が十分でない開発途上国に住む人々の生活を改善するために、「Pay-As-You-Go（PAYG）」という従量課金型のビジネスモデルを適用している。顧客は約10ドルを払うことで、ソーラーパネルと制御ユニット、ソーラー充電キットを設置できる。設置後は電気を使った分だけの料金を支払い、いわゆる出世払いも可能だ。また同社はこのビジネスモデルを世界中の販売代理店などパートナー企業に対しライセンス提供し、同時に独自のプラットフォーム（Atlas）を介して、パートナー企業がPAYGモデルを開始するためのガイダンスやトレーニングを提供し、また課金を管理するのに必要なツールも公開している。

一方でApplyBoardは、国境を越えた教育機会という社会課題の解消にAI技術を適用している。AI技術を使って、学生のバックグラウンドや興味・関心のある分野だけでなく、家庭の経済状況なども加味して、その学生に合った教育機関とマッチングする。また同社の「Abbie」は、生成AI技術をベースにして、適切なプログラムの選択から申請期限の管理など、留学に際し学生が直面するであろうほぼ全ての課題に対処するサービスで、もちろん多言語対応が可能だ。

一方で、社会課題アントレプレナー型のビジネスは、投資回収（ROI）を追い求めるわけではないため、必ずしも大規模な資本を投入してビジネスを立ち上げるわけではない。そのため、**社会課題解消のアプローチも、根本課題の解消・根治というより、社会課題から派生する課題に対処したり、人々に社会課題を認知させ新たな行動様式を社会に広めたりしていく**、というようなものが多い。例えば、地球温暖化のために「化石燃料からクリーンエネルギー中心の産業構造に転換するために大型投資する」よりも、「環境負荷低減を購入者に意識づけるような製品を提供する」というようなものだ。

②社会課題企業型

次に、「社会課題企業型」は、**社会課題の解消を目的にビジネスを立ち上げ、社会課題のより**

図表2-4　社会課題アントレプレナー型ビジネスの例

企業	設立	ビジネスの概要	SDGs17の目標
d.light	2007 米国	電力供給が十分でない開発途上国に、低所得世帯や中小企業向けに設計された、初期費用なしで設置可能な従量課金型の家庭用向け太陽光発電を提供	7
ApplyBoard	2016 カナダ	国際教育を志望する学生に、AI技術を活用した独自のプラットフォームにより、学歴、希望する専攻、経済状況などに基づいて学生と教育機関をマッチング	4
Northvolt	2016 スウェーデン	主に自動車業界、建設業界に、CO_2排出量の少ないバッテリーの製造・販売や、使用済みバッテリーを新しいバッテリーの原材料としたリサイクルサービスを提供	7、13
BetterUp	2013 米国	AI技術と行動科学を組み合わせ、個人と組織の回復力、適応力、幸福感、生産性を向上させるデジタル・コーチング・プラットフォームを提供	3、8
The END Fund	2012 米国	熱帯病（NTD）や腸内寄生虫、住血吸虫症、リンパ系フィラリア症などの撲滅のために主に政府、民間セクター、現地パートナーと協力して治療プログラムを推進	3
GoodLeap	2003 米国	住宅所有者が太陽光パネル、エネルギー貯蔵システム、住宅効率化プロジェクトなどのエネルギー効率を改善するアップグレードを行うための資金調達を支援	7

根本的な解消を目指すビジネスである。

社会課題アントレプレナー型とどう違うのか。両者とも新たなテクノロジーやビジネスモデルを適用することで、これまでにない革新的なアプローチで社会課題を解消しようとするビジネスである。ただ、社会課題アントレプレナー型は、投資回収よりも社会的インパクトの創出に重きを置く一方で、社会課題企業型は、大型の投資も行いながら顧客を増やして収益を上げ、社会課題の根本課題の解消・根治と同時に投資回収を目指す。

具体例として、「Octopus Energy（英国）」と「WeDoctor（中国）」を紹介したい。

Octopus Energyは、独自のプラットフォームを駆使して安価な再エネを提供する世界的なクリーンエネルギー技術企業で、2015年に英国で設立された。同社はフランスやドイツ、イタリア、スペイン、オーストラリア、日本、ニュージーランド、米国でも事業を展開。再エネ100%の電気と多様な料金メニュー、顧客満足度の高さを武器に、同社は英国で2023年末に契約数1位となり、創業からわずか8年で英国最大の電力会社となった。

同社の核技術であり、急成長を支えたデジタルプラットフォーム「Kraken（クラーケン）」の特徴は、

- 料金メニューが柔軟かつ多様で、迅速に設定できる。
- 商品・サービスの販売履歴や顧客対応履歴を一元管理し、オペレーターが問い合わせにワンストップで対応する。
- 電力・ガスの消費パターンをAIが自動分析し、最適なメニューをプッシュ型で提案する。
- シンプルなプラットフォームで導入期間が短く、新しい料金メニューの追加もすぐにできる。

図表2-5　Octopus Energyの事業

事業の種類	事業概要
電力小売事業	100%再エネの電力を世界9カ国で提供
発電事業	13カ国で展開、330万kW以上の再エネ電源を400カ所以上で運用
エネルギーサービス事業	太陽光発電、蓄電池の設置、スマートメーターの設置交換、ヒートポンプ給湯器の開発・製造、電気自動車のリースおよび充電サービスを展開
テック（プラットフォーム）事業	電力会社向けに料金請求やメーター管理、契約管理に顧客対応、需給管理、分散電源の管理まで対応するデジタルプラットフォーム「Kraken」を提供

などで、電力会社だけでなく水道事業者や通信事業者などにもライセンス販売されている。

同社は、再エネの電力小売から事業を開始し、発電事業、エネルギーサービス事業、テック（プラットフォーム）事業までエネルギー・バリューチェーン全体にわたり事業を展開している。そのため、脱炭素社会への移行という社会課題の根治を目指す社会課題企業型ビジネスと言える。

そしてWeDoctorも社会課題企業型ビジネスだ。同社は2004年に中国で設立され、オンライン医療相談のプラットフォームを提供し、患者と全国の医療機関の医師をつなぎ、専門外来サービスやオンライン処方箋管理など様々な医療サービスを提供するデジタルヘルスケア企業だ。

中国では、都市部と農村部での医療水準の格差が社会課題となっている。高度な医療機関は都市に集中する一方、農村部の住民が都市部で受診しようとすると制度上、高額の自己負担が必要になる。また中国衛生当局の発表では、同国の医療従事者数は2022年時点で約1441万人にとどまり、14億人の人口に対しては十分と言えず、「看病難、看病貴（診療を受けるのが難しく、受けられても医療費が高い）」が長らく問題視されながら、未だ解決されていない社会課題なのだ。

WeDoctorは、これをテクノロジーで解決する。患者は、同社のモバイルアプリと専用のデバイスによって、オンラインでの診察予約、初診、病歴の確認、リモートでの再診、電子処方箋の発行と受領、調剤サービスなどを利用できる。また同社はオンライン対応可能な医療機関を27軒運営し、中国で初となる公的医療保険負担による慢性疾患管理サービス[2]を提供する。

さらに同社は、テクノロジーとアナログを組み合わせたハイブリッドなアプローチが特徴で、実は同社の強みは1000人超の医療従事者を活かした対話形式での診断だ。他の同様のデジタルサービスがAI技術を活用した診断を行うのに対し、同社は医師との会話を通じて診断を行うことで、AIでの問診に比べ、より多くの情報を患者から収集し、地域のかかりつけ医と共有する。長年にわたって築かれた医療機関や医師との関係と、患者に関する膨大な情報が最大の強みだ。

Octopus Energyは、「脱炭素社会の実現」のために、再エネの安価で速やかな普及にビジネスを通じて取り組み、WeDoctorは「医療格差の解消」のために、全国民に医療アクセスを提供する。両社とも社会課題の根本原因に真正面から取り組み、サービス提供地域を広げ、顧客を増やし、ビジネスとして成立させながら社会課題解消を目指す。これはまさに社会課題企業型ビジネスと言えよう。

2　患者に合わせた治療とリハビリ計画の提供、オンラインでの継続的な再診と処方の継続・薬の配送、体調のモニタリングと食事や健康、運動の個別アドバイス。

図表2-6　社会課題企業型ビジネスの例

企業	設立	ビジネスの概要	SDGs17の目標
Octopus Energy	2015 英国	再エネ100%の電力小売だけでなく、発電事業、エネルギーサービス事業、プラットフォーム事業までエネルギー・バリューチェーン全体にわたり事業を展開	7
WeDoctor	2004 中国	オンラインでの診察予約、初診、病歴の確認、リモートでの再診、電子処方箋の発行と受領、調剤サービスに加え、医療従事者との対話形式での診断を提供	3
Redwood Materials	2017 米国	使用済みバッテリーや電子廃棄物からリチウム、コバルトなどの高付加価値金属を回収するほか、リチウムイオン電池をリサイクルし、電動輸送機器や蓄電機構の電池の材料を製造	12
Impossible Foods	2011 米国	植物由来の人工肉や乳製品を製造・開発し、米国と香港の1000以上のレストランに提供。バーガーキングなどで、代替肉を使用した「インポッシブル・バーガー」を展開	1、7
Zuoyebang	2015 中国	中国最大のオンラインアフタースクール教育として、幼稚園から高校3年生までを対象にオンラインで家庭教師サービスを提供	4
Ynsect	2011 フランス	昆虫由来の水産養殖向けおよびペット、作物向けの高品質なタンパク質を含む飼料に加えて、人間の食用昆虫タンパク質を生産し提供	1、7

Column

注目される「ソーシャルユニコーン企業」とは

近年、欧米の投資家の間では「ソーシャルユニコーン企業」に注目が集まっている。

これは、事業や活動を通じて社会課題解決を実践し、社会に対してポジティブで大きな影響を与えている企業または組織を指す。通常のユニコーン企業が10億ドルの評価額の達成を目指すのに対して、ソーシャルユニコーン企業は、社会に大規模でより良いインパクトを与えることに注力している。具体的には、数十億人の生活水準を改善したり、貧困に苦しむ人々に雇用をもたらしたり、ひいては経済的効果の創出につなげる、などである。

こうした企業が着眼するのは、政治や行政では十分に解決できず、かつ多くの企業がビジネスとしての価値を見出せていない社会課題である。そのような社会課題をビジネスと両立しながら解決するために、ソーシャルユニコーン企業は、従来の市場のプレイヤーにはない斬新なテクノロジーやソリューションを開発し、社会実装しながら改良していくことに全ての時間と労力、そして資金を投入する。

また、特定の国・地域だけでなく、世界規模でインパクトをもたらすことを目指す。そのために、貧困問題の解決、教育や医療のアクセス、持続可能な地球環境の再構築などの社会課題に対して、ボーダーレスに適用できるソリューションの開発に初期段階から取り組んでいる。

ソーシャルユニコーン企業の価値は、企業としての金銭的な評価額ではなく、どれだけ社会課題解決を通して社会にインパクトを残しているのかで測る。今後、このような考え方は、投資家の間でも一般化するかもしれない。

③既存事業レバレッジ型

前述の「社会課題アントレプレナー型」や「社会課題企業型」のビジネスは、特定の社会課題を解決するために立ち上がったビジネスが中心であった。ただ、実際にはすでに主力となる事業を抱えている企業が、ＳＤＧｓやＥＳＧの流れを受けて、既存事業を起点に社会課題解消をビジネスにするケースも多いだろう。

既存事業で企業が持つ技術や人的な資産、事業運営のためのケイパビリティを最大限活用（レバレッジ）して社会課題解消を事業化したものを「既存事業レバレッジ型」のビジネスと定義する。

既存事業が、社会課題と深く関連した事業であれば、最大限活用することで抜本的な解消や根治をビジネスにすることもできるだろう。ただ実際は、そうでないケースが多い。したがって、**既存事業レバレッジ型のビジネスが解消するのは、社会課題から派生した課題**となる。

例として「BASF New Business（ドイツ）」を挙げたい。

BASF New Businessは、１５０年の歴史を持つドイツの世界最大の総合化学メーカーＢＡＳＦの１００％の戦略子会社だ。同社は、ＢＡＳＦ本体の既存事業以外の分野で新規ビジネスを立ち上げることが求められている、いわゆる「出島」の戦略会社である。

同社が新たなビジネス領域として注力するのは、様々な社会課題と関連性が高い「資源・エネルギー、輸送、建築・建設、消費財、ヘルスケア、農業」などだ。これらの領域の社会課題解消ビジネスは、ＢＡＳＦにとっての新規事業であり、本体で取り組むと意思決定のスピードが遅れるなど、必ずしも合理的でない場合が多い。

そのため、BASF New Businessは、ＢＡＳＦでは企業規模が大きすぎて難しいような様々な企

図表2-7　BASF New Businessの4つのチームとその役割

チーム	ビジネス立ち上げにおける役割
Industry Foresight	社会や産業の長期トレンドを分析し、将来の新たなビジネス機会を特定
Scouting & Evaluation	Industry Foresightチームが特定した機会について、市場環境やプレイヤーを分析し評価した上でビジネスとして具体化
Business Incubation	ビジネスアイデアなどの実証（PoC）を主導し、新ビジネスの立ち上げをプロジェクトマネージャーの立場として支援
Business Expansion	ビジネス立ち上げ後に、マーケティングや営業活動を本格化し、黒字化を支援

業との協働を積極的に行う。例えば2019年には、日本ガイシと次世代ナトリウム硫黄電池（NAS電池）の共同研究契約を締結している。

日本ガイシによると、NAS電池は、大容量の電力を貯蔵し長時間にわたり放電できる。天候により発電量が左右される風力発電や太陽光発電といった再エネの出力変動を緩和し、安定化させる。そのため再エネの出力抑制や電力系統への接続保留問題を解決し、導入量拡大に貢献する。また、送電線の空き容量に応じて送電することが可能なため、既存系統を最大限活用でき、系統設備への投資を抑えつつ、クリーンエネルギーの普及を加速させられる。

BASFの社会課題解消ビジネスの特徴は、**本体と切り離した出島によるビジネス展開**だ。実は、BASF New Businessには図表2－7の通り、高度に分業された4つのチームが存在する。このチームが、社会や産業の長期トレンドから逆算して新たなビジネス機会を発見し、BASF本体の主力事業である化学をベースにした画期的な材料や技術を活かしながら、次世代ビジネスにもつながる新たなビジネスを立ち上げていくのである。

このように出島組織によって実施される既存事業レバレッジ型の社会課題解消ビジネスもある一方で、異なる2つの企業がパートナーシップを締結し展開されるケースもある。ヘルスケア関連機器メーカー「フィリップス（オランダ）」と化学品・医薬品メーカー「メルク（米国）」が、「不妊症」という社会課題を解決しようとパートナーシップを組んだ例で説明したい。

世界保健機関（WHO）の2023年の報告書「Infertility Prevalence Estimates, 1990-2021」によると、生涯のうちに不妊症に悩まされるのは成人人口の約17・5％。全世界でおよそ6人に1人が不妊症を経験するという。背景には、ライフスタイルの変化や晩婚化、環境要因による不妊症の増加がある。

不妊症は大きな苦痛だけでなく、偏見、さらには経済的困難にもつながるおそれがあり、人々の精神的および心理的健康に影響を及ぼす。ところが、体外受精などの医療を含む不妊治療は費用が自己負担となっている国が大半で、金銭的な理由で受けられない人も多い。最貧国では、収入を不妊治療に費やし貧困に陥るケースもある。そのため、不妊治療を必要とする人々が手頃な価格で質の高い不妊治療を受けられるようにすることが全世界的に急務な課題だ。

フィリップスとメルクは2021年、モバイルのAI対応超音波診断を使用して、個々人の特性に応じた不妊治療を提供するために提携した。食事や運動に関する情報や幼児の発育の最新情報を消費者に届けるフィリップスのアプリ（Pregnancy+、Baby+）とも連携する。また、メルクの持つホルモン治療や体外受精の技術やノウハウも活かしていく。業態の異なる両社が「増加する不妊症に対処するための不妊治療の広い普及」という社会課題解消のために、提携してビジネスを

図表2-8　既存事業レバレッジ型ビジネスの例

企業	設立	ビジネスの概要	SDGs17の目標
BASF New Business	2001 ドイツ	輸送、建築･建設、消費財、ヘルスケア、エレクトロニクス、農業、資源・エネルギー分野においてBASF本体にはない新ビジネスを立ち上げ	7
フィリップス×メルク	2021	モバイルのAI対応超音波診断を使用して、個々人の特性に応じた不妊治療を提供	3、5、8
NTTアノードエナジー	2019 日本	電源開発、調達、調整、販売までを一気通貫でつなぎ、発電から供給までを効率的に行うエネルギー流通ビジネスを展開	7
ABB E-mobility	2010 スイス	家庭用スマート充電器から高速道路ステーション用の高出力充電器まで、電気自動車の充電ソリューションを提供	7
デンソーアグリテックソリューションズ	2020 日本	次世代施設園芸製品の販売に加え、栽培コンサルティングやアフターサービスをパッケージ化して安定的で持続可能な農業生産体制を構築	2、15
NEC	1899 日本	ヘルスケア事業強化の一環として、最先端AI技術群を活用したがんなどの先進的免疫治療法に特化した創薬事業に本格参入	3

展開しようとしているのだ。

既存事業のアセットやケイパビリティをレバレッジする社会課題解消ビジネスは、BASFのように本体と切り離された「出島」で展開するケースや、フィリップスとメルクのように、異業種とのパートナーシップで展開するケースなどがある。共通するのは、**既存事業は活用しつつ、不足する部分は他社との連携で補っている**点である。

④既存事業転換型

「既存事業転換型」とは、**自社の既存事業を転換することで社会課題解消を目指す**ものである。既存事業が社会課題の一因となっている、あるいは事業を継続すると社会課題解消を妨げてしまうといった場合、既存事業を大きく転換しないと事業の継続が難しいだろう（さもないと既存事業からの撤退を余儀なくされる）。

例として、「Looper Textile（スウェーデン）」を紹介したい。

Looper Textileはスウェーデンのアパレル・ファッションブランド「H&M」とドイツのリサイクル企業「REMONDIS」が、2023年に共同で立ち上げた合弁会社（出資比率は50％ずつ）だ。

アパレル業界は環境に悪影響を及ぼす業界として、ファストファッションの流行以降、特に批判を浴びている。実際、環境への影響は国際連合欧州経済委員会によると、次の通りである。

- ジーンズ1本を生産するのに8000リットル近くの水が必要で、これは1人の人間が7年間で飲む量に匹敵（簡素な綿のシャツでも3000リットルの水が必要）。

図表2-9　Looper TextileでのH&Mの取り組み

4つのコンポーネント	内容
再販・レンタル (Resell and rental)	●オンラインもしくは実店舗による中古販売（直販、パートナー販売） ●中古品販売のプラットフォーム（Sellpy） ●レンタル
リフォーム・リメイク (Use and care)	●衣類を長持ちさせるためのガイダンス ●リフォームした衣類のオンラインでの販売
リペア（Repair）	●店頭でのリペア、リメイクコーナーの設置
回収（Collect）	●衣類の回収と分別

●アパレル業界は石油業界に次いで2番目に環境汚染の多い業界で、世界の炭素排出量で10％、廃水排出で20％を占める。

H&Mは2017年、デンマークやスウェーデンで毎年10トン以上の衣類を廃棄している事実が発覚し、世間からバッシングを浴びた。そこで同社は、「販売、使用、またはリサイクルできる製品については一切廃棄をしない」という厳格なポリシーを設けた。

Looper Textile設立の目的について同社のエミリー・ボロンCEOは、「EUで収集される古着は40％未満で、使用済み繊維製品の60％が直接廃棄されている。繊維製品の収集と仕分けのためのインフラとソリューションを構築することで、循環社会の実現に一歩でも近づき、温暖化の影響を最小限に抑え、再利用の効率性を上げたい」と述べる。

同社はまず、小売・量販店、路上収集や回収ポスト、チャリティーショップから使用済みや不要になった衣類を収集する。収集された衣類は専用施設に送られ、状態、スタイル、素材などの様々な基準に照らして選別される。その後、「リサイクルよりも再利用を優先すべき」とするEUの定める廃棄物処理のヒエラルキーに従って、最も環境的かつ経済的に有益な次の用途に再利用できるように、200を超えるカテゴリを設け、1着ずつ仕分けを行う。

H&Mは2022年に「売上を2倍にしながら同時に二酸化炭素排出量を半減」という野心的な目標を掲げた。目標達成には、製造・販売する衣服の量を2倍にせず売上を2倍にすることが必要となる。そこで、H&MはLooper Textileを核にして、独自の循環型ビジネス（Circular Business）に事業を転換するという既存事業転換型のビジネスを展開し始めている。

また、既存事業転換型には、**既存の事業を転換しようとする企業を支援するビジネス**も含まれる。その例として、世界的な食料危機の解消に向け、農業従事者に対して既存農業の転換を支援する「Indigo Ag（米国）」を紹介したい。

国連世界食糧計画（WFP）が2024年に発表した「世界の食料安全保障と栄養の現状（SOFI）」によると、2023年に飢餓に直面した人は最大約7億5700万人で、2030年には約5億8200万人が慢性的な栄養不足に陥ると予測する。「紛争、経済ショック、気候危機、そして肥料の価格高騰が重なり、前例のない食料危機を引き起こしている」と警鐘を鳴らす。

また食料生産は、気温の上昇、干ばつの頻度の増加、土壌肥沃度の低下、洪水や嵐による作物の破壊などに左右されるため、気候変動は世界中の食料供給に広範な影響を及ぼす。英国では、2023年の冬季に豪雨が続いたことで農地で浸水被害が生じ、麦などの主要穀物が大きな打撃を受け、食料安全保障の課題が顕在化した。世界的な人口増加などによる食料需要の増大と気候変動による生産減少が相まって、食料供給に悪影響が出始め、食料安全保障は今や開発途上国で

図表2-10　Indigo Agのモデル

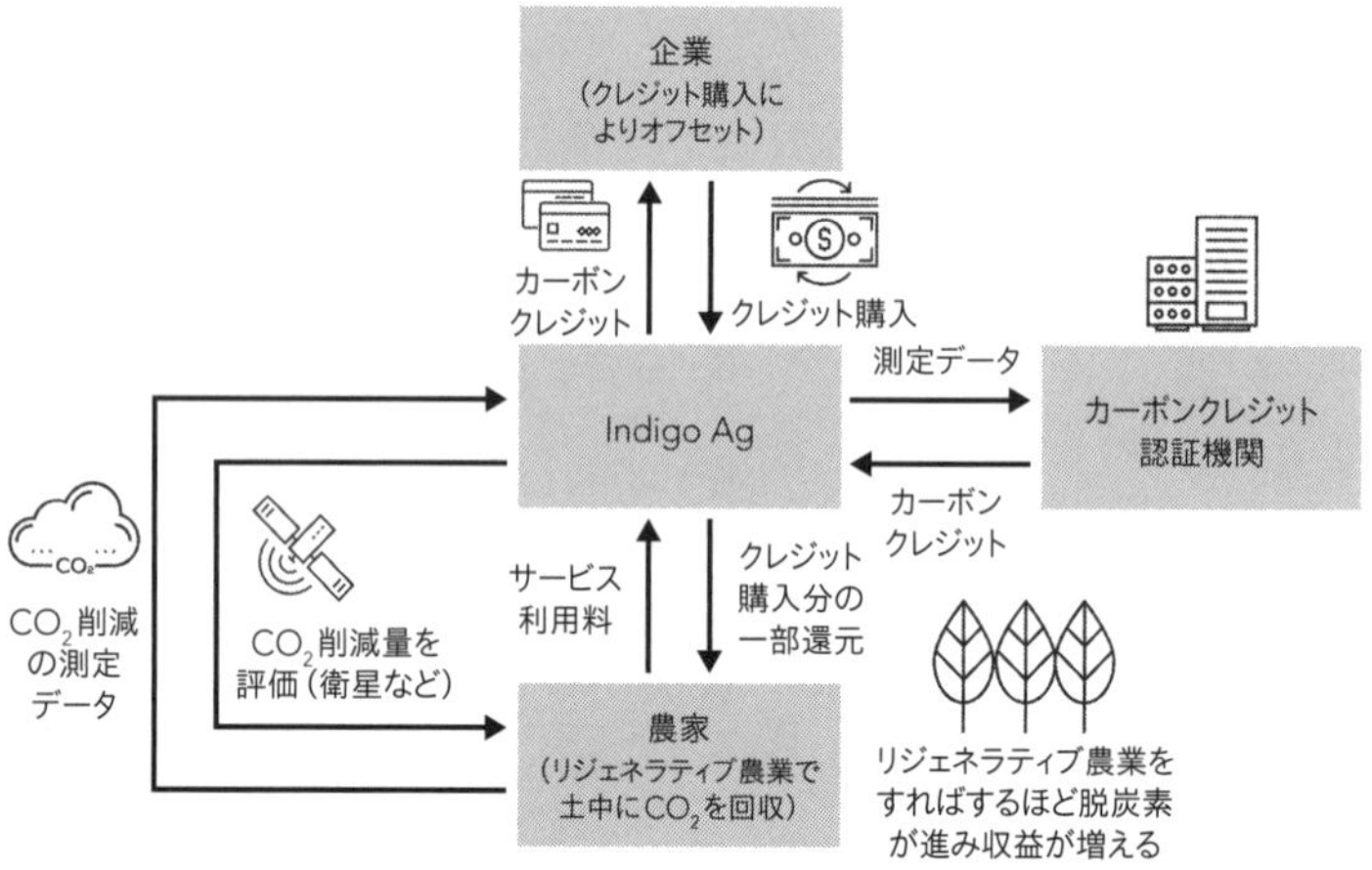

なく先進国も含めた深刻な問題となっている。

そんな中、欧米で注目されるのが「**リジェネラティブ農業**（Regenerative Agriculture）」である。日本では「環境再生型農業」とも言われ、土壌の有機物を増やすことでCO_2を貯留し、気候変動を抑制する効果があると考えられている。ただ、技術を体得するコストや初期投資が必要である一方、化学肥料の削減により収量は低下するなど、農家にとってハードルが高い。そこで、投資対効果が悪いリジェネラティブ農業を「儲かる農業」に換えたのがIndigo Agだ。

Indigo Agは2013年にボストンで設立され、植物と共生する微生物を開発するバイオテック企業が前身である。作物の成長スピードや耐病性を向上させる微生物を開発し、その微生物でコーティングした種子を製品化。これにより、農家は化学肥料や農薬の使用を低減できた。

さらに、衛星で輪作やカバークロップ（休閑期などに土壌侵食などを防止するため栽培される作物）の利用などをモニタリングし、土壌に吸収された

図表2-11　既存事業転換型ビジネスの例

企業	設立	ビジネスの概要	SDGs17の目標
Looper Textile	2023 スウェーデン	使用済みおよび不要な衣類や布を収集・選別・販売し、布の再販やリサイクルを行いたい企業に対して衣類の循環型ビジネスを展開	13
Indigo Ag	2013 米国	リジェネラティブ農業への転換を行う農業従事者に、微生物でコーティングした種子、炭素クレジット、マーケットプレイスなど一連のサービスを提供	2、13、15
クボタ	1890 日本	上下水道の管路更新などの計画作成から工事実施、工事後の維持管理までの全段階でDX技術を投入し水道の官民連携事業を展開	6
ネスレ	1866 スイス	イスラエルのフードテック企業Future Meatと協業し、細胞農業（Cellular Agriculture）に本格参入	2、13
ジョンソン・エンド・ジョンソン	1886 米国	外科医の生産性を高めるために、内視鏡ロボットや手術用ロボットなど外科用ロボットの小規模な他企業の合併や買収	3
Agreena	2016 デンマーク	土壌炭素認証プラットフォームを提供し、第三者によって検証された炭素証明書の発行を通じて、再生農業の実践への移行を目指す農家を支援	2、13、15

炭素の量を推定する技術を開発。推定された炭素吸収量は、カーボンクレジットとして取引され、得られた収益を農家に還元する仕組みを構築した。つまり、手間のかかるリジェネラティブ農業に投資した農家が、投資を回収できる仕組みを構築したわけである。

さらに2018年には、穀物を対象としたマーケットプレイス（Market+）を立ち上げた。作物のタンパク質の含有量や製粉の品質、生産方法などによって第三者機関である研究所で評価され、バイヤーが農家と直接価格交渉した上で用途に合った商品を買い付けできるようにし、農家の収益の機会を広げた。

H&MはLooper Textileを核にした独自の循環型ビジネスへの事業転換を図り、Indigo Agはリジェネラティブ農業に事業を転換する農家や農業法人を支援する。共に既存事業転換型の社会課題解消ビジネスと言える。

Column

様々な色の「ウォッシュ」にご注意を

既存事業を起点にする社会課題レバレッジ型や社会課題転換型のビジネスを行う場合に、企業が注意すべきは「社会課題ウォッシュ」である。

近年、SDGsウォッシュ（SDGs Washing）が問題となっている。これは、企業がマーケティングやイメージ向上のためにSDGsへの貢献に関して曖昧または虚偽の主張をし、実体が伴っていないことを指す。これは消費者や投資家などのステークホルダーに対する欺瞞であり、社会からの信用を失うリスクが伴う。

企業がSDGsウォッシュに手を染めてしまう背景には、エシカル消費（倫理的消費）の高まりがある。消費者庁は、エシカル消費を「消費者それぞれが各自にとっての社会的課題の解決を考慮したり、そうした課題に取り組む事業者を応援しながら消費活動を行うこと」と定義する。競合他社との競争の中で、企業は自社がビジネスを通じて、社会課題解消をけん引していることを消費者にアピールすることが収益増につながるのである。

企業が既存事業を起点にしながら社会課題解決ビジネスを展開する場合、「社会課題解消ビジネス」と銘打ちながらも、蓋を開けると実際には「実体が伴っていない」、「誇張ないしは虚偽である」、「社会課題解消には何ら寄与していない」など、SDGsウォッシュやグリーンウォッシュ（Green Washing＝環境保全への配慮を実体以上に見せかける行為）に代表される「社会課題ウォッシュ」となることは避けたい。

また、これは新たに展開する事業だけの問題ではない。「社会課題解消と謳いながら相反するビジネスも同時に行っている」、「社会課題の元凶に企業として加担している」、「自社の中に社会課題に関連する問題を抱えている」などの事実があれば、様々なステークホルダーから見て「どの口が社会課題解消などと言っているのか」という批判を受けるおそれがある。

そのため、「社会課題に反した事業を行っていないか」、「自社の中に問題のある業務はないか」など企業のガバナンスをしっかり働かせ、今一度襟を正すことが必要となる。

図表2-12　企業が注意すべき様々な「ウォッシュ」

種類	概要
ピンクウォッシュ（Pinkwashing）	実際は無関係にもかかわらず、政策や商品などがLGBTQといった性的マイノリティに属する人々に恩恵を与えるものである、という印象づけを行うこと
ブルーウォッシュ（Bluewashing）	人権活動や環境配慮を謳いながら、実際はイメージアップ目的になっており、実体が伴っていないこと
イエローウォッシュ（Yellowwashing）	文化的な多様性を支援すると謳いながら、実際には多様性を認めていないこと（中東やアジア地域の文化だけでなくユダヤ文化やアメリカ先住民文化も該当）
オレンジウォッシュ（Orangewashing）	デジタル資産で一般的になっている詐欺や欺瞞で、仮想通貨などの投資を誇大に宣伝するが実体がなかったり、デジタル資産と謳いながら実際には異なるものを販売したりすること
ホワイトウォッシュ（Whitewashing）	犯罪行為やスキャンダルを隠すため、偏ったデータや調査結果を提示し、人々が真実を知ることを阻止しようとすること
レッドウォッシュ（Redwashing）	世の中の注目を集めるために、社会の平等と正義の実現を謳っているものの、実体が伴っていないこと
ブラックウォッシュ（Blackwashing）	多様性に配慮していることを強調するため、原作を考慮せずに、歴史的に白人が演じるような役やストーリーに黒人俳優を起用すること
ブラウンウォッシュ（Brownwashing）	非道徳的、違法、犯罪的な活動を隠蔽するため、または注意をそらすためNGOや慈善団体と関係を持つ（持っているように見せる）こと
パープルウォッシュ（Purplewashing）	ジェンダー平等や女性の権利を盾にして、経済的、政治的、外国人排斥的、または人種差別的な活動を正当化し批判をそらすこと
ゴールドウォッシュ（Goldwashing）	環境保護を謳いながら、実際には鉱物などの採掘の目的で農地の面積を減らすことにより住民を搾取すること
レインボーウォッシュ（Rainbowwashing）	LGBTQIA+運動を支持しているように謳いながら、具体的な行動が伴っていないこと

第3章

社会課題解消ビジネスの現在地とは

調査で浮かび上がった実態

社会課題解消ビジネスの様々な事例がすでに存在する中で、日本企業ではどうなのか。EYSCでは今回、その実態を把握すべく調査を行った。今回は上場企業を中心に、経営企画部門または新規事業開発部門に所属する管理職（部長職、課長職）500人を対象に、主に2つの観点でアンケート調査を行った。

① 社会課題解消ビジネスの取り組み状況
② 社会課題解消とビジネスの両立における課題

まず、今回の調査で分かったのは、社会課題解消とビジネスの両立を狙うような新規事業は、すでに様々な企業で行われており、**目的は新たな収益源の創出**だということである。加えて、**取り組んでいる社会課題が実に多様**であることも分かった。

また経営者は、社会課題解消を新たなビジネスにすることを期待する一方で、実際には**事業化や収益化には苦戦している**、という実態も見えてきた。

ただ、調査結果をつぶさに見ていくことで、社会課題解消とビジネスを両立させるためのヒントも見えてきたのは重要なポイントである。

次節から、調査結果を詳しく見ていきたい。

多くの企業が社会課題解消ビジネスに取り組んでいる

企業は、社会課題解消ビジネスにどの程度取り組んでいるのか。7つの設問を通して、どの程度検討が行われているか、また何を目的にしているのか、どんな社会課題を題材にしているのか、などを調査した。

調査の結果から、主に以下の点が分かった。

- 社会課題解消ビジネスに取り組む企業はそれなりに存在する。また企業のイメージ向上だけでなく、新たな収益源にすることを目的にしている。
- 環境・エネルギー・インフラなど注目度の高い社会課題だけでなく、今後深刻化する医療・ウェルネスにまつわるものや、テクノロジーが引き起こすものもビジネスの題材になっている。

以降では、個別の設問の回答に基づいて詳細に見ていきたい。

Q 社会課題解消ビジネスについて議論・検討、事業化は行っていますか

→社会課題解消とビジネスの両立は、多くの企業で検討されている一方で、道半ばの企業もそれなりにあった（図表3－1）。

●検討に着手済みまたは着手予定である、という回答者が6割以上。

●一方、取り組む予定なし、との回答は4割未満。

Q 社会課題解消ビジネスのきっかけ・目的は何ですか

→これまでの目的であった「企業イメージ向上」や「社会課題の解消」に加え、「新たな収益源にする」との回答も多い（図表3－2）。

Q 社会課題解消ビジネスはどの程度の組織規模・体制で取り組んでいますか

→特定の部署ではなく、部署横断での重要な取り組みとして推進されている、との回答が多数（図表3－3）。

Q どのような地域・分野・時点の社会課題に着目していますか

→日本国内の社会課題を中心に、環境・エネルギーや国の社会インフラなど現在注目の社会課題が題材になっている。一方で、ウェルネス（健康寿命の延伸）やテクノロジーが引き起こす課題など、今後数年以内に深刻化が予想される社会課題を題材にする、との回答も多かった（図表3－4、3－5、3－6）。

●「環境・エネルギー」や「インフラ」に着目しているという回答が4～5割超。

図表3-1　社会課題解消ビジネスについて議論・検討、事業化は行っていますか

選択肢	回答（%）
過去に議論・検討したことがある（現在は未実施）	7.8
すでに事業化している	23.8
現在、議論・検討中である	21.4
今後、議論・検討を行う予定である	10.6
今後、議論・検討を行う予定もない	36.4

図表3-2　社会課題解消ビジネスのきっかけ・目的は何ですか（複数回答可）

選択肢	回答（%）
社会課題を解消することそのもの	48.4
社会的なPR・企業イメージの向上	47.2
新規サービスの創出／サービスラインナップの拡充	45.3
既存事業に代わる新たな収益の柱の創出	45.0
法令やガイドラインへの対応	25.2

図表3-3　社会課題解消ビジネスはどの程度の組織規模・体制で取り組んでいますか（複数回答可）

選択肢	回答（%）
部署横断での重要な取り組みとして位置づけ、複数既存部署横断のPJやタスクフォースを組成し推進	41.5
既存事業部署での主要な取り組みと位置づけ、既存部署内で専任チーム（PJ・タスクフォース）を構築し、推進	20.1
社長が旗振り役となり推進	19.1
既存部署での取り組みの1つ・検討事項の1つとして、既存事業の延長で小規模（ないし実験的）に推進	9.7
新規事業部門等、専門部署を新設し推進	8.7

図表3-4　どのような地域の社会課題に着目していますか（複数回答可）

選択肢	回答（%）
日本国内	75.2
グローバル（発展途上国）	28.3
グローバル（先進国）	20.1

図表3-5　どのような分野の社会課題に着目していますか（複数回答可）

選択肢	回答（%）
環境・エネルギー（地球温暖化、気候変動、異常気象等）	55.7
インフラ（防災・減災、都市インフラの荒廃等）	42.1
情報・テクノロジー （個人情報の保護、地域／世代間のデジタルデバイド等）	34.3
医療・ウェルネス （医療費、介護問題、医療格差、公衆衛生、格差・貧困等）	32.1
水・食料（食の安全、食品廃棄、飢餓等）	28.3
人権・共生 （ダイバーシティ、民族差別、障がい者差別、移民等）	26.1
教育（途上国女子教育、識字率問題、育児・子育て等）	23.9

図表3-6　どのような時点での社会課題に着目していますか（複数回答可）

選択肢	回答（%）
現在注目を集めている社会課題	56.9
1〜4年後に深刻化が予測される社会課題	45.0
5〜10年後に深刻化が予測される社会課題	33.8
10年以上先に顕在化が予測される社会課題	22.8

図表3-7　社会課題に着目した理由は何ですか（複数回答可）

選択肢	回答（%）
社会的な意義／インパクトが大きいから	54.3
SDGs等で取り組みに必要性が高まっていたから	51.1
自社にとっての解決のしやすさ／既存事業との距離の近さから	43.4
大きなビジネスチャンスを感じたから	32.5

●「医療・ウェルネス」や「情報・テクノロジー」も回答が3割を超えた。
●「現在注目の社会課題」に取り組むとの回答が半数以上で、次いで「1〜4年後に深刻化が予測される社会課題」との回答が多かった。

Q 社会課題に着目した理由は何ですか

→SDGsへの関心の高まりや社会的インパクト、社会情勢だけでなく、「自社にとっての解決のしやすさ／既存事業との距離の近さ」や「大きなビジネスチャンスを感じた」という回答も次いで多かった（図表3-7）。
●なお、競合他社が取り組んでいるから、との回答は少ない。

ビジネスとの両立は期待に反して難しい

新たな収益源の創出を目的に社会課題解消ビジネスを推進する企業もそれなりにあることが分かったところで、次に社会課題解消とビジネスの両立が実際に難しいのか、難しい場合にそれはなぜなのか、調査結果を見てみたい。

調査は、経営者の期待や、実際の推進上の課題感、具体的な課題など5つの設問で行い、以下のようなことが分かった。

● 経営者は社会課題解消とビジネスの両立を期待しているが、実際には事業化や収益化に苦戦しており、一筋縄ではいかない。
● ビジネスとの両立が困難な理由は、不確実性の高さや、ノウハウ／知見およびそれらを持つ人材の不足などが挙げられるが、いずれも新規事業において企業が直面する課題と同じである。

以降、設問に沿って調査結果から課題の詳細を見ていきたい。

Q 社会課題解消ビジネスに対する経営者の今後の構想はどのようなものですか

↓経営者が社会課題解消ビジネスを今後の事業の柱として重視する傾向が把握できた（図表3－8）。

● 「今の主力事業に代わる事業にしたい」「今の主力事業自体を社会課題解消ビジネスに変えたい」との回答が半数近くを占めた。

図表3-8　社会課題解消ビジネスに対する経営者の今後の構想はどのようなものですか

選択肢	回答（%）
今の主力事業に代わる新たな主力事業にしたいと考えている／考えていた	25.8
いくつかある事業の中の1つにしたいと考えている／考えていた	22.6
今の主力事業自体を社会課題解消ビジネスに変えていきたいと考えている／考えていた	21.7
今の主力事業と並ぶ新たな事業の柱にしたいと考えている／考えていた	19.8

●さらに「今の主力事業と並ぶ事業にしたい」との回答まで含めると7割近くの回答になった。

Q　社会課題解消ビジネスで収益を上げることがどのくらい重視されていますか

→収益化が求められているとの回答が7割近くに上った。ただし、具体的な売上や利益等のKPI（Key Performance Indicator）まで設けていないケースが多いことが分かった（図表3－9）。

●社会課題解消ビジネスに「収益を求める」との回答数が「収益は問わない」との回答数の3倍に上った。

●ただし、「社会課題解消と収益性の両立を目指しているが、収益が最重要ではなく、KPIはない／もしくはKPIを達成しなくても問題ないと捉えている」が4割と多数だった。

●次いで「収益を上げることが事業の最優先

図表3-9　社会課題解消ビジネスで収益を上げることがどのくらい重視されていますか

選択肢	回答（%）
社会課題解消と収益性の両立を目指しているが、収益が最重要ではなく、KPIはない／もしくはKPIを達成しなくても問題ない	43.1
収益を上げることが事業の最優先事項であり、具体的なKPIを設定している	26.4
社会課題解消のためには収益が小さくても仕方ない（赤字にならなければいい）と捉えている	23.6
社会課題解消が最優先事項であり、収益については考慮していない	4.7
社会課題解消のためには事業が赤字でも仕方ないと捉えている	2.2

事項であり、具体的なＫＰＩを設定している」とする回答は２割を超え、２番目に多い回答となった。

Ｑ「社会課題解消」と「ビジネス」の両立に難しさを感じていますか

↓回答者の約４分の３が両立は難しいと感じている。なお、難しさを感じていないとの回答は１割に満たず、やはりビジネスとの両立は実際難しいことが明確になった（図表３－10）。

Ｑ社会課題解消ビジネスの達成状況はいかがですか

↓検討は進んでいても事業化や収益化に至っていないとの回答が多数を占めた。また検討自体に苦戦、との回答も一定数あった。これらを合わせると、回答者の８割以上が検討段階、事業化段階、収益化段階などで苦戦していることが分かった（図表３－11）。

図表3-10　「社会課題解消」と「ビジネス」の両立に難しさを感じていますか

選択肢	回答（%）
難しさを感じている	25.7
やや難しさを感じている	49.4
どちらともいえない	18.9
あまり難しさを感じていない	4.2
難しさを感じていない	1.9

図表3-11　社会課題解消ビジネスの達成状況はいかがですか

選択肢	回答（%）
円滑に検討できているが、事業化にまでは到達していない	40.0
事業化したが、思うような収益を上げるに至っていない（上げられる見込みも立っていない）	27.5
検討に苦戦している（ないし、頓挫した）	17.4
事業化でき、かつ、思うような収益を上げられた（ないし、上げられる見込みが立っている）	15.1

図表3-12　社会課題解消とビジネスの両立における課題は何ですか（上位）

順位	両立の課題
1	未来に花開くことを目的としているからこそ、不確実性が高く事業化の意思決定ができない
2	ノウハウ／知見を有した人員が不足している
3	社内にノウハウが整備されておらず、進め方が分からない
4	推進する組織の人員数が少ない
5	結果が出るまでに時間がかかる一方で、継続的な投資がなされない（事業展開の途中で投資が打ち切られる）

Q　社会課題解消とビジネスの両立における課題は何ですか

→推進上の課題として上位に挙がったのは、「不確実性が高く事業化の意思決定ができない」である。また「ノウハウ／知見を有した人員が不足」、「社内にノウハウが整備されておらず、進め方が分からない」、「推進する組織の人員数が少ない」なども続いた（図表3－12）。いずれも新規事業で企業が直面する課題であり、社会課題解消ビジネスも新規事業であるために、同様の課題に直面していることが分かる。

成功するには目標の設定がカギ

今回の調査をつぶさに見ていくことで、社会課題解消ビジネス推進のＫＳＦ（Key Success Factor＝成功のカギ）が見えてきた。それは、**社会課題とビジネスの具体的な目標（ＫＰＩ）を設定する**ことである。

図表3-13　社会課題解消ビジネスのKPI設定あり・なしでの成否の比較

KPI設定の有無	事業化・収益化ができている（%）	事業化・収益化ができていない（%）
具体的なKPIを設定している	18.6	52.9
具体的なKPIを設定していない	13.7	75.2

図表3-14　社会課題の選定理由の回答者における「KPIを設定している」回答者の割合

社会課題の選定理由	KPIを設定している回答者の割合（%）
大きなビジネスチャンスを感じたから	38.6
SDGs等で取り組みに必要性が高まっていたから	23.3
社会的な意義／インパクトが大きいと考えたから	31.1
自社にとっての解決のしやすさ／既存事業との距離の近さから	31.1

今回の調査の中で、社会課題解消ビジネスに「具体的なＫＰＩを設定している」という回答者と、社会課題解消と収益性の両立を目指すが「ＫＰＩを設定していない」という回答者で、進捗の違いを比較してみた。

まず取り組みの進捗で「実際に事業化でき、思うような収益を上げられた」という回答者は全体で15・1％だった（図表3－11）。しかしこれを「具体的なＫＰＩを設定している」回答者に絞ると、事業化と収益化に成功している回答者は18・6％となった。一方、「ＫＰＩを設定していない」回答者の割合は13・7％となった。つまりＫＰＩを設定している場合としていない場合で、事業化と収益化の成功に約5ポイントの差が生じていたのである。

さらに、ＫＰＩを設定していない回答者の75・2％が「事業化まで達していない」、「収益化まで達していない（見込みもない）」と答えている一方で、ＫＰＩを設定している回答者に絞ると52・9％となっている。つまりＫＰＩを設定している場合は22・3ポイント低いのだ（図表3－13）。

なお、ビジネスの題材とする社会課題の選定理由で「大きなビジネスチャンスを感じたから」を選んだ回答者は、他の理由（「解決のしやすさ／既存事業との距離の近さ」、「社会的な意義／インパクト」、「ＳＤＧｓ等で取り組みに必要性」）を選んだ回答者よりも、ＫＰＩを具体的に設定している、という傾向があることも分かった（図表3－14）。

以上のことからも、社会課題解消ビジネスのＫＳＦの1つとして、社会課題の選定の際にビジネスチャンスをきちんと見出した上で、さらに具体的なＫＰＩを設定して推進することが重要であると分かる。

第2部

社会課題ビジネスの思考法

社会課題解消ビジネスは、社会課題の解消とビジネスの両立が極めて難しい。どのようにすれば両立できるのか。それは政治・行政による公的なアプローチでも、収益を目的にしたビジネスのアプローチでも難しい。両者とは異なる第3のアプローチが必要であり、3つのステップで紹介していきたい。

第4章

社会課題ビジネスを成功させるための3ステップ

体系的なノウハウを武器にする

第1部では、「社会課題解消ビジネスとは何か」というテーマのもと、社会課題解消ビジネスが注目される背景や、海外および日本企業による取り組みの状況を解説した。

かつて、社会課題解消ビジネスは、経営状況の良い大手企業が慈善的に行う取り組みと見なされていた時代もあった。しかし、現代は**企業規模の大小を問わず、全ての企業が対応を求められる、「やらねばならぬ」取り組み**へと変化している。

前述の通り、ここ数年で著者陣のもとには、クライアントから社会課題をテーマにビジネスを検討する依頼が寄せられている。そうした企業を支援する中で、社会課題解消ビジネスに取り組む上で陥りがちな課題と、その課題を解消するために必要な要素（検討の勘所）の体系を見出すことができた。

こうした経験から得た知見をもとに、第2部では実践編として、社会課題解消ビジネスを実践するための体系的なノウハウを提示していきたい。

読者の皆様の中には、今まさに社会課題解消ビジネスに取り組み、暗中模索の中で進めている、もしくは、何から手をつけていいのか分からず困惑している方も多いだろう。そのような皆様にとって、ここからの実践編が光明をもたらす羅針盤となれば幸いである。

社会課題解消ビジネス実践の3つのステップと9つの検討事項

社会課題解消ビジネスの実践は、大きく分けて次の3つのステップで推進する。

1 収益化が可能な社会課題を見分けて、機会を余すことなく見出す
2 社会課題が生む機会を最大限引き出す構想をつくる
3 構想を実現し、時流を読みながら発展させる

また、各ステップはそれぞれ3つの検討事項で構成される。つまり、社会課題解消ビジネスの実践とは、これら9つの検討事項を推進する取り組みと捉えていただきたい。

なお、新規事業や新サービスのアイデア出しを行う際に、SDGs等から社会課題を並べ立て、それらを題材にするという場面を見かける。しかし、単に社会課題を題材にしただけでは、社会課題解消ビジネスとは言いにくい。

また、社会課題は解消しつつも、ごく小規模な売上しか生み出せていないビジネスを見かけることもある。社会課題の規模に見合わない小規模な事業にとどまるのであれば、それも社会課題解消ビジネスとは言いにくい。

図表4-1　社会課題解消ビジネスでよく見受けられる光景

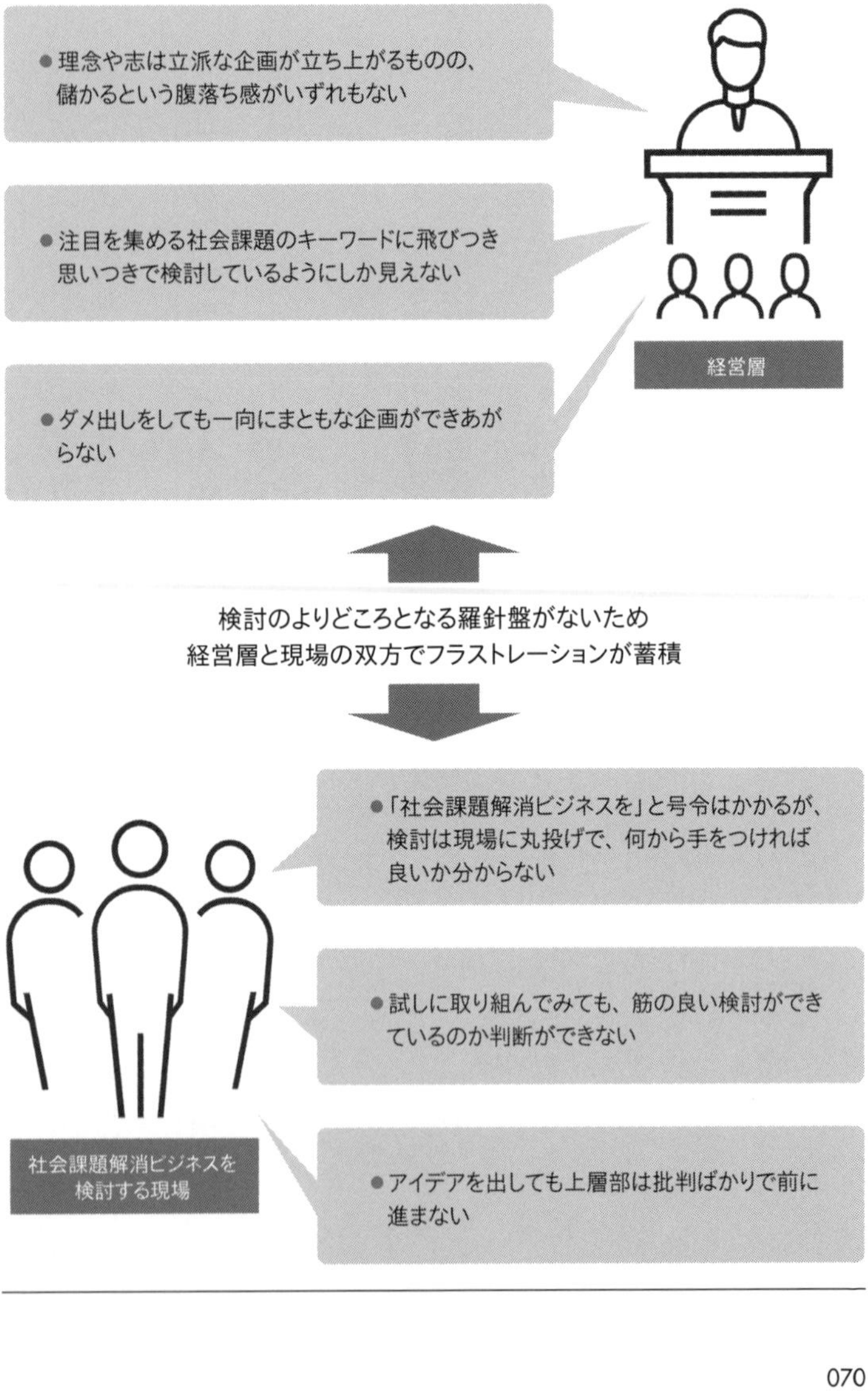
●理念や志は立派な企画が立ち上がるものの、儲かるという腹落ち感がいずれもない
●注目を集める社会課題のキーワードに飛びつき思いつきで検討しているようにしか見えない
●ダメ出しをしても一向にまともな企画ができあがらない
経営層
検討のよりどころとなる羅針盤がないため
経営層と現場の双方でフラストレーションが蓄積
●「社会課題解消ビジネスを」と号令はかかるが、検討は現場に丸投げで、何から手をつければ良いか分からない
●試しに取り組んでみても、筋の良い検討ができているのか判断ができない
●アイデアを出しても上層部は批判ばかりで前に進まない
社会課題解消ビジネスを検討する現場

図表4-2　3つのステップと9つの検討事項

ステップ	検討事項
1. 収益化が可能な社会課題を見分けて、機会を余すことなく見出す	①社会課題を洗い出す
	②着目する社会課題を選ぶ
	③社会課題が生む商機を見出す
2. 社会課題が生む機会を最大限引き出す構想をつくる	④社会課題を解消するサービス戦略を立てる
	⑤社会課題のポテンシャルを引き出すビジネスモデルをつくる
	⑥社会課題への適用戦略をつくる
3. 構想を実現し、時流を読みながら発展させる	⑦事業立ち上げの戦術をつくる
	⑧ビジネスとして成立させる前提条件を達成する
	⑨前提条件を達成するための働きかけの戦術をつくる

なぜなら、目的は新規事業や新サービスをつくることではないからだ。社会課題解消ビジネスは、今後も様々な社会課題が発生する中で、課題解消を通じて社会に貢献しつつも、企業としての収益性も上げていく、新たな時代の新たな生存戦略なのである。そのため、既存事業に比肩し、ゆくゆくは既存事業に代わる、企業にとっての次の柱になり得る事業をつくる取り組みとなるべきなのである。

だからこそ本書では、ビジネスとしての規模および持続性に重きを置いて、3つのステップを提唱している。

陥りがちな課題と要因

3つのステップと9つの検討事項を漫然とこなすだけでは、残念ながら社会課題解消ビジネスは成功しない。9つの検討事項はあくまで検討すべきこと（What）であり、検討の勘所を押さえた、検討の仕方（How）が不可欠である。

図表4-3　9つの検討事項と陥りがちな課題

検討事項	陥りがちな課題	要因
①社会課題を洗い出す（第5章）	社会課題はたくさんあるがビジネスになりそうな社会課題が見当たらない	現在顕在化している／世間で注目を集める社会課題を題材にしている
②着目する社会課題を選ぶ（第6章）	ビジネスポテンシャルを考慮せずに社会課題を選定してしまう	社会課題のビジネスポテンシャルを定量化できず、思い（will）や実現性（can）だけで選定してしまう
③社会課題が生む商機を見出す（第7章）	多数の事業アイデアは生み出せてもいずれも儲かる感触がない	社会課題が、誰にどのようなニーズを生じさせるか（どのような商機を生むか）を紐解けていないため、ニーズに裏打ちされたアイデアがつくられていない
④社会課題を解消するサービス戦略を立てる（第8章）	社会課題がもたらす被害の大きさのわりに、サービスの売上が大きくならない	社会課題の影響を受けるステークホルダーを捉えきれておらず、社会課題の一部分にしかリーチしないサービスがつくられている
⑤社会課題のポテンシャルを引き出すビジネスモデルをつくる（第9章）	一向に黒字化の目途が立たず、事業が頓挫してしまう	社会課題解消ビジネスは「顧客がサービスに支払い得る金額の規模」と「サービスの展開・運営にかかるコスト」のバランスが成り立ちにくい
⑥社会課題への適用戦略をつくる（第10章）	サービスの質を磨き上げても、社会に普及しない、顧客に受け入れてもらえない	課題解消の阻害要因（スイッチングコスト・現状維持バイアス）を排す戦略が練られていない
⑦事業立ち上げの戦術をつくる（第11章）	サービスを立ち上げても、既得権益者等のステークホルダーを巻き込めず小規模な取り組みに終わってしまう	社会課題解消ビジネスに不可欠な多様なステークホルダーとの連携や調整、既得権益者との対峙を自社で担おうとしてうまくいかない
⑧ビジネスとして成立させる前提条件を達成する（第12章）	社会課題の解消につながるサービスを利用したがる顧客が一向に増えない	社会課題に対して「解消すべき／できる」との認知が世の中に広まっていない、課題解消方法が普及しない
⑨前提条件を達成するための働きかけの戦術をつくる（第13章）	社会課題への「解消すべき／できる」との認知高まりを待ち伏せるが、一向に高まらずに「待ちぼうけ」になる	社会課題に対して「解消すべき／できる」との認知を、「具体的に・誰と・どのように」広めるのか戦術が練られていない

また勘所を押さえるには、なぜ・どうしてそれらが勘所となるか、ということの理解と腹落ちも重要である。表面的な理解だけでは実践の現場で応用が利かず、筋の良い検討も望めない。そのため、「なぜそれが勘所と言えるのか」、すなわち「勘所を押さえないとどのような課題がなぜ生じてしまうのか」を捉える必要がある。

そこで、本章では実践ノウハウ解説の前置きとして、検討する上で陥りがちな課題とその要因を整理するところから始めたい。

第１部でも言及した社会課題解消ビジネスにおける課題とそれらを生む要因を３つのステップと９つの検討事項に沿って整理すると、図表４－３のようになる。

見ての通り、社会課題解消ビジネスでは、その全ての検討事項において陥りがちな課題がある。個々の課題・要因の詳細は、以降の章でより詳しく解説するが、ここでは社会課題解消ビジネスの検討の最初から最後まで、落とし穴にはまらぬよう細心の注意を持って進めることが要求される、ということを認識していただきたい。

各章の構成

以降の章からは、各検討事項で章を分け、各章において以下の順序で解説する。

①　直面する課題はどんなものか（具体的な課題に直面するシチュエーション）
↓　著者陣が社会課題解消ビジネスを支援する中で、実際に出くわした課題を実例に基づき紹介し、可能な限り具体的に説明する。

② なぜそのような課題に直面するのか（課題の背景にある思い込み）
↓ 知らないと検討が頓挫するだけでなく、成功の見込みがない事業を立ち上げることになってしまう社会課題解消ビジネスの「罠」を、可能な限り構造的に理解できるように説明する。
③ どのように課題を克服したら良いか（社会課題解消ビジネスの思考法）
↓ 社会課題解消ビジネスを実践する上で、押さえるべき思考法を弊社の過去支援事例や世の中の実例を用いながら解説する。

なお、各章では実際にゼロから社会課題解消ビジネスを検討する際の詳細な検討事項や方法の解説だけでなく、ビジネスの実例や実際に活用しているフレームワーク等を可能な限り盛り込むことで、抽象論にとどまらない、地に足のついた実践論とすることを心掛けた。

そのため、これから社会課題解消ビジネスを目指す方はもちろん、すでに社会課題ビジネスに取り組んでいる（が、何らかの壁にぶつかり本書を手にとっている）方には、ぜひ第2部を可能な限り順番通りに、かつ一気にご覧いただきたい。実践にあたってのイメージをつかむことで、意外な観点・視点の抜け漏れに気づき、直面している課題の正体やその要因が見えてくるはずである。

第5章

ステップ1検討事項①社会課題を洗い出す

総合商社A社では、資源関連などの既存事業の成長が頭打ちになりつつあった。ある日A社のCEOは新規事業開発部門に対して、「社会課題に関連したビジネスを立ち上げよ」との号令をかけた。

CEOは号令に際し、SDGs投資の世界的な流れを受けて、「社会課題の解消に大きなビジネスチャンスがある。社会課題に関連した新規事業を立ち上げなければ我々に未来はない」と熱く新規事業開発部門に語りかけた。

同部門では早速、どのような社会課題をターゲットにするかを定めるべく、特に注目を集めている社会課題のリサーチを開始した。ただ、環境問題、高齢化、少子化、労働力不足、教育格差など、注目度の高い社会課題は見つかるものの、いざ詳細を調べてみると、どれもすでに大手企業が食い込んでいる現状が浮き彫りになってきた。例えば、環境問題では再生可能エネルギー事業に大企業が進出しており、高齢化対策では医療や介護分野の企業が先行していた。

CEOは、検討が遅々として進まないことに苛立ちを隠せず、新規事業開発部門に詰め寄った。そこで彼らは、他の企業が取り組んでいない社会課題について社内で幾度となく議論を交わした。しかし、出てくるビジネスアイデアは非常にニッチな分野で、ビジネスとしても小規模にならざるを得ないものばかり（だからこそ他社が手を出していなかった）。そのため、大きな収益が期待できそうなビジネスアイデアがなかなか出なかった。

新規事業開発部門は検討開始早々で手詰まりとなり、CEOの指示に応えられない焦りから、他社を後追いするようなビジネス案を採用することにした。結果として、初期段階から暗雲が立ち込めることになったのである——。

まず「未来」の社会課題から始めよ

社会課題は、環境問題、高齢化、少子化、労働力不足、教育格差など多岐にわたる。そのため、社会課題解消ビジネスは、まず「どんな社会課題に着目すべきか」から検討を始めるだろう。ただ、その選定を誤ると、いかに良いビジネス案だったとしても思いつきの印象がぬぐえず、社内での合意形成が難しくなり、結果、検討の停滞を招きかねない。

そこで、**まずは候補とする社会課題の全体像を定め、意思決定権者や関係者との認識合わせと合意形成を図る**必要がある。ただ、ここで注意が必要だ。読者の中には、注目度の高いものや、競合他社が取り組んでいるものなど、すでに顕在化している「現在の」社会課題を検討候補にした経験はないだろうか。

現在の社会課題に着目すれば、どんなビジネスを行うべきかイメージしやすく、関係者の合意形成もしやすい。ただ、社会課題解消ビジネスは、既存事業に代わる次の柱となる事業をつくることが目的であるため、問題点もある。それは、「**競争環境の厳しさ**」と、「**事業化スピードとの不整合**」の2点である。

まず、1点目について言うと、今顕在化している社会課題を対象にしたビジネスでは、すでに多数の競合が存在することが多い。そのため、今から参入しても大きな収益を見込める勝算が薄い。

また、2点目について言うと、社会課題解消ビジネスはビジネスモデルの構築や仮説検証など、一般の新規事業でも取り組むべき事項に加え、産官学も巻き込んだエコシステムの構築などそれなりの時間と労力が必要となる。そのため、参入できる準備が整う頃には社会課題の動向（市場環境や顧客ニーズ等）が当初から大きく変わっている可能性が高い。この点の詳細は後述する。

よって、社会課題解消ビジネスでは、**現在の社会課題ではなく、「未来の」社会課題に着目する**ことが重要となる。そうすることで、競争から逃れ、また社会課題が顕在化あるいは深刻化するまでの時間的猶予を活かした事業化の準備ができるようになる。

「メガトレンド」と「ドライビング・フォース」を押さえる

では、どのように「未来の」社会課題を捉えるべきか。

まずは、社会課題が生じる構造を理解することがポイントとなる。

社会課題は、外部環境の大きな「**メガトレンド（潮流）**」により生じる。つまり、社会課題の底流にはいずれもメガトレンドが存在する。例えば、世界的にも深刻化しつつある「認知症患者の増加」という社会課題の底流には、「世界的な高齢化の進行」という大きなメガトレンドが存在する。

また、メガトレンドは、世界的に起きる可能性の高い不可逆の変化・環境要因である「**ドライ**

ビング・フォース（推進力）」により生じる。例えば、「人口動態の変化」が挙げられる。人口動態の変化は様々な統計データの中でも予測精度が高く、国家成長戦略や安全保障政策立案等の様々な場面で用いられている。先の「世界的な高齢化の進行」というメガトレンドも、この「人口動態の変化」というドライビング・フォースから生まれている。つまり社会課題は、ドライビング・フォースが生むメガトレンドを底流にした現象なのである。

　この構図は、現在の社会課題でも未来の社会課題でも同様である。そのため、未来の社会課題を予測する上では、この構図がヒントになる。

　今顕在化している社会課題の中には、過去には想像もつかなかったものもある。例えば、近年社会課題となっている「ＳＮＳ上の誹謗中傷[1]」などが挙げられる。それだけに着目すると、近年になって急に顕在化したものに見えるかもしれない。では、どうすればこれを過去に予測できただろうか。

　現在のＳＮＳも含めたコミュニケーションの新たな概念として、「ソーシャルメディア」という言葉が生まれたのは２００６年とされる。当時は、仮想コミュニティやネットワーク間でコンテンツ（アイデア、興味、その他の表現方法など）の発信、共有、集約ができるインタラクティブな技術として注目された。

　当時この新技術は、人のネットワークを広げ、新たなコミュニティを創出し、コミュニケーションを大きく変化させるとされていた。また、コンテンツの共有や共同作成、記録した写真や動画の共有により、消費者発信のマーケティングが多様化し、広告などにも活用されることで大きな経済効果が生まれることも同時に期待されていた。

　一方で、ソーシャルメディアの「光（人々の生活変容や経済効果）」の部分が大きければ大きいほど、

「影（負の影響、功罪）」の部分も大きくなる。未来の社会課題を考える上では、新たなテクノロジーが生み出す正の側面だけでなく、負の側面に着目することも有効となる。

つまり、2006年にソーシャルメディアが登場した時点で、

● 「人々のコミュニケーションを大きく変える新たなテクノロジーの普及・さらなる進化」がドライビング・フォース

● 「人々の情報発信が従来のマスメディア以上にメディアとして影響力を持つ」ことがドライビング・フォースにより生じるメガトレンド

● メガトレンドが進展した先に顕在化する影（負の側面）が社会課題

と捉えることで、「SNS上の誹謗中傷」を社会課題として予測できた可能性はある。このメガトレンドが進展していくと、

● 人々が発信するコンテンツは、従来のメディアと違い、誰の校正も編集も入らない。そのため、根拠のない、出所不明ででたらめなコンテンツが影響力を持つような時代が来る。

● 人間は根拠のないうわさ話を信じてしまうことからも、ソーシャルメディア内で発信される低質だが影響力のあるコンテンツが世の中を混乱させる。

● メディアには「監視機能」、「議論・世論形成機能」、「社会化（伝達）機能」、「糾弾機能」があ

1 特定の人物や組織に対して、悪口や根拠のない嘘、デマ情報などを投稿して、名誉や人格を傷つける行為。

り、ソーシャルメディアがこれらの機能を持つようになって公人（および準公人、みなし公人）は衆人環視にさらされて生きづらくなる。

このように、「SNSによる誹謗中傷」のような社会課題が生じると予測できるのである。つまり、未来の社会課題を捉えるには、底流にあるメガトレンドとそれを生み出すドライビング・フォースを洗い出し、それらが未来にどのような影響を生み出すのか把握することから始める必要がある（図表5－1）。

いざ未来の社会課題の調査を進めると、中には10～20年以上先に想定される社会課題が見当たることもある。「いつ到来するか分からない未来の課題を挙げてもしょうがないのでは？」と考えてしまうかもしれない。しかし、社会課題は予想外の突発的な出来事によって、想定よりも早く顕在化することがある。

例えば、新型コロナウイルス感染症の世界的な拡大により、食料輸出国の多くがその輸出を制限したり停止したりして、食料の供給制限がかかり、国外から日本に輸入される農産物が減少することで、日本の食料安全保障危機が急速に顕在化した。

このように、感染症の拡大や地域紛争といった地政学リスクなど、予測不能で突発的な出来事が契機となり、社会課題が顕在化することもある。だからこそ、発生すると予想されるタイミングにとらわれず、広く洗い出すことを優先したい。

以上見てきたように、社会課題解消ビジネスで既存事業に変わる次の事業の柱をつくる場合、現在の社会課題に着目してもすでに競合が多数存在する可能性が高いため、今後顕在化あるいは深刻化が見込まれる未来の社会課題に着目すべきである。

図表5-1　社会課題の構造

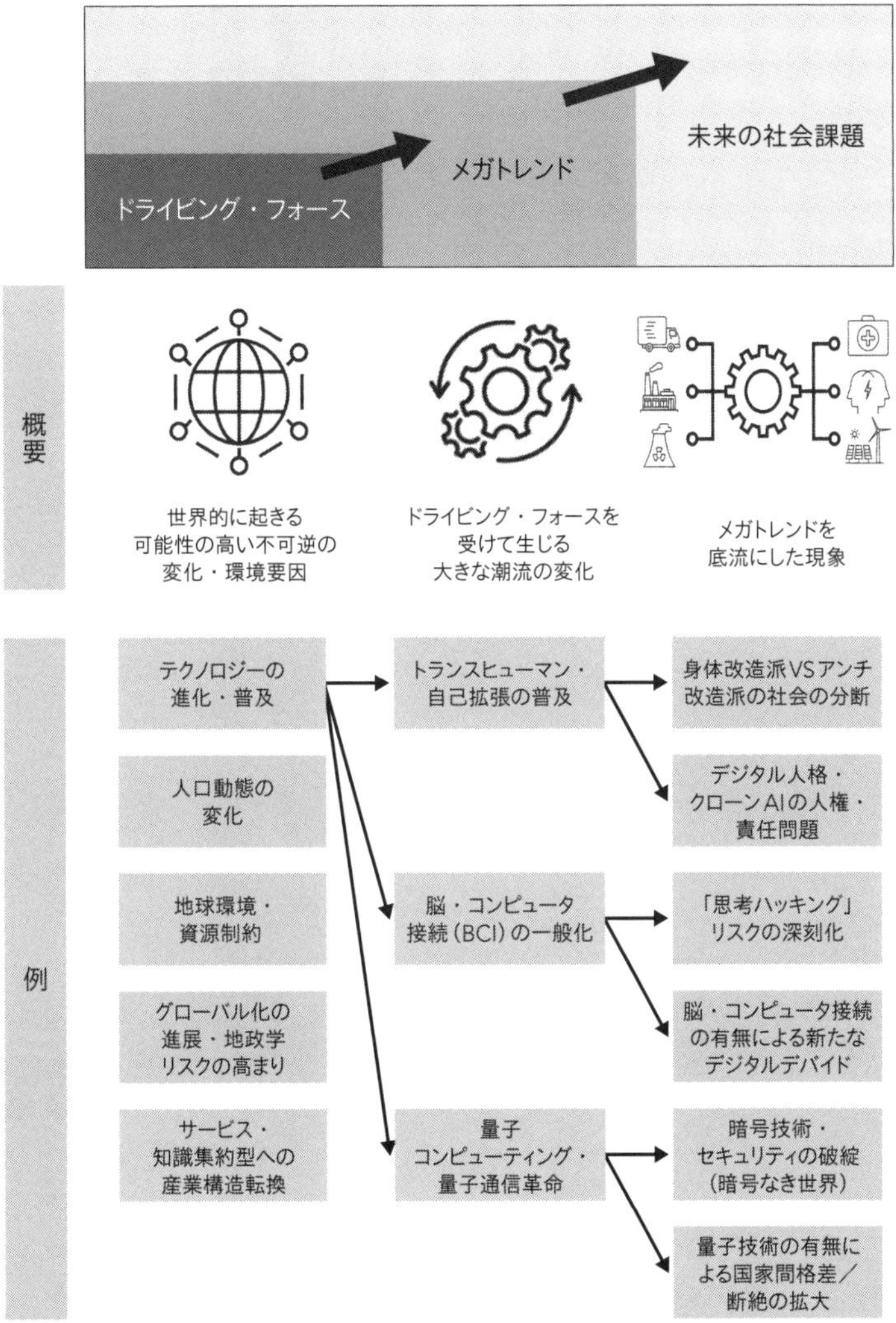

社会課題は「ドライビング・フォースが生むメガトレンドを底流に生じる現象」であるため、未来の社会課題を捉えるためには、**ドライビング・フォースやメガトレンドを押さえるところから始める**必要がある。

Column

未来の社会課題を効率よく整理する方法

未来の社会課題を予測するためのドライビング・フォースやメガトレンドは、そもそもどのように特定できるのか、と疑問を持たれる読者も多いだろう。

いずれも、国内外の様々なシンクタンクや研究機関ですでにそれなりの時間をかけて予測されており、今後生じ得る社会課題について分析された研究も多い。多くは一般に公開されているため、簡単に手に入る。特にシンクタンクが定期的に発行する、今後起こり得る出来事を年表形式で整理した「未来年表」などのレポート（野村総合研究所〔NRI〕「NRI未来年表 2025-2100」など）や、特に注目すべき社会課題の動向を取りまとめた「一覧」のレポート（三菱総合研究所「イノベーションにより解決が期待される社会課題一覧」など）は、今後生じ得る社会課題を俯瞰する上で大いに役立つ。そのため、未来の社会課題を予測するに際しては、まずこれらのレポートの読み解きから始めることをお薦めする。

よって、自分で一から分析するのではなく、公開されている情報をドライビング・フォース、メガトレンド、未来の社会課題の3つの枠組みに沿って整理していくことが効率的で実践的な方法となる。

そもそも、多くの読者は未来予測の専門家ではないので、未来の社会課題を予測するための調査に時間をかけるのではなく、そのビジネス化に時間をかけたいだろう。

調査のポイントは、フレームワークを活用して幅広く情報にあたることである。やみくもに情報を集めるだけではいたずらに時間を浪費してしまい、またフレームワークがないといつまでも抜け漏れの懸念がぬぐいきれない。

活用するフレームワークとしては、一般的な外部環境で用いる「**PEST**」が挙げられる。これは、政治（Politics）、経済（Economics）、社会（Society）、技術（Technology）の4つの視点から分析するフレームワークだ。ただ近年は、環境関連の動向や意識の高まりから、PESTのうちS（社会）からE（Environment＝環境）を独立させた「**SEPTEmber**」と呼ばれるフレームワークが使われることが多い。

実際、我々のクライアント支援に際しても、PESTよりもSEPTEmberフレームワークを活用することが多く、整理する上での使い勝手も良いため、クライアントからアドバイスを求められた際にもお薦めしている。

実際にこのSEPTEmberフレームワークを用い、ドライビング・フォース、メガトレンド、未来の社会課題を整理した結果の一例を会員特典として提供しているので参照されたい。

社会課題に関する情報を網羅的に全て集めきることは困難である。情報を集めきることではなく、縦（SEPTEmber）、横（ドライビング・フォース、メガトレンド、未来の社会課題）がある程度埋まりきり、メンバーや意思決定権者間で網羅的と「思える」状態をゴールに、期限を設定した上で検討するといいだろう。

第6章

ステップ1検討事項②着目する社会課題を選ぶ

自動車会社B社では、社会課題をテーマにした新規事業の社内コンペが行われていた。各チームは、まずは様々な社会課題をリストアップした。参加メンバーは、担当者の強い思いが重要だと考えていたため、自分たちが解決したい社会課題を選ぶことになった。

その中で1つのチームが、「過疎地域における交通難民問題」を選定した。地方の過疎化が進んでおり、交通手段の不足に困っているだろうと考えたためだ。自社の技術力を駆使し、自動運転車を使って過疎地域の交通問題を解決するというアイデアだ。

コンペ後、この案を実現すべくプロジェクトチームが組織された。自動運転車が定期的に過疎地を巡回し、安全で便利な移動手段を住民に提供するというアイデアをベースに検討を進め、PoC（概念実証）の段階まで進み、住民からのフィードバックも得た。

しかし、結果は芳しくなかった。利用者数は予想を大きく下回り、引き続き利用したいとの意見も少なかった。住民の多くは、確かに交通手段の不足に悩んではいた。しかし、必要なものはすでに配達サービスで手に入り、外出の必要性はそこまで高くなかったのだ。

さらに、運営コストが予想以上にかさみ、採算がとれる見込みが立たなかった。利用者が少なく、需要が乏しい地域にサービスを提供したところで、ビジネスとして成立しないことがPoC

を通じて明確になった。

プロジェクトチームは、熱意と努力をもって挑んだにもかかわらず、企画の実現には至らなかった。PoCの結果をもってプロジェクトは中止が決定され、ビジネスとして成り立たないという現実が、担当者たちに突きつけられた——。

選定する社会課題によって変わるビジネスポテンシャル

候補となる未来の社会課題が整理できたら、次に取り組むのは着目すべき（事業検討の題材とする）社会課題の選定である。これによってビジネスとしての規模が大きく変わるため、選定はステップ1の中で特に重要な検討である。

例えば、候補として以下の3つが挙がったとする。

- 激甚化する災害に耐え得るインフラ・都市開発
- 地方の移動難民の深刻化
- 高齢化に伴う地域医療の崩壊

それぞれ課題の規模感や関連する範囲も異なるため、ビジネスとしてのポテンシャルが異なる。だからこそ、慎重な検討が求められるわけだ。では、ポテンシャルの大きい社会課題を選ぶために、どのような検討を行うべきか。

著者陣がこれまで支援してきた様々な企業における社会課題の選定方法を振り返ると、大きく

2つの観点に基づいていることが多い。

● **Will重視**　企業として取り組みたい社会課題に着目する、「思い」を重視する選定方法

● **Can重視**　自社のアセットやケイパビリティで解消できそうな社会課題を選ぶ、「自社の強み」を重視する選定方法

いずれの選定方法も決して間違ってはいない。

社会課題解消ビジネスは長期にわたって行う、難易度の高い取り組みであるため、企業としての思い（Will）がなければ、ビジネスの成功まで推進することは難しい。

また、自社のアセットやケイパビリティとの関係性が全く見出せない社会課題では、「本当に取り組む余地があるのか」という疑念を抱えながら検討を進めることになる。企業としての取り組み余地（Can）がなければ、やはり厳しいだろう。だからこそ、儲かりやすい社会課題を選定できているか否かが重要なのである。

社会課題は、多くの人に深刻な悩みや多大な負担をもたらすものであり、その重要性や解消の必要性に優劣はない。しかし、ビジネスの観点で見た場合、「収益化が可能な社会課題」とそうでないものがあることもまた事実である。

では、その見極めはどのように行うべきか。図表6－1に、見極める際の4つの観点をまとめた。

ここからは、観点ごとに目的や検証する上でのポイント、そして具体的な分析の仕方について解説したい。

図表6-1　収益化が可能な社会課題を見極める4つの観点

観点	目的	ポイント
①社会課題の被害を受ける人・企業の数	社会課題解消ビジネスが狙い得る潜在的な顧客を捉える	社会課題の損失を被るリスクを抱える人・企業も含めて広く設定する
②社会課題がもたらす経済損失	社会課題解消ビジネスへの利用・支払い意欲を捉える	支出の伴う損失や損害だけでなく、機会損失にも目を向ける
③社会課題が顕在化・深刻化するタイミング	ビジネスとしてどのくらい可能性があるかを捉える	短期・中長期程度で大ぐくりに捉え、またタイミングを左右する外的要因を把握する
④社会課題に関係する技術の動向	社会課題の解決可能性・ビジネスとしての実現性を捉える	課題解決に必要なテクノロジーと、その社会実装に必要な周辺のテクノロジーにも視野を広げて調査する

観点①「被害を受ける人・企業の数」で潜在的な顧客数を捉える

まず1つ目の観点は、「社会課題の被害を受ける人・企業の数」である。

社会課題をビジネスにする上では、社会課題の被害を受ける人・企業の規模がビジネスとしての儲けやすさを左右する。

ただし、ここでは注意が必要だ。詳細は後述するが、**「課題が解消した際の受益者（社会課題の被害を受ける人・企業）」が、必ずしも「事業・サービスへ金を払う人・企業（マネタイズ元）」となるわけではない。**

例えば、教育格差や医療アクセス、社会進出支援など、途上国の生活者が直面する社会課題の解消を狙うビジネスの多くは、課題解消の受益者である生活者に対して、広告・宣伝をしたい広告主（企業）をお金の支払い元（マネタイズ元）として、広告ビジネスなどを展開して収益化を図っている。

ビジネスポテンシャルを左右するのは、「マネタイズ元」ではなく「課題解消の受益者」であるため、ここでは後者に注目する必要がある。つまり、いわゆる「儲かる」社会課題を見極めるには、まず被害を受ける人・企業の数を把握することが重要となる。その際のポイントは、今後被害を受ける可能性があるような、リスクを抱える人・企業も含めて幅広く把握することである。

例えば、「都市交通環境の悪化による交通事故の増加」の場合、直接被害を受ける人の数は、年間の交通事故死傷者数になる。しかし、事故に巻き込まれてはいないが、日々そのリスクを抱えて生活を送る都市生活者の存在もある。ハインリッヒの法則[1]に基づいて考えると、重大事故の背景には、その29倍の軽微な事故が存在し、さらには、事故には至らなかった危険な状況が３００倍も隠されている。つまり、実際に発生した事故や重大事案よりも、リスクを抱える人は多く、ポテンシャルは広がるのである。

被害を受ける人・企業の数は、社会課題解消ビジネスのポテンシャルを表す。そのため、交通事故のリスクが下がるメリットを享受できる都市生活者の全体の数を把握すべきである。

観点②「経済損失」で課題の深刻さ・解消意欲を捉える

２つ目の観点は、「社会課題がもたらす経済損失」である。

被害を受ける人・企業の数が多くても、社会課題としてそれほど深刻ではなく、解消すべきだという世論のコンセンサスがとれていなかったり、課題解消へのインセンティブが当事者にあまりなかったりすると、ビジネスになりづらい。

そのため、人・企業の数と併せて、課題の深刻さを捉えるために、**経済損失の規模も把握する**ことが有効となる。経済損失を調査する際のポイントは、実際に支出が伴う損失や損害の規模だけでなく、**社会課題が解消されないことで生じる機会損失も捉える**ことである。

例えば、ジェンダー不平等（男女格差）という社会課題で考えてみよう。

ジェンダー不平等によって、実際に支出が伴うような損失や損害は生じていないかもしれないが、本来得られたはずの経済効果が損なわれている。このように、生じている機会損失に目を向けると見方が大きく変わる。

国際労働機関（ILO）の公表した「World Employment and Social Outlook: Trends for Women 2017」では、2017年から2025年までに男女の労働力率の差を25％縮小すれば、世界で5兆8000億ドルの経済効果が生じると試算していた。また潜在的な税収増効果も巨額で、新興国で9900億ドル増、先進国で5300億ドル増となり、世界の税収は1兆5000億ドル増える可能性があるとの試算だった。

日本でも、2022年に実施された『『女性と経済』に関する勉強会』の第3回報告書によると、女性の平均給与が男性並みに増加した場合、給与総額は約25兆1000億円増え、国内の消費が約13兆8000億円増加すると試算する。また男女間での労働者数、正規・非正規の割合、賃金格差の全てが解消された場合には、国内の消費は約44兆5000億円増加すると試算される。

ジェンダー不平等の場合、社会課題を解消した際の受益者は、格差に苦しむ女性自身のみなら

1　重大事故の背景には、29件の軽微な事故と300件のヒヤリハット（事故には至らなかった危険な状況）が隠されているという法則。

ず、国家全体である。そのため、直接的な受益者（今の被害者）や支出が発生している損失や損害にのみ着目するのでなく、広い視野で機会損失とその機会の受益者（今回の例で言えば、消費増で潤う様々な業界に加え、国や社会まで）を捉える必要がある。

観点③「顕在化・深刻化するタイミング」で可能性を測る

3つ目の観点は、「社会課題が顕在化・深刻化するタイミング」である。

被害を受ける人・企業の数と経済損失が特定できたとしても、そもそも社会課題が発生するかどうかが不確実なままではビジネスにしづらい。**課題が顕在化・深刻化する（被害の規模が大きくなる）と予想されるタイミングがより早い方が、課題発生の可能性は当然高く、ビジネスにしやすくなる。**

ただ、「社会課題がいつ確実に発生するか」を正確に予測することは難しい。何らかの仮定を置き、検証を重ねて予測したとしても、往々にして数年単位でのずれは生じるだろう。

例えば、石油資源の枯渇に関する予測が分かりやすいだろう。

1970年代の石油危機時には、石油の可採年数は約30年と試算され、2000年初頭には石油資源の枯渇が深刻な社会課題になると予測されていた。しかし、回収率の向上や新たな石油資源の発見・確認により、1980年代以降は可採年数が40年程度となり、2020年から2030年に枯渇すると予測が変わった。さらに近年は、米国のシェールオイル、ベネズエラやカナダの超重質油が採掘されるようになったことで可採年数は増加し、石油資源の枯渇は未だ顕在化・深刻化していない。

このように、社会課題発生のタイミングは予測が難しいことから、以下の3つの分類を行うべきである。

- 5年前後で発生すると予測される短期の社会課題
- 10年前後で発生すると予測される中期の社会課題
- それ以後に発生すると予測される長期の社会課題

ここで重要なのは、未来の社会課題の顕在化・深刻化に影響のある外的要因が何か、どんな兆候をつかんでおけばタイミングを見逃さないかを、社会課題ごとに識別しておくことである。

例えば、2022年2月以降のウクライナ情勢の変化により、化石燃料や天然ガスの輸出大国であったロシアに対する経済制裁等の影響と、コロナ回復局面でのエネルギー需要増大の影響でエネルギー価格は高止まりし、世界的なエネルギー危機が顕在化・深刻化した。この場合、兆候をつかむ上で注視しておくべき外的要因は、次のようになる。

- 地政学リスクの高まり
- エネルギー需要の急速な増加
- 一部のエネルギー資源国への依存度の高まり

社会課題解消ビジネスを検討する上で、未来予測の専門家や専門的な知見が必須かと言うとそうではない。重要なのは、選定した未来の社会課題がビジネスになるタイミングを、自分たちでつかめる状態にしておくことである。

観点④「関係する技術の動向」で解消の実現性を測る

最後に4つ目の観点は、「社会課題に関係する技術の動向」である。

第1部でも述べたように、社会課題はその解消を可能にする先端テクノロジーと結びついて初めてビジネスになる。よって、次の構図となる。

- 社会課題には解消できる先端テクノロジーが必要
- ⬅
- 先端テクノロジーの社会実装には、解消すべき社会課題が必要
- ⬅
- 社会課題とテクノロジーが結びつくことでマネーが流れ込みビジネス化

つまり、社会課題とテクノロジーは両輪の関係にあり、そこに流れ込むマネーが潤滑油になるのだ。逆に、いくら被害の規模やタイミングの観点で有望な社会課題であったとしても、解消する先端テクノロジーがなければ、ビジネスは生まれにくい。

火星に関連したビジネスを例に説明したい。

2024年4月に世界経済フォーラムが公表した「Space: The $1.8 Trillion Opportunity for Global Economic Growth」によると、宇宙関連ビジネスの世界の市場規模は2023年時点で

6300億ドル、さらに2035年には1兆7900億ドルまで拡大すると予想され、非常に成長性の高い市場となっている。一方で、人類の火星への到達については様々な予測がなされていたが、未だテクノロジーが壁となり実現できていない。

1996年に全米研究評議会（National Research Council）の宇宙研究委員会が発表した報告書では、「NASAは今後25年以内に月と火星への有人探査ミッションを開始する」と述べ、2018年までに人類が火星に着陸すると予測していた。また、1997年には未来学者のピーター・シュワルツとピーター・ライデンの共著『ロングブーム』（ニュートンプレス）にて、2020年に人類は火星に足を踏み入れると予測した。

しかし、現在までに8機の無人宇宙船が火星に着陸したが、人類が火星に到達するという予測は実現していない。そもそも、世界各国は少なくとも40回以上の火星探査活動を行っているが、その成功率は45％未満なのである。

火星に人類が到達することが難しい理由は複数あり、いずれもテクノロジーによる解決の見通しが立っていないことが大きな要因だ。

- 火星到達までに宇宙飛行士が浴びる放射線量は、地球上で年間に浴びる放射線量の約275倍と大量で、被ばくを防ぐ技術がまだない。
- 地球から火星まで約250日かかり往復で約3年を費やすため、対応できる燃料装置がない。
- 酸素がほとんどなく、気温も地球に比べて低くマイナス60度前後であり、その厳しい環境で人類が生存できる技術がない。

図表6-2　FCVの普及の課題

課題の種類	課題の内容
インフラ面の課題	水素ステーションの不足。安全対策等の規制が厳しく、設備面でもガソリンスタンドの倍以上の費用がかかり、採算性が低い
コスト面の課題	FCVの製造には高性能な燃料電池スタックの採用や特殊な材料が必要で、電気自動車やガソリン車に比べ約2倍のコストがかかる
安全性の課題	水素の取り扱いには、高圧化や液化の特有な技術を要求され、安全な輸送や長期保管が難しい
規制の課題	ガソリン車や電気自動車は道路運送車両法でのみ規制されているが、FCVは高圧ガス保安法も加えた2法令で規制され複雑である
水素生成・調達の課題	水素の生成および調達の手段が、環境への配慮・コストの観点で未だ研究中である

そのため、宇宙ビジネスが勃興する中でも、火星旅行や火星移住はおろか、人類が火星に到達するために必要なテクノロジーの開発が追いついておらず、関連したビジネスは生まれていないのである。

このような例からも、社会課題を選定する段階で、課題を解消し得る技術の動向を調査することが必要となるのだが、ここで注意すべきことがある。**先端テクノロジーは、単体では社会実装が難しい**、ということである。

例えば、FCV（Fuel Cell Vehicle＝燃料電池自動車）を挙げよう。次世代の自動車として、1990年初頭から独ダイムラーと米ゼネラルモーターズはFCVを開発していた。2003年1月にはジョージ・ブッシュ米大統領が一般教書演説で、米国がクリーンな水素燃料自動車の開発で世界をリードすると宣言し、FCVの普及に期待感が一気に高まった。それから20年超経った現在、どうなったか。

FCVを市販する自動車メーカーは現在、世界で3社、累計の販売台数は4万台にとどまるとも言われ、全世界の自動車保有台数が15億台を超えることを考えると、普及には程遠い。

その理由は、図表6－2の通り、FCVそのものの技術課題だけではなく、水素ステーションなどのインフラ面の課題、さらには、水素生成・調達など、サプライチェーンの課題にまで及んでいるからだ。

以上のことから、社会課題に関連したテクノロジーの動向を調査する際には、**先端テクノロジー単体に着目するだけではなく、その社会実装に必要となる周辺のテクノロジーにも視野を広げて調査する**ことが重要となる。

その上で、テクノロジーの成熟度を特許資料や論文から把握すると良い。近年は、特許や論文と社会課題を結びつけたデータベースの整備が進み、社会課題の名称やキーワードで検索できる「特許・論文データベース」も複数あるため、ぜひ活用したい。

2つの手順で社会課題を選ぶ

こうして、対象とする社会課題の候補について4つの観点から検討を終えたら、着目する社会課題の選定を行う。この時、選定は次の2つの手順で進めていただきたい。

● 「課題の影響（被害の対象、経済損失）」と「時間軸」の2軸で社会課題の候補をプロットする。
↓課題が持つビジネスポテンシャルの大小と、時間軸の長短で社会課題の候補をプロットし、「収益化しやすい」社会課題を識別する。

● プロットした社会課題を技術動向で色分けする。
↓テクノロジーの成熟度と、それらをもとにプロットした社会課題の色分けを行う。

2つの手順により、図表6－3のように整理される。ビジネスポテンシャルが大きく、時間軸の短い社会課題は、「収益化しやすい」社会課題と識別できる。加えて、課題解消に必要となる先端テクノロジーの有無で色分けすることで、ビジネスになり得るか否かを識別できるわけである。

ここでは、2つの点に留意したい。

1点目は、**「収益化のしやすさ」には絶対的な基準値がなく、あくまで候補となる社会課題の中で相対比較して見極められる**ということである。無理に基準値を設けるのでなく、相対比較を通じて優先順位をつける必要がある。

2点目は、**あまり絞り込みすぎない**ことである。社会課題解消ビジネスは難易度の高い取り組みであり、様々な要因により検討の中断や軌道修正を迫られる場合がある。そのことをあらかじめ念頭に置き、複数の社会課題を選定した上で、常に複数の案を持ちながら優先順位をつけてビジネス化を進めていくような、ポートフォリオ管理のアプローチで進めるようにしたい。

以上見てきたように、着目する社会課題の選定は、実現できるビジネスの規模を左右する重要な検討事項である。また、ビジネスの成否は、「収益化しやすい社会課題」を選定できているか否かで決まる。

「収益化しやすい社会課題」は被害を受ける人・企業の数、経済損失、顕在化・深刻化する時間軸、技術動向の4点を検証することで見極められる。

図表6-3　社会課題の評価イメージ

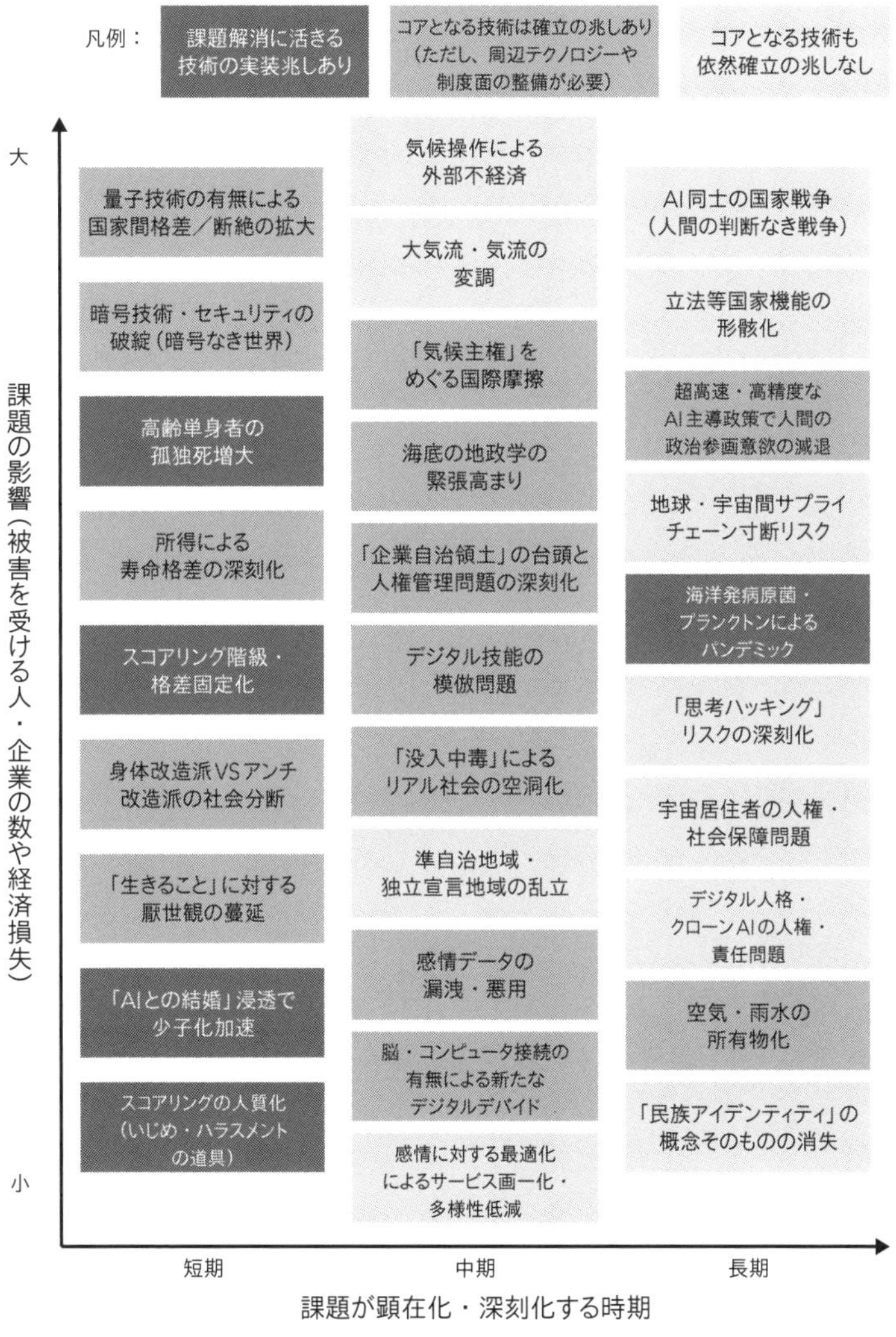
凡例：
課題解消に活きる技術の実装兆しあり
コアとなる技術は確立の兆しあり（ただし、周辺テクノロジーや制度面の整備が必要）
コアとなる技術も依然確立の兆しなし
大
小
課題の影響（被害を受ける人・企業の数や経済損失）
量子技術の有無による国家間格差／断絶の拡大
暗号技術・セキュリティの破綻（暗号なき世界）
高齢単身者の孤独死増大
所得による寿命格差の深刻化
スコアリング階級・格差固定化
身体改造派VSアンチ改造派の社会分断
「生きること」に対する厭世観の蔓延
「AIとの結婚」浸透で少子化加速
スコアリングの人質化（いじめ・ハラスメントの道具）
気候操作による外部不経済
大気流・気流の変調
「気候主権」をめぐる国際摩擦
海底の地政学の緊張高まり
「企業自治領土」の台頭と人権管理問題の深刻化
デジタル技能の模倣問題
「没入中毒」によるリアル社会の空洞化
準自治地域・独立宣言地域の乱立
感情データの漏洩・悪用
脳・コンピュータ接続の有無による新たなデジタルデバイド
感情に対する最適化によるサービス画一化・多様性低減
AI同士の国家戦争（人間の判断なき戦争）
立法等国家機能の形骸化
超高速・高精度なAI主導政策で人間の政治参画意欲の減退
地球・宇宙間サプライチェーン寸断リスク
海洋発病原菌・プランクトンによるパンデミック
「思考ハッキング」リスクの深刻化
宇宙居住者の人権・社会保障問題
デジタル人格・クローンAIの人権・責任問題
空気・雨水の所有物化
「民族アイデンティティ」の概念そのものの消失
短期
中期
長期
課題が顕在化・深刻化する時期

「収益化のしやすさ」は、あくまで相対的に見極められるものなので、絞り込むというより優先順位をつけていく作業となる。また、着目する社会課題を1つに絞り込むのではなく、複数の課題を選定することが、今後のリスクヘッジの観点からも重要だと言えるだろう。

第7章

ステップ1検討事項③社会課題が生む商機を見出す

大手エンターテインメント企業のC社は、主力事業としてアプリゲームの開発・提供を行っていた。しかし、近年の市場競争の激化やユーザー嗜好の多様化により、収益の安定性に課題を抱えていた。

そのため、C社の社長は新たな収益の柱となる事業の種を探し、日々奔走していた。

そんな中、社長は高齢化に伴う認知症患者の増加という社会課題に着目した。

この課題については、医療コストの増加だけでなく、家族による介護負担など様々な問題が現在進行形で発生している。また、国内における認知症の患者数が2030年に500万人を超えるとの予測もあり、今後も継続する社会課題であると考えた。

「これはビジネスチャンスではないか」

社長はすぐさま新規事業開発チームを組成し、認知症患者の増加に着目した新事業・サービス開発に着手した。

チームはまず、自社の技術の棚卸しを行い、認知症患者に役立つ事業アイデアの創出に取り組んだ。

検討の結果、次のようなアイデアが浮上した。

① 認知機能低下を予防する学習アプリ
② 音楽のリズムに合わせて踊り、脳を活性化させるゲーム
③ 脳に刺激を与える、視覚や触覚を活用したゲーム
④ 新たな人間関係をつくれるようなライブイベントの開催や配信

これら以外にも多数のアイデアを出し、具体的なサービス内容の設計など、十分な期間をかけて詳細な検討を重ねた。

しかし、いくら検討を重ねても儲かる予感を抱かせるものにはならなかった。

「アイデアはたくさん出たが……。いずれも大きなビジネスにはなりそうにない」

社長の言葉に、チームメンバーは小さくうなずくしかなかった。

こうして、C社の新規事業開発は暗礁に乗り上げた——。

社会課題と商機を区別する

着目する社会課題を定めた後は、社会課題から「商機」を見出す必要がある。

ここで、「社会課題自体が商機ではないのか」と疑問に思う読者がいるかもしれない。「課題から始めよ」と謳い、課題を起点としたビジネスの検討を勧める書籍やセミナーが多数存在するためだろう。しかし、**社会課題がそのまま商機になるわけではない**点には注意が必要だ。

商機とは文字通り、「商売の機会」を指す。

では、社会課題解消ビジネスにおける商機とは何か。社会課題が発生した場合、その課題に関

図表7-1　気候変動を例にした社会課題と商機の関係

	概要	気候変動を例にすると
社会課題	解消しなければならない社会的な課題	●自然災害増加 ●猛暑と熱ストレスの増加 ●生態系の破壊
商機	社会課題に関連して発生する様々な課題やニーズ	●化石燃料に代わる新たなエネルギー利用 ●CO_2削減の取り組みの収益化 ●環境負荷の低い製品の利用

連して様々な課題やニーズが発生する。そして、この様々な課題やニーズの発生こそが、社会課題解消ビジネスにおける「商機」となる。

気候変動を例に具体的に説明すると、図表7－1のように整理できる。

C社の検討が暗礁に乗り上げた要因は、社会課題と商機をうまく区別して検討できなかったことにある。つまり、「認知症患者の増加」に関連して「どのような課題やニーズがあるのか」を整理し、そこから「どのような商機があるか」、つまり「どんな課題やニーズが発生するか」をまずは十分に検討すべきであった。

また社会課題に対して、「自社ができることからサービスを考える」という誤った検討方法をよく見かける。商機の検討もなく、一足飛びにビジネスアイデアを検討してしまうやり方だ。これでは、そもそも商機があるか否かの検討がされていないため、多数のアイデアを出せても儲かる感触がなく、検討が暗礁に乗り上げてしまうことは必然である。

では、社会課題から商機をどう見出せば良いのかを説明したい。

図表7-2　社会課題から商機を見出す3ステップ

ステップ	概要
①ステークホルダーを洗い出す	3つのレイヤーごとにステークホルダーを洗い出す
②発生する課題を洗い出す	各ステークホルダーに発生する課題を予測して洗い出す
③課題の解消ニーズ（商機）を洗い出す	「根治」と「共存」の2つの観点で課題の解消ニーズ（商機）を洗い出す

商機を見出すためには、①ステークホルダーを洗い出す、②発生する課題を洗い出す、③課題の解消ニーズ（商機）を洗い出す、という3ステップで進める必要がある（図7－2）。

社会課題から「商機」を見出す3つのステップ

まず「**①ステークホルダーを洗い出す**」について説明したい。

社会課題は影響範囲が大きいため、様々なステークホルダーに関連することが多い。例えば「認知症患者の増加」の場合、関連するステークホルダーは、患者本人はもちろん、患者の家族、介護する家族が勤めている会社など、多岐にわたる。

そのため、個別課題・ニーズの洗い出しは、社会課題に関連するステークホルダーを調べた上で、**各ステークホルダーに生じる具体的な課題を洗い出す**必要がある。

この時ステークホルダーは、**「個人・生活環境」、「企業・組織・経済環境」、「公共・行政・インフラ」の大きく3つのレイヤーに分類**する。その上で、レイヤーごとに具体的なステークホルダーを洗い出す（図表7－3）。

ステークホルダーを洗い出した後は、「**②発生する課題を洗い出す**」だ。ここでは、ステークホルダーごとに発生する課題を予測して洗い出す（図表7－4）。

ここで重要になるのは、**今後予測できる課題を挙げる**ことである。将来の社会課題を題材にしたビジネスを検討しているため、現段階では個別の課題が発生していない場合も多いだろう。そのため、ここで洗い出す課題は、「将来、こんな課題が発生するのではないか」と想像をめぐらせながら、挙げていく形になる。

最後にいよいよ「**③課題の解消ニーズ（商機）を洗い出す**」である。

ここでは、各ステークホルダーが持つ具体的な課題に対してのニーズを洗い出す。ポイントは、**課題を「根治」するニーズと、課題と「共存」するニーズの2つがある**ことだ。

課題に対するニーズと言うと、どうしても課題自体をなくす「根治」が想起されがちである。一方、課題を生じさせる様々な負担や被害の低減を目指すような、社会課題と「共存」する状態もあるだろう。

「認知症の増加」で言えば、「認知症にならないようにしたい」、「認知症になっても治したい」など、「根治」したいニーズはあるだろう。一方で、認知症になることは防ぎきれなかった場合でも、「不自由なく暮らしたい」、「介護などで家族に迷惑をかけたくない」など、病との「共存」を前提としたニーズもあるはずだ。

例えば、駅や金融機関など生活を営む上で重要なサービスを、認知症の人でも不自由なく利用できるようにする「認知症バリアフリー」は、社会における当人や周囲の様々な負担や被害を低減させる「共存」のニーズに対応したものと言えよう。

図表7-3　①ステークホルダーを洗い出す

レイヤー	ステークホルダー	具体的なステークホルダー
個人・生活環境	患者本人	罹患前の本人
		罹患後の本人
	患者の親族	配偶者
		同居する家族
		別居している家族
	親族以外	近隣住民
企業・組織・経済環境	雇用する企業	本人を雇用する企業
		本人の職場・同僚
		介護する家族の雇用主
		介護する家族の職場・同僚
	サービスを提供する企業（利用するサービス）	医療機関・介護施設
		小売・サービス業
		住宅関連・家具・家電
		金融機関・保険
		モビリティ（自動車など）
公共・行政・インフラ	公的機関	国・行政
		自治体・地域コミュニティ
	インフラ	公共交通機関
		電気・ガス・水道
		通信

図表7-4　②発生する課題を洗い出す

ステークホルダー		想定される課題
患者本人	罹患前の本人	心身機能が低下し不安に駆られる
	罹患後の本人	社会的に孤立してしまう
患者の親族	配偶者	老々介護などにより、共倒れしてしまう
	同居する家族	仕事に影響が出る、経済的に不安になる
	別居している家族	引越しなどにより家族関係にも影響が及ぶ
親族以外	近隣住民	徘徊などによりトラブルが発生する
雇用する企業	本人を雇用する企業	障がい者雇用での継続支援が必要となる
	本人の職場・同僚	職場の生産性が低下する
	介護する家族の雇用主	介護離職で貴重な労働力を失う
	介護する家族の職場・同僚	欠員が発生し周りの社員にしわ寄せがある
サービスを提供する企業	医療機関・介護施設	人手不足に拍車をかける
	小売・サービス業	不用品購入など買い物トラブルが起きる
	住宅関連・家具・家電	製品の利用によるケガ・事故が起きる
	金融機関・保険	金融資産の管理・相続などが困難になる
	モビリティ（自動車など）	患者が加害者・被害者になる事故が起きる
公的機関	国・行政	社会的費用（医療費・介護費・インフォーマルケアコスト）が増加する
	自治体・地域コミュニティ	徘徊、ゴミ屋敷、孤立死、事件・事故など地域におけるトラブル事案が増加する
インフラ	公共交通機関	ケガ・事故・他の乗客とのトラブルが起きる
	電気・ガス・水道	料金未払い、着衣着火、火事などが起きる
	通信	電話、ネットでの詐欺被害が起きる

ステークホルダー		根治のニーズ	共存のニーズ
サービスを提供する企業	住宅関連・家具・家電	製品によるケガ、誤使用がないようにしたい	ケガ、誤使用に対するリスク回避や補償の備えはしたい
	金融機関・保険	認知症の不安がある場合、サービスの利用は控えてほしい	認知症罹患が把握でき、適切な措置をとれるようにしたい
	モビリティ（自動車など）	認知症患者の利用を防ぎたい	事故防止をコストかけずに行いたい、責任は負いたくない
公的機関	国・行政	国民一人ひとりが予防策をとってほしい	社会的コストの公的な負担かつ経済損失を小さくしたい
	自治体・地域コミュニティ	自治体として住民の認知症リスクを下げたい	自治体に何でも任せるのでなく地域コミュニティでも対応してほしい
インフラ	公共交通機関	認知症患者の安全を担保したい	事故防止をコストかけずに行いたい、責任は負いたくない
	電気・ガス・水道	事故・トラブルがないようにあらかじめ認知症かどうか知りたい	トラブル回避をなるべくコストかけずに行いたい
	通信	認知症患者を標的にした詐欺をなくしたい	詐欺被害に遭う人と被害の大きさをなるべく減らしたい

図表7-5　③課題の解消ニーズ(商機)を洗い出す

ステークホルダー		根治のニーズ	共存のニーズ
患者本人	罹患前の本人	認知症にならないようにしたい	認知症の不安を抱えたくない
	罹患後の本人	認知症を治したい	家族に迷惑をかけたくない
患者の親族	配偶者	予防を本人にさせたい	共倒れしたくない
	同居する家族	予防を本人にさせたい	介護で離職したくない
	別居している家族	認知症リスクがないか知りたい	今の住まい・生活を変えたくない
親族以外	近隣住民	隣人には健康でいてほしい	トラブルに巻き込まれたくない
雇用する企業	本人を雇用する企業	認知症リスクを下げたい	雇用継続支援をコストかけずに行いたい
	本人の職場・同僚	同僚に予防してほしい	職場に迷惑がかからないようにしてほしい
	介護する家族の雇用主	会社に迷惑がかからないようにしてほしい	介護離職を防止したい
	介護する家族の職場・同僚	介護離職がないよう万全の対応をしてほしい	職場に迷惑がかからないよう準備してほしい
サービスを提供する企業	医療機関・介護施設	医療機関に頼らなくても罹患しないよう気をつけてほしい	医療機関や介護に頼りっきりにならないようにしてほしい
	小売・サービス業	買い物の際にトラブルを発生させたくない	トラブル回避をコストかけずに行いたい、責任は負いたくない

そのため、「根治」と「共存」のそれぞれの観点を持つことで、各ステークホルダーのニーズをもれなく洗い出したい。認知症患者の増加を例に整理すると、図表7－5のようになる。

「経済的価値」と「タイミング」で筋の良い商機を見出す

ステークホルダーごとに商機を洗い出していくと、多くの場合それなりの数になる。しかし、洗い出された商機はたいてい玉石混交であり、全てが狙うに値するとは限らない。

中にはビジネス規模が小さい、あるいはいつまで経っても立ち上がる兆しが見えてこない、「筋の悪い商機」も存在する。そのため、商機を洗い出した後は、そこから狙うに値する「筋の良い商機」の見極めを行う必要がある。

では、どのように見極めるべきか。

必要な観点は、各商機の「経済的価値」と「タイミング」である。

まず**経済的価値とは、商機の裏側にある被害や損失の額**にあたる。一部例外はあるが、課題の解消のために流れる金額の規模は、その課題がもたらす被害額が上限となる場合が多い。

そのため、被害・損失の額で、商機のビジネスポテンシャル（潜在市場規模の上限）を把握することができる。前章で筋の良い社会課題を見出すために、社会課題による被害金額を試算したが、それを商機ごとに行う形になる。

次に、**タイミングは、商機が実際に生まれる時期**を指す。前章では「未来の社会課題」が顕在化・深刻化するタイミングでニーズの立ち上がり時期を把握した。そのため、ここでは同様に、「②発生する課題を洗い出す」の課題がいつ発生しそうかについて押さえる必要がある。

図表7-6　商機の経済的価値とタイミングによる評価のイメージ

ニーズ（商機）	経済的価値	タイミング
介護で離職したくない	約9.2兆円 （介護離職の経済損失）	2027年ぐらい
認知症罹患が把握でき、適切な措置をとれるようにしたい	約175兆円 （認知症患者の金融資産）	2025年ぐらい
社会的コストの公的な負担かつ経済損失を小さくしたい	約17.4兆円 （医療費、介護費、インフォーマルケアコスト）	2025年ぐらい

なお、ポイントは先の社会課題の技術動向を捉えた時と同様に、大まかに捉えることである。目的は、早期に着手すべき商機か否かを見分けることなので、あまり厳密に行う必要はない。

評価を通じて筋の良い商機を見出した後は、次のステップでいよいよ商機の捉え方、ビジネスアイデアの検討へと移行することになる。

その前に、商機を見出す上での留意点を3点お伝えしたい。

商機は丁寧に見極めないと、検討の段階で他社との競争にとらわれてしまうおそれがある。未来の事業の柱として社会課題解消ビジネスを実現したいのであれば、競争に巻き込まれる可能性の低い、新たな商機を丁寧に導き出すことが欠かせない。

ただし、「①一球入魂の考え方はやめる」こと。

将来の社会課題解消ビジネスは不確実性が高い。そのため、この段階ではあくまで「明らかに筋が悪い商機」の見極めが重要であり、過度な絞り込みはしないでほしい。

また、「②完璧主義の考え方もやめる」こと。

商機の洗い出しと評価に、多大な時間をかけることは避けるべきだ。この後のビジネスアイデア検討で商機を深掘りしていく中で、新たな商機が見出されたり、当初把握した商機の市場規模に誤りが見つかったりすることは日常茶飯事である。それらの抜け漏れや誤りを商機の選別段階で完全になくすことは不可能である。そのため、本章の検証事項は、場合により次のステップと行き来しながら、必要に応じブラッシュアップを行うものとして捉えてほしい。

最後は、「**③やりっぱなしにしない**」こと。

商機も含め、社会課題は状況が日々アップデートされる。あるタイミングでは優先度が低いと判断されたものが、別のタイミングでは優先度が高いと判断される、ということもよくある。そのため、商機の調査・評価は一度でやりっぱなしにするのではなく、一定間隔で全体の再調査・評価を実施してほしい。

第8章

ステップ2検討事項④ 社会課題を解消するサービス戦略を立てる

D社は、AIを用いた予測技術に強みを持つIT企業である。以前よりAI技術の開発に投資を続け、高い精度を実現したものの、投資に見合う収益を上げられず、頭を悩ませていた。

そこで、D社は社会課題の解決にAI技術を活かすことで、新たなビジネスチャンスを見出せるのではないかと考えた。「莫大な被害をもたらす社会課題の解消につなげれば、投資に見合う大きな収益を生み出せるはずだ」

そこでD社が注目したのは「物流クライシス」だった。

物流クライシスの被害額は年間10兆円に上るとも言われており、解決できれば大きな収益が期待できると判断した。さらに、物流業界には合理化の余地がある業務領域が多く、D社の予測技術が大いに活用できると考えた。

AIによる予測に強みを持つD社は、配送ルートの最適化サービスを開発した。これは、交通状況や天候、荷物の種類など、様々なデータをリアルタイムで分析し、最適な配送ルートを提案するものである。これにより、ドライバーの負担軽減や配送時間の短縮が可能となり、物流クライシスの解消に寄与すると考えた。

同様のソリューションはすでに市場には存在していたが、D社のAI技術はそれを上回る。「多くの事業者に使われるはずだ。また、課題がこれだけ大きいのだから売上はそれなりに伸びるはずだ」。D社はこのサービスにある程度の自信があった。

そして、満を持してサービスを立ち上げた。しかし、当初の期待とは裏腹に、売上は伸び悩んだ。導入企業は一部にとどまり、目標としていた収益には遠く及ばなかった。この結果を受け、社内ではサービスの撤退を検討する声が上がり始めた――。

最重要で最難関「ビジネス構想の策定」の3要素

前章までステップ1として、未来の社会課題を予測し（第5章）、収益化しやすい社会課題を選定し（第6章）、社会課題から商機を洗い出す（第7章）、という流れを解説した。

ここからはステップ2に入り、いよいよ「**どんな社会課題解消ビジネスにするのか**」を決める、ビジネス構想を策定していく。

ビジネス構想はとりわけ重要だ。いかに収益化しやすい社会課題を選定しても、構想の内容次第で収益の大小が決まってしまう。残念ながら筋の悪い構想では、実行段階でどんなに工夫しても、大きな収益を創出することはできない。

しかも、ビジネス構想で失敗するケースは多い。

我々は「社会課題解消ビジネスに苦戦している原因を知りたい」との相談をいただき、クライアント企業の過去の検討経緯をうかがう機会がある。実は、その多くが構想づくりの段階で、すでに筋が悪いものになってしまっている。

図表8-1　通常の新規事業と社会課題解消ビジネスの違い

	通常の新規事業	社会課題解消ビジネス
サービスで解消を試みる課題	業務／業界課題（例：物流業界の低生産性）	社会課題により生じる個別課題（例:物流クライシス）
課題の被害を受ける人・組織（課題の生じる領域）	特定業種／業界の企業や特定属性の生活者など限定的	複数業種／業界や多様な属性の生活者など多種多様
課題解消の担い手（課題解消の主体者）	担当部門・担当者など特定の明確な担い手が存在	被害を受ける複数のステークホルダーが担い手となる（担い手が不明瞭な場合も）
課題解消する手段としての採用	買い手の課題が解消でき、費用対効果がありそうなら採用	費用対効果があってもステークホルダーが多岐にわたり誰が採用の主体なのか不明確

それはなぜかと言うと、つくり方に問題があるからだ。具体的には、通常の新規事業と同じ発想になってしまっていることに問題がある。

この点を理解するために、通常の新規事業と社会課題解消ビジネスがどう異なるのか、図表8－1を見てほしい。

ビジネス構想は、基本的に「①サービス戦略」、「②ビジネスモデル」、「③社会課題への適用戦略」の3つで構成される。

「①サービス戦略」は、**「社会課題解消のために、「誰に（どのステークホルダーに）」、「何を（どんな解決策を）」提供するのか**を検討する。

また「②ビジネスモデル」は、**どのステークホルダーからどのようにマネタイズするのか**を検討する。

最後に「③社会課題への適用戦略」は、**解決策（ソリューション）をどう社会課題に適用し、解決していくのか**を検討する。

社会課題解消ビジネスは対象とする課題のスケールが大きいため、これら3つの構成要素それぞれで、通常の新規事業と異なる検討が必要だ。

ところが実際には、通常の新規事業の検討と同様に行っているケースが多い。そのため、この章から始まるステップ2では、①②③の順に通常の新規事業との違いや、社会課題解消ビジネス固有の考え方・ポイントに重点を置きながら構想のつくり方を解説する。

なお、ここは非常に重要なポイントとなるため、ぜひじっくりと読み進めていただきたい。

① **サービス戦略**　「誰に」、「何を」提供するのかを検討する（第8章＝本章）
② **ビジネスモデル**　どのステークホルダーからどのようにマネタイズするのかを検討する（第9章）
③ **社会課題への適用戦略**　解決策をどう社会課題に適用し、解決していくのかを検討する（第10章）

誰にサービスを提供するのか

この章では、ビジネス構想の1つ目である「①サービス戦略」、つまり「誰に」「何を」提供するのかの検討から始めよう。

前章では、社会課題から関連するステークホルダーごとの個別課題と、その「根治」や「共存」のニーズが「商機」であると説明した。では、そもそも社会課題を解消するサービスとは何か。端的に言うと、**ステークホルダーごとのニーズを満たす解決策**である。

D社が着目した「物流クライシス」を題材に説明したい。

物流クライシスとは、従来通りの物流サービスの提供が困難になる、危機的状況を指す社会課

図表8-2　物流クライシスに関連するステークホルダーと商機

ステークホルダー	抱える課題	ニーズ・商機（根治ニーズ＝根、共存ニーズ＝共）
消費者	価格上昇、サービス品質低下	(共)送料の値上がりは避けたい
運送業者	運送能力不足、運送コスト増加	(根)需要と供給のバランスをとりたい
物流会社	コスト増加、収益悪化	(共)業界全体の生産性を上げたい
倉庫業者	過剰在庫、作業負荷増加	(共)コスト増のしわ寄せを受けたくない
小売・EC	納期遅延、売上機会の損失	(共)配送コスト増で売上を減らしたくない
製造業者	供給リスク・コスト増、収益減少	(共)これ以上コスト負担したくない
金融機関	借り手のリスク増、貸出コスト増	(共)資金回収リスクは下げたい
自治体	過疎地域等への配送困難	(共)全ての住民が不便ないようにしたい
国・省庁	経済活動が低下するリスク増	(根)社会が混乱しないようにしたい

題だ。原因は、トラックなど輸送手段の不足、非効率な業務による配送の遅れ、燃料費・人件費の高騰による輸送コストの上昇など、多岐にわたる。関連するステークホルダーも様々だ。この社会課題のステークホルダーと商機を整理すると、図表8－2のようになる。

社会課題は影響範囲が大きいため、解消しようと思うと、様々なステークホルダーが関与する必要がある。また、ある1つのステークホルダーだけでなく、複数のステークホルダーが原因の一端を担っているようなケースも多い。

つまり、社会課題の因果構造は複雑なのだ。加えて、ステークホルダーごとに投資余力・資金力が異なることもあり、誰が社会課題解消の担い手であるべきかが不明瞭な場合も多い。

この状態のままでは、「誰に」「何を」提供するのか、というサービス戦略の検討は難しい。そのため、まずは因果構造の整理が必要となる。この整理は、**各ステークホルダーの抱える課題とニーズの関係を、簡易に模式図にしたもの**で良い。

因果構造の中で、**課題解決に必要となる投資余力や資金力、ステークホルダー間の資金の流れや力関係など**も考慮した上で、社会課題解消の担い手、すなわちサービスの購入者となるステークホルダーを明確にすることが重要だ。

図表8－3のように、関連するステークホルダーを洗い出し、ステークホルダー間の課題の因果関係を描き、課題がもたらす被害を網羅的に捉えられていれば、因果構造の整理は合格だ。

なお、この整理について2点注意しておきたい。

1点目は、**社会課題解消のための「へそ」を見つけるための整理が目的である**こと。「誰も発見したことのない何か」を発見することではない。そのため、「自分たちのサービスの購入者は誰にすべきか」という観点で合理的に整理を進めてほしい。

2点目は、**視野を広くする**こと。せっかく因果構造を整理しようとしても、狭い視野に基づく整理では、ビジネスのポテンシャルは十分に引き出せない。そのため、考えられるステークホルダーは全て出した上で整理することが重要となる。

さて、ここで本章冒頭に登場したD社が犯した過ちは何だったのかを振り返りたい。

D社が考えたのは、物流事業者の業務効率化を目的とする解決策であった。これは、AI技術を用いて最短経路や交通状況をリアルタイムで分析し、最適な配送ルートを算出するものであり、確かに物流事業者にとっては有用と思われるだろう。

図表8-3　物流クライシスの因果構造

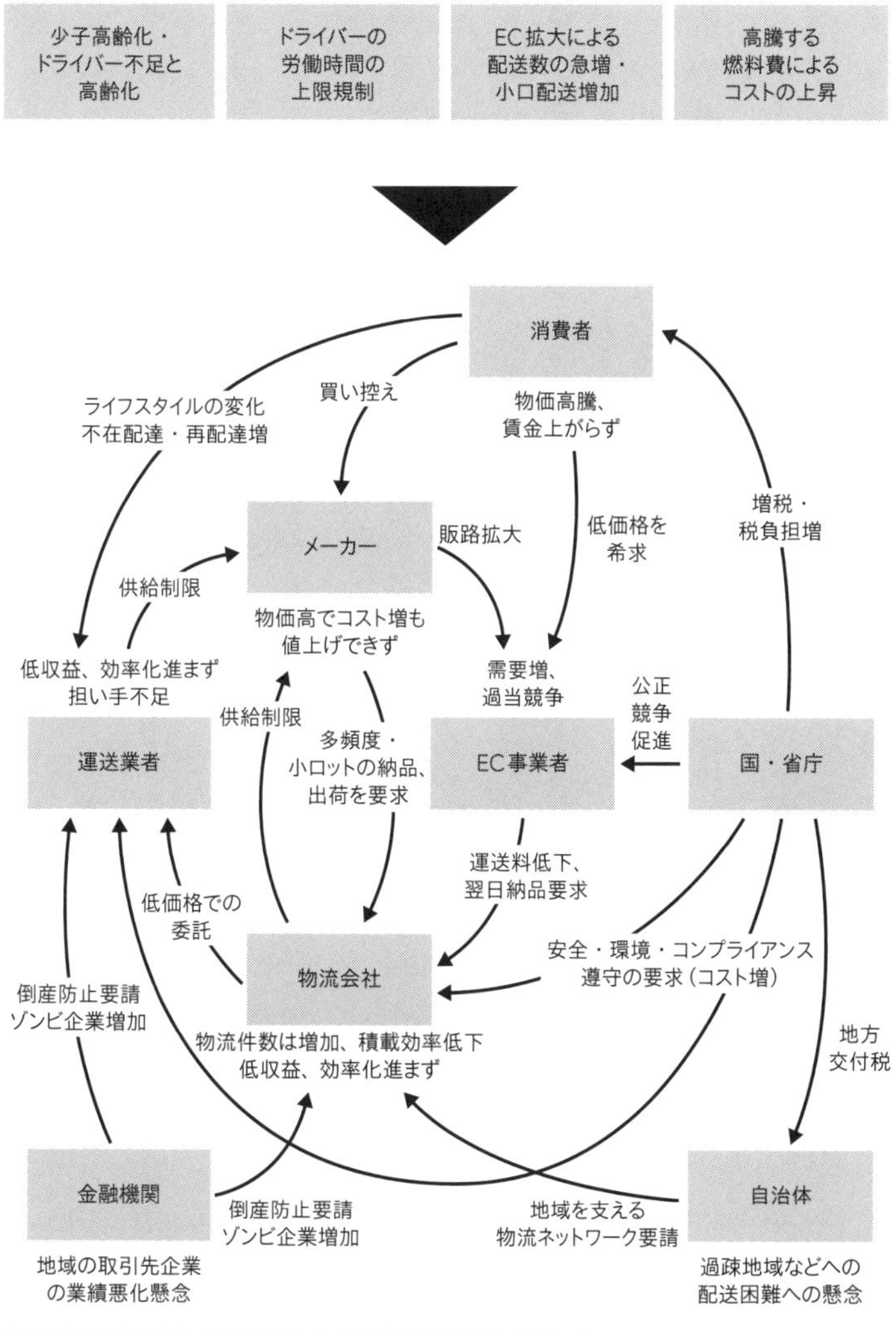

しかし、このサービスは物流事業者以外のステークホルダーには直接的な効果が及ばず、物流クライシスそのものを解決することができないのだ。つまり、ステークホルダーの洗い出しと因果構造の整理ができていなかったと言える。

そのため、10兆円のGDP押し下げ効果があるとも言われる物流クライシスの被害額に対して、D社の解決策は小規模な売上しか創出できなかった。すなわち「社会課題のポテンシャルを引き出せない」事態を招いたのだ。

このように、通常の新規事業と同じ発想で社会課題解消ビジネスを進めると、筋の悪い事業構想を生む落とし穴にはまることとなる。

何を提供するのか

因果構造の整理でアプローチすべきステークホルダーを明確にしたら、次は「**どんなサービスを提供すべきか**」を検討する。つまり、ステークホルダーの持つニーズを満たす解決策の検討であり、どんなテクノロジーを適用するかの検討である。

ここでのポイントは、**開発段階や普及の初期段階にある新興テクノロジーだけでなく、すでに確立している既存テクノロジーも検討の対象になる**ことだ。

社会課題の解決策は、未確立な新興技術の技術的なブレイクスルーにより生まれる場合が多いと考えられがちであるが、決してその限りではない。既存技術のこれまでにない意外な利用法、新たな用途が開発されることで、新たな解決策が生まれる事例も多数存在する。

中国における「QR決済による現金インフラの諸問題解消」が代表的な例であろう。

中国では、現金利用に伴う偽札問題や、脱税・マネーロンダリングだけでなく、広大な国土における現金インフラの維持・管理等、現金を使用することそのものにも多大な社会コストが生じていた。

こうした社会コストの低減に向け、中国では政府主導でQRコードによるキャッシュレス決済が推進された。

QR技術は、決して新興テクノロジーなどではない。むしろ古くは日本で、1994年から自動車製造の現場で工程間の在庫管理や情報連携に使われてきた、「枯れた技術」である。QR決済は、「枯れた技術」で社会課題を解決したのである。

この事例のように、**既存テクノロジーに新たな用途が見出されることで、社会課題の解決策が生まれる**ケースは多々存在する。またテクノロジーに限らず、すでに世の中にあるサービスの活用やビジネスモデルにも同様の事例がある。

そのため、サービスとなる解決策を見出す上では、新興テクノロジーだけでなく、既存テクノロジーを用いた解決策（または過去に他の社会課題で用いられたアプローチ）にも目を向ける必要がある。

サービスとなる解決策を検討する上で、重要なことをもう1つ述べたい。

社会課題は多様なステークホルダーに影響を与えるため、D社の過ちのように、単独の解決策では特定のステークホルダーにしかアプローチできず、課題全体の解決には至らない場合が多い。また、特定のステークホルダーのみ被害を受ける場合でも、複数の解決策の組み合わせが必要となる場合がある。

そのため、**複数の解決策を取り揃え、組み合わせることで解決策の幅を広げる**検討が必要となる。

図表8-4　「枯れた技術」の社会課題解決での活用例

テクノロジー	開発当時の用途	社会課題解決の用途
QRコード	製造業や物流業の製品管理	キャッシュレス決済
放射温度計	熱伝導率の悪い物体や高温下での温度測定	コロナ禍での体温測定・入館のスクリーニング
LINE	プライベートのコミュニケーション手段	自治体の防災情報や災害情報の配信

その上で有効となるのが、**「ホールプロダクト（Whole Product）型」アプローチ**だ。「ホールプロダクト」という言葉は、あまり馴染みがないかもしれないので、まずは概念から説明したい。

これは端的に言うと、「顧客の求める理想的なプロダクト」のことだ。**顧客が製品を選ぶ際には、単に製品そのものだけでなく、それを取り巻くサービスや体験全体を評価するという考え方**に基づく。

例えば、スマートフォンが普及したのは、その性能だけが要因ではない。スマホを使ってできる自撮りやSNS、動画視聴、キャッシュレス決済などユーザー体験が年々充実していったことが大きかった。また、スマホが手軽に家電量販店等で購入でき、ユーザーの利用度合いに合わせた料金プランも充実したことも大きな要因となった。

このように、製品を提供する際には、製品以外の要素を考慮に入れて、顧客にとって真に価値のある製品を提供することが求められるのだ。

社会課題では、**被害を受ける人や組織は、「解決策がほしい」のではなく、「解決してほしい」**のである。

ホールプロダクトの考え方に基づくと、「解決策」が製品単体で、「解決してほしい」がホールプロダクトを求める顧客の状態だ。

しかし、社会課題はそのスケールの大きさゆえに、単独の解決策で解消を図れないことが多い。また、一企業が全てのステークホルダーの課題やニーズに対応することは到底不可能だ。

我々の推奨するホールプロダクト型アプローチとは、**社会課題の解消に不足する解決策は、他の事業者の解決策と連携し、「顧客から見て、本当に社会課題を解消しようとしている」と思うことのできるアプローチ**である。

例えば、D社の「AIを用いた配送ルートの最適化」は前述の通り、部分的なソリューションだ。実際に物流クライシスを解消しようとすると、様々な解決策が必要になる。社会課題解消ビジネスにおいては、他の解決策とどう連携するかで成否が決まると言っても過言ではない。

以上見てきたように、まず、社会課題解消ビジネスでは、関連するステークホルダーは複数になる。そのため、課題やニーズもステークホルダーの数だけ存在し、その内容もステークホルダーごとに異なる。

これら全てのステークホルダーに対応するサービスを検討することは現実的でないため、社会課題の因果構造を整理し、「へそ」となるステークホルダーを識別した上でサービスを検討すべきである。

また、社会課題解決に必要となる解決策を洗い出した上で、自社のサービスと他社のサービスを連携させて、ホールプロダクト型アプローチで検討すべきだ。

このアプローチの本質は、「顧客が真に理想とする解決策を実現する」ことにある。つまり、顧客ニーズを起点としたマーケットインの発想が求められる。そのため、「**ホールプロダクト・**

図表8-5　物流クライシスに必要な解決策

主な解決策	概要
ドライバー労働改善	賃上げ、勤怠管理の強化、拘束時間の削減、福利厚生充実など
業務効率化	手荷役作業削減、配送ルート最適化、荷待ち待機時間削減など
輸配送形態の切り替え	モーダルシフト、拠点分散化で輸送距離短縮、中継輸送など
デジタル化	情報の共有化、データ収集と分析によるDXの推進など
サービスレベル見直し	不在・再配達の削減、翌日配送の廃止など
荷主側の改革	積載率の向上、共同配送、積み合わせ、貸切など

マーケティング」と呼ばれる手法も有効となる。

これは、実現の可否にかかわらず、将来的なサービスの姿を顧客に提示し、そのフィードバックをもとに将来像をブラッシュアップしていくサービス開発手法である。将来の姿を呼び水に、顧客のニーズを引き出しながら、顧客と共にホールプロダクトの姿をつくり上げる。この手法を通じて、たとえ顧客ニーズが不明瞭でも、マーケットインの発想でサービスをつくることができる。

だからこそ、社会課題解消ビジネスでは、通常の新規事業と同じ発想をせずに、多様なステークホルダーが利用できる仕組みを備えた「環境／仕組み」としてのサービスをつくることが必要となるのだ。

第9章

ステップ2検討事項⑤社会課題のポテンシャルを引き出すビジネスモデルをつくる

大手携帯通信事業者であるE社は、法人向け事業領域への進出を模索していた。というのも、近年の価格競争激化によって、E社の携帯通信サービスの収益は減少の一途をたどっていたからだ。また、新たな収益の柱として期待を寄せていた消費者向けサービスは、競合の後塵を拝していた。

そのため経営陣は切迫感を持ち、法人向け新規事業開発チームが発足した。チームが着目したのは、「中小企業の低い労働生産性」という社会課題であった。日本企業の99・7％を占める中小企業の労働生産性は、大企業よりも低い。人口減少が見込まれる日本の経済成長のためには、中小企業の労働生産性を高めることが近年重要視されている。この社会課題に対応できるサービスであれば、社会的な要請を追い風に、新たな収益源も確保できるのではないかと考えた。

そこで新規事業開発チームは、「中小企業DXソリューションプラットフォーム」の構想を策定した。これは、多種多様なDXソリューションを中小企業のニーズに合わせて選択し、組み合わせて導入できるプラットフォームだ。

中小企業は、業種・業界、規模も多種多様であるため、DXソリューションへのニーズも多岐にわたる。そのため、多様なニーズに対応できるよう様々なソリューション事業者を集め、ワンストップで選べる場があれば、中小企業のDXが進展すると考えた。

また、ソリューションの導入や運用にも手間取ることが予想される。そのため、このプラットフォームでは導入を支援するコンサルティングや運用支援サービスも提供し、「中小企業でも安心して導入・運用できる」環境づくりを目指した。

「中小企業全体のDX化を実現し、大きな収益を上げられるはずだ」。新規事業開発チームは大きな期待を寄せていた。

しかし、ローンチ後の収益は伸び悩んだ。

顧客数を伸ばすことはできたものの、1社ごとの売上が予想を下回り、思うように売上を伸ばせなかった。さらに、ソリューション事業者への収益分配により、E社自身が得られる収益は小さかった。加えて販促投資も大きくのしかかる。

結局、黒字化の目途が立てられず、プラットフォームサービスは撤退することになった——。

マネタイズの3パターン

前章では、社会課題を解消するサービスの検討方法を解説した。次に検討すべきは、収益を創出するための仕掛けとなる「ビジネスモデル」である。

通常のビジネスの場合、サービスを利用するユーザーを特定しやすい一方で、社会課題解消ビジネスでは、複数のステークホルダーが関わる広範な課題を解消する必要があると前章で説明した。

また、社会課題の当事者に経済力（投資余力や資金力）がある場合は、直接課金できるので問題ないが、経済力がない場合は、**「誰からマネタイズするか」を検討するビジネスモデルがさらに重要**となる。

E社の例で言えば、課題の当事者である中小企業は、ソリューションへの投資余力が乏しかったため普及しなかった。

そのため、前章で述べたように全てのステークホルダーを棚卸し、因果構造を整理して、解決の担い手、つまりサービスの購入者を特定する必要があった。このビジネスモデル検討においても、様々なステークホルダーの中で、「誰からどのように収益を上げるのか」を設計する必要がある。

他方、社会課題解消ビジネスでは、「顧客がサービスに支払い得る金額の規模」と「サービスの展開・運営にかかるコスト」のバランスが成り立ちにくい。これはなぜなのか。

まず、**「顧客がサービスに支払い得る金額の規模」が小さくなりがち**だからだ。

例えば、高齢化に伴う医療費の増大や気候変動による経済的損失は、社会全体に広範な影響を及ぼす国家レベルの規模だ。しかしこれらの影響を受けるステークホルダーは当然多岐にわたるため、個々の単位で見ると社会的損失の規模は相対的に小さくなる。

加えて「社会課題解消のためのコストを誰が負担すべきか」については、国家が負担すべきか、企業が負担すべきか、国民が広く負担すべきかなど、課題の大小を問わず明確ではない。

結果、サービスに支払っても良いと思う金額、すなわち各ステークホルダーが課題解消のために支払える金額は小さくなる傾向にある。

一方で、**「サービスの展開・運営にかかるコスト」は高くなりがち**だ。

図表9-1　支払い意欲とコストのバランス

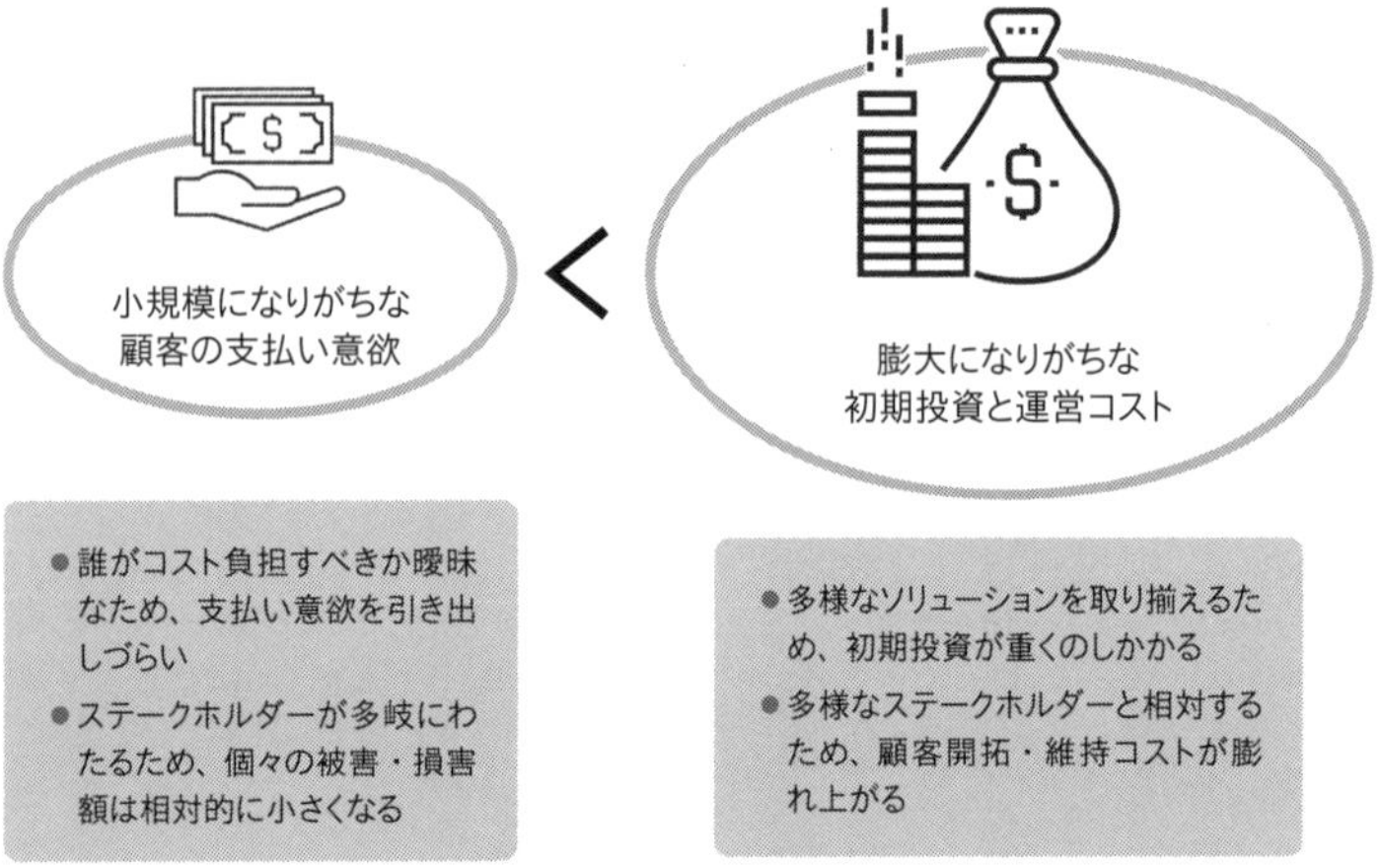
小規模になりがちな
顧客の支払い意欲
＜
膨大になりがちな
初期投資と運営コスト
●誰がコスト負担すべきか曖昧なため、支払い意欲を引き出しづらい
●ステークホルダーが多岐にわたるため、個々の被害・損害額は相対的に小さくなる
●多様なソリューションを取り揃えるため、初期投資が重くのしかかる
●多様なステークホルダーと相対するため、顧客開拓・維持コストが膨れ上がる

様々なステークホルダーが関わる社会課題解消ビジネスは、投資額も大きい。当然、顧客開拓だけでなく顧客維持にかかるコストも膨らむ。

以上により、社会課題解消ビジネスは収益性が成り立ちづらい構図になる。

これにより、黒字化や投資回収に至る前に資金が枯渇し、事業継続が困難になるケースが多い。

E社の「中小企業DXソリューションプラットフォーム」が撤退を余儀なくされた理由も、この構造に起因する。サービスは確かに多くの中小企業に受け入れられたが、事業を継続するコストのわりに、中小企業から収益を創出できなかったのだ。

そのため、E社は中小企業以外からもマネタイズするようなビジネスモデルを構築すべきだった。

では、関連するステークホルダーからのマネタイズは、どのように検討すべきだろうか。

ここからは、課題の当事者の経済力が乏しく、直接的な課金が難しい場合を念頭に、マネタイズの方法を述べたい。

前章で、社会課題の因果構造の整理を行った。その際、「課題解消の担い手＝サービスの購入者」となるステークホルダーを明確にする目的で、各ステークホルダーの抱える課題とニーズ、その関係を簡易的に示した模式図を作成した。

同様に、マネタイズ方法の検討でもこの模式図を利用したい。

社会課題が解消されると、そのメリットは課題の中心にいるステークホルダーだけでなく、それ以外のステークホルダーにも波及する。

例えば「中小企業の低い労働生産性」は、関連するステークホルダーに様々な課題をもたらす。一方で、労働生産性が向上すれば、課題の中心にいる中小企業だけではなく、他のステークホルダーにもメリットが波及する。例えば、取引関係にある大手企業にとっては取引先の倒産リスクが減少し、中小企業に融資する金融機関にとっては貸し倒れリスクが減少する。自治体には税収増をもたらし、従業員の給与が上がって購買力が上がれば景気が良くなる。

そのため、因果構造の模式図を利用して、まずは社会課題の解消のメリットがステークホルダーにどう波及するのかを可視化したい（図表9－2）。

その上で、どのステークホルダーからどのようにマネタイズするのかを検討する。なお、その方法を検討する上での原則は、**各ステークホルダーの目線でメリットを訴求する**ことだ（図表9－3）。

中小企業に関わる様々なステークホルダーの中で、資金の貸し手となる金融機関は欠かせない存在だ。中小企業の労働生産性向上は、中小企業にとっては「収益改善」というメリットがある

図表9-2　中小企業の労働生産性向上の波及効果図

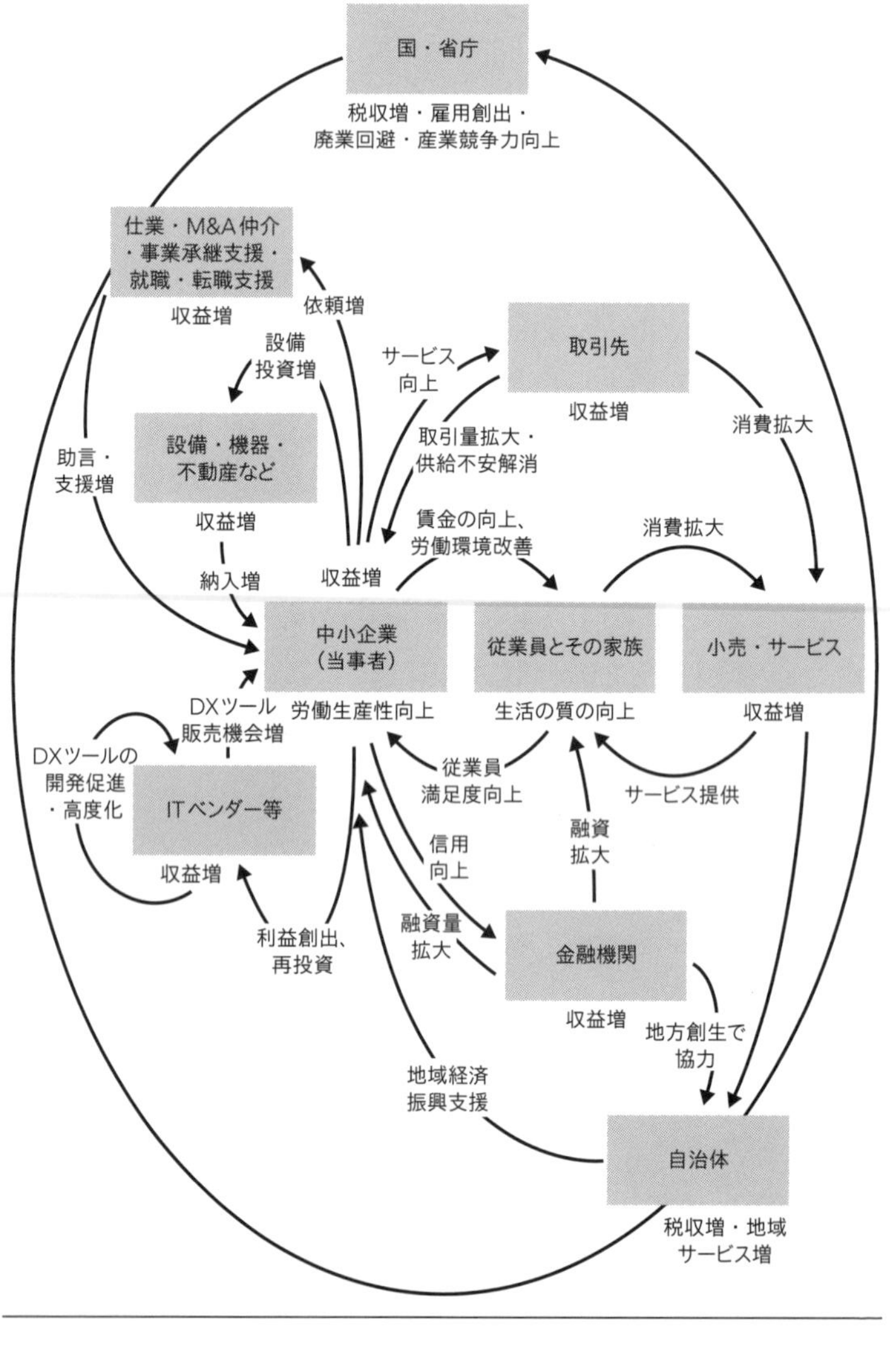

図表9-3　ステークホルダーの目線から見たメリット

ステークホルダー	各ステークホルダー目線でのメリット
中小企業（当事者）	売上向上、コスト削減、収益性向上
従業員とその家族	賃金の向上、生活の質の向上
取引先	サプライチェーン分断リスク減少、需給の安定化・平準化
金融機関	貸し倒れリスク減少、融資増
自治体	税収増、地域間格差の縮小
国	雇用の創出、消費増・経済活性化

図表9-4　マネタイズの3つのパターン

パターン	概要
代行・成果コミットモデル	課題解消でステークホルダーが得るコスト削減やリスク低減といったメリットの創出を代行・コミットすることでマネタイズ
広告・販促モデル	課題解決を通じて獲得した顧客基盤を活かし、他事業者をマッチング（送客）してマネタイズ
データビジネスモデル	サービス提供を通じて蓄積・生成されたデータ（顧客データ、利用・取引データなど）を活用してマネタイズ

が、そのまま金融機関に伝えても全く響かない。彼らからすれば、労働生産性向上のための投資を、自分たちが肩代わりするような構図になってしまうためだ。そのため、金融機関の目線に立って「貸し倒れリスクの減少」と置き換えて訴求しなくてはいけない。

では、マネタイズの方法にはどのようなものがあるのか。

ここでは前述の通り、課題の当事者に経済力がないことを念頭に置いているので、解決策となるサービスを、できるだけ安価に、場合によっては無償で提供する場合のマネタイズ方法が必要となる。これには、**「代行・成果コミットモデル」**、**「広告・販促モデル」**、**「データビジネスモデル」の3つのパターン**があると考えられる（図表9－4）。

次節より、各パターンの具体的な内容や検討のポイントについて、具体例も交えながら解説していきたい。

ステークホルダーのメリットを創出する「代行・成果コミットモデル」

まず、代行・成果コミットモデルは、**ステークホルダーが社会課題の解消で得られるメリットの創出自体を代行する、ないしは成果にコミットする形でステークホルダーから委託費などをもらってマネタイズする**ものだ。

例えば、金融機関に対し、「中小企業DXソリューションプラットフォーム」を「取引先企業の貸し倒れリスク低減サービス」として提供する。

プラットフォームを利用する中小企業には、多様なDXソリューションを「無償」または「定額制で使い放題」などの形で提供する。

一方、金融機関に対しては、プラットフォームを利用する中小企業のDXソリューションから取得できる様々な経営指標を提供する。または、経営指標から把握できる貸し倒れリスクを独自に算出してレポートを提供する。その対価として料金をもらう形でマネタイズするのだ。

ポイントは、「提供サービスが確かに貸し倒れリスクの減少につながり、有効である」ことを、納得感ある形で提示する工夫が求められる。

例えば、次の点をクリアにした訴求が必要だ。

- 中小企業のどんな経営指標を取得し、提示できるのか。
- 提示できる経営指標は貸し倒れリスクの判断上、どの程度有効か。
- 独自レポートは、貸し倒れリスクを算定する上で有効なのか。

また、現状かかっている費用の低減にコミットするような訴求方法も有効である。

- 貸倒引当金を、現状から30%減らせる。
- 貸し倒れリスクを算定するための人件費・外注費を20%削減できる。

このケースで、貸倒引当金自体を減らすことをコミットする提案は難しい。また課題の当事者からステークホルダーが遠くなればなるほど、様々な不確定要素が入ってしまう。そのため、提供する解決策だけではステークホルダーが得たいメリットを創出することが難しくなる。

一方で、貸し倒れリスクを算定するためのコスト（人件費や外注費）は、そのコストを20%削減

図表9-5　代行・成果コミットモデルの例

サービス例	当事者	マネタイズ先となるステークホルダー
高齢者健康増進支援サービス	**高齢者**　健康管理プログラムを受けることで生活習慣病予防や健康維持を実現	**自治体**　高齢者の要介護状態を維持するための人件費削減を訴求。また、ゆくゆくは医療費削減につなげる
省エネ支援サービス	**一般家庭**　電力消費が最適化され、光熱費を削減	**電力会社**　需要ピークを抑制できるメリットを訴求。インフラ投資抑制やコスト削減ができる

した委託費でアウトソースするような形で、費用の削減自体により強くコミットするようなサービスも考えられる。

ポイントは、実例・実績や定量的なメリットを提示することだ。金融機関は「中小企業の労働生産性が上がらない時のコストやデメリット」を現実味を持って認識でき、サービス購入の意思が高まる。

一方、まだ顕在化していない社会課題の場合は、ステークホルダーに明確な費用が発生していないことも往々にしてあるだろう。ただ、課題に対して社内の業務やルールが未整備な場合でも、未整備であるからこそ外部に任せた方が効率的であるため、アウトソースしたいという動機もあるはずだ。

図表9－5に、中小企業の例以外の同様のマネタイズ方法を紹介しているので参照していただきたい。

マッチングでマネタイズする「広告・販促モデル」

広告・販促モデルは、社会課題解消ビジネスでも有効だ。これは、無償サービスで社会課題の当事者の顧客基盤をつくり、そこに広告を出稿することで企業の販促も支援するモデルとなる。

図表9-6　広告・販促モデルの例

サービス例	当事者	マネタイズ先となるステークホルダー
オンライン学習プラットフォーム	**途上国の学習困難者**　等しく学習機会を得て、就労機会が増加し貧困から脱却	**人材紹介／留学支援事業者**　受講生の学習成果や習熟度をもとに各事業者へ紹介
農業支援サービス	**農家**　栽培管理・収穫予測アプリで生産性を高め、食料自給率向上	**農機具メーカー**　サービス利用者の作物種別や規模、農業生産の課題を分析し、適した農機具を紹介

例えば、「中小企業DXソリューションプラットフォーム」を利用する中小企業に対して、広告や販促を行い、マネタイズすることも考えられる。このモデルを実現するには先行投資が必要になるが、社会課題の大きさに鑑みると検討の余地は大きい。

中小企業は労働生産性が改善されると、これまで手が回らなかった領域への投資余力を得られる。例えば、新たな機械設備の導入や店舗・工場などの拠点拡大、さらには海外市場進出など、事業拡大につながる多様なニーズが顕在化するはずだ。

機械設備の新規導入を検討する中小企業には、設備メーカーや工業用ロボット提供企業を紹介できる。また、店舗や工場の拠点拡大を検討する企業には、不動産関連サービスの紹介が可能だろう。さらに、海外進出を目指す企業に対しては、貿易コンサルや現地販路開拓支援サービスの紹介が考えられる。

この方法を有効にするカギは、**社会課題の当事者の情報を的確かつ詳細に把握する**ことだ。

単に「多数の中小企業顧客を外部事業者に紹介する」だけでは、外部事業者にとって必ずしも魅力的な価値にはならない。外部事業者がほしいのは、特定の商品・サービスに明確なニーズを持つ、購買意欲や成長余力が高い「質の高い見込み顧客」だからである。したがって、顧客となる中小企業が抱える具体的な経営課題や投資検討領域をあらかじめ綿密に捉えることが求められる。

図表9－6では、同様のマネタイズの方法を紹介している。

データで新たな事業を展開する「データビジネスモデル」

最後に、社会課題の当事者のサービス利用を通じて**蓄積されたデータを活用し、新たなサービスやビジネスを展開してマネタイズする**データビジネスモデルについて説明したい。

具体例として、ケニアで展開されているモバイル送金サービス「M-PESA」を紹介する。M-PESAは、銀行口座を持たない人々へ携帯電話を通じた送金・決済手段を提供し、ケニア国内の社会課題であった「金融アクセスの不足」を大きく改善した。

着目すべきは、蓄積された取引履歴データをユーザーの信用リスク評価に活用している点だ。同社はこの信用リスク評価をもとに、金融事業者との協業を通じ、マイクロファイナンスや保険など新たな金融サービスを展開することで、金融事業者からも収益を得ることに成功している。

中小企業の労働生産性についても、同様のサービスは検討できるだろう。

例えば、プラットフォームから取得した中小企業の企業情報や売上規模、従業員数などのデータだけでなく、企業間での取引状況、購買パターン、需給の変動などを活かし、次のような新サービスを他のステークホルダーに対して提供できる。

- **企業リスク・ポテンシャル診断**　取引データを活用し、中小企業の安定性や成長性を評価。中小企業へ融資を行う金融機関等に診断結果を提供しマネタイズする。
- **中小企業M&A仲介**　中小企業の業容を把握し、企業売却ニーズを掘り起こす。中小企業の買収を検討している事業者との仲介でマネタイズする。
- **需要予測ソリューション**　サプライチェーンの上流から下流の取引データを活かし需要予測モデルを構築。メーカーの生産最適化や小売事業者の仕入れ最適化を支援しマネタイズする。

このモデルでポイントとなるのは、「データそのものを売ろうとしないこと」だ。データはあくまでもサービスや事業展開に活用できる「素材」にすぎない。そのため、データ販売では、買い手が価値を十分に理解できず、ビジネスポテンシャルに対して低く見積もられる。したがって、原則としてデータを活かした新規事業の展開でマネタイズを図るべきだ。なお、データを活用したサービス展開については、前著『3つのステップで成功させるデータビジネス』（翔泳社）で詳述しているため、ぜひそちらも参照いただきたい。

内外のステークホルダーからのマネタイズでビジネスの成否が決まる

ここまで、社会課題に関連したステークホルダーからのマネタイズ方法を説明した。続いてはステークホルダー以外からマネタイズする方法も参考までに説明したい。

多くの企業は社会貢献活動に対して、恒常的に費用（CSR費用等）を投下するようになった。そこに着目し、企業が社会課題の解決に賛同し、協賛することで得られる社会貢献イメージや、企業のレピュテーション（評判）向上効果を訴求するというのがこの方法だ。

好例としては、米国のTerraCycleが展開する「Loop」が挙げられるだろう。

Loopは、リユース可能な容器を活用した循環型ショッピングプラットフォームである。消費者はリユース容器に入った食品や日用品などの商品を購入する。その食品や日用品を使用後、店舗に設置された専用返却ボックスに容器を戻すと、容器代として支払ったデポジットが返金される。返却された容器はLoopが回収し、洗浄や再充填を経て、再び商品として供給される、というものだ。

このプラットフォームで、メーカーはLoopに費用を支払い、商品を出品しているが、その目的は単なる売上拡大ではない。環境保全への貢献を通じたブランド強化やレピュテーション向上の効果である。

つまり、リユース容器を活用した商品提供を通じてエシカル消費を促進し、その成果を企業ブランド向上のために活用しているのである。

関連するステークホルダー以外からのマネタイズのカギは、**参加ハードルを可能な限り下げる**ことである。複雑な手続きや審査を極力排除し、参加しやすい仕組みを整えることで、多くの企業を呼び込む。そうすることで、**「参加企業の増加↓『参加企業数の多さ』による認知や影響力の向上↓『社会貢献によるブランド強化』を求める企業増加」という好循環**が実現し、持続的なマネタイズが可能となる。

以上を踏まえると、ビジネスモデル検討のポイントは次のように言える。

社会課題解消ビジネスでは、複数のステークホルダーが関わる広範な課題を解消する必要があり、誰からマネタイズするかが見えにくい。さらに、社会課題の当事者に経済力がない場合は、

「誰からマネタイズするか」が重要となる。

この場合、他のステークホルダーからマネタイズする方法として、「代行・成果コミットモデル」、「広告・販促モデル」、「データビジネスモデル」の3つのパターンがある。いずれもステークホルダーの目線に立って訴求していくことが重要だ。

第10章

ステップ2検討事項⑥社会課題への適用戦略をつくる

モビリティ事業者であるF社は、CASE[1]の潮流を受けて、モビリティ関連のデータを蓄積し始めた。

F社は、「このデータを活用して社会課題解決にも貢献できないか」と考えた。そこで着目したのが、「地域における防犯・防災」であった。

過疎地域では、人口が減少し空き家が増加している。人口が集中する都市部では、防犯カメラが増加する一方、過疎地では防犯カメラを設置する余裕のない自治体も多い。近年の広域強盗事件の発生だけでなく、自然災害の甚大化に伴い、地域住民の不安は増していた。

そのため、地域を走行するモビリティのデータを活かし、新たなハザードマップ[2]を作成することで、自社にとっても新たな収益源になると期待した。

ハザードマップは、各地域の住民にスマホアプリとして提供された。アプリの利用者は、自分の住む地域の危険に関する情報や事件・事故についても共有できるというサービスだ。

自治体とも連携し、地域住民の利用を呼びかけた。アプリの利用者を増やすことで、地域企業の広告出稿を募り、広告収入を得ることも期待していた。地域の防災・防犯を支援すると共に、地域の活性化にもつながると考えていた。

F社はいくつかの地域で、まずはサービスを開始した。ところが、アプリのダウンロードは進まなかった。理由は、「これまで危険を感じたことがない」、「危険がないと思っている」、「本当に役立つのか疑問」などが多かった。またSNS上には、「ハザードマップを見て、逆に警戒地域以外を狙った犯罪が起きるのではないか」と疑念を持つ声もあり、しかも拡散されていた。

もちろんF社は自治体に働きかけるだけでなく、粘り強く現地住民への説明を重ね、具体的な活用事例なども示し、ポイント付与などのキャンペーンも行ったが、住民の反応は薄かった。

思うようにダウンロード数も伸びず、広告出稿もほとんどなかったため、収益化もできない状況が続いた。社会課題を解決したいというF社の思いとは裏腹に、SNS上ではF社の情報の取り扱いに批判の声が上がり、このアプリサービスを断念せざるを得なかった――。

妨げとなるスイッチングコストと現状維持バイアス

前章までで、社会課題解消のためのサービスとビジネスのつくり方を解説した。

次に検討すべきは、**「どう社会課題に適用し解決していくのか」という戦略**である。この戦略は、サービスやビジネスモデル以上に重要だ。なぜなら、どれほど優れたサービスやビジネスモデルであっても、社会課題にどう適用するかが十分に練られていなければ、利用されず普及もし

1 Connected（コネクテッド）＝インターネットと接続された自動車のデータ活用、Autonomous（自動化）＝自動運転技術、Smart / Shared & Services（スマート／シェアリング＆サービス）＝カーシェアリング、Electric（電動化）＝電気自動車の普及。

2 自然災害による被害の軽減や防災対策に使用する目的で、被災想定区域や避難場所・避難経路などの防災関係施設の位置などを表示した地図。

図表10-1　再生可能エネルギーへの移行に伴うスイッチングコスト

スイッチングコスト	内容
物理・金銭面	再生可能エネルギー源のための新しい発電設備の建設、既存の化石燃料発電所の廃止または改造、電力網の刷新、エネルギー貯蔵システムの導入など
経済面	初期投資の増加、化石燃料産業の雇用者への影響と再教育プログラムへの投資、化石燃料の税収や輸出収入の減少による国家経済への影響など
政策・規制面	再エネへの移行を促進するための政策、インセンティブの策定、環境規制と化石燃料削減の法律など
社会・文化面	一般市民や企業の意識の変化と再エネへの支持、再エネの安定供給への不安、代替電源としての原発への反発など

ない。当然、社会課題の解消もビジネスとしての成立もしないからだ。

では、どのような戦略を立てるべきか。まず前提として、社会課題を解消する上で大きな阻害要因になる「スイッチングコスト」と「現状維持バイアス」を説明しておかなくてはいけない。

まず、**スイッチングコストとは、ユーザーがある製品やサービスから別の製品やサービスに切り替える際に発生するコスト**を指す。これには金銭的なコストだけでなく、時間、労力、リスクなどの非金銭的なコストも含まれる。スイッチングコストは、現在利用している製品やサービスにユーザーがとどまる傾向を強める。そのためビジネスでは、顧客のロイヤルティを高める施策としてスイッチングコストを利用することも多い。

例えば、カーボンニュートラルに向けた化石燃料から再生可能エネルギーへの移行は図表10-1の通り、様々なスイッチングコストを伴う。

図表10-2　現状維持バイアスが生む変化への抵抗

社会課題	現状維持バイアス
教育制度	学校システムや評価方法が時代遅れであるにもかかわらず、それらを変更することに対する抵抗
医療政策	効率的でない医療制度を維持しようとする傾向、新しい医療技術や治療法の導入に対する抵抗
職場の多様性	職場における多様性と包摂性の促進に対する抵抗、既存の雇用慣行を維持しようとする傾向
環境政策	環境保護のための新しい法律や規制を導入することへの抵抗、既存の産業慣行を変えることへの抵抗
性別役割	伝統的な性別役割や家族構造を維持しようとする傾向、ジェンダー格差の是正に対する抵抗

社会課題は、課題の規模も大きくステークホルダーも多岐にわたるため、必然的にスイッチングコストが高くなる。そのことが障害となり、解決されない社会課題も多い。

一方で**現状維持バイアスは、人々が現在の状況や選択肢を変更することに対して抵抗を感じ、現状を維持しようとする心理的傾向**である。これは変化によってもたらされる損失や不確実性を避けたいという人間の自然な欲求に基づく。つまり、人は本質的に変化を嫌うのだ。

このバイアスは、人々の意思決定において新しい選択肢よりも既存の選択肢を好む傾向として現れる。そのため、社会課題を解消しなくてはいけない、という重要性を認識しつつも、「現状を変えないと解決できない」となった時に、人は抵抗感を示し、社会課題の解消につながらないのである。

スイッチングコストや現状維持バイアスは、通常のビジネスの場面でも阻害要因になるが、いずれも特定の部署や人などに影響範囲が限定されている。ところが、社会課題解消ビジネスでは事情が異なる。

社会課題では、**根強く残る文化や慣習の変革を迫られ、単なる戸惑いや不安にとどまらず、不信感や抵抗感を示しやすい**からだ。いくら社会課題解消の効果を訴求しても、利用者の理解がなければ、押し売りとして捉えられ、スムーズに受け入れられない。

そのため、「訴求方法や提供方法の工夫」だけでは不十分である。なぜなら、いずれのハードルを越えるにも、「文化・慣習の変更に対する合意形成を行う」、「新たな仕組みや制度に慣れてもらう」、「『押し売り』との誤解を解き効果を信じてもらう」といった利用者側の意識・行動変容が不可欠となるからだ。

以上のことから、**社会課題への適用戦略とは、社会課題の解消に対するスイッチングコストと現状維持バイアスを解消するための戦略**となる。

パワーマップをつくり要所を可視化する

では、社会課題の適用戦略はどのように検討すべきか。それはスイッチングコストと現状維持バイアスを取り除くために、様々なステークホルダーを動かす戦略をどう検討すべきか、と言い換えられる。

ここに至るまでの過程で、社会課題の因果構造を整理し、様々なステークホルダー間にある課題と原因や、社会課題の解消で発生するメリットを整理した。

その整理を引き続き活かし、社会課題の解消に向けて具体的に**ステークホルダーを動かすための「要所」を分析するための「パワーマップ」をつくる**ところから始めたい。

図表10-3　パワーマップの作成手順

手順	概要
①ステークホルダー間の関係と影響力を書き出す	社会課題の解消に最も影響力を持つステークホルダーや影響を及ぼす組織・個人、利害関係者を書き出す
②パワーラインを特定する	直接的なつながりだけでなく、間接的なつながりも考慮しながら、ステークホルダー間のつながりを特定する
③ターゲットを決定する	サービスの購入者に最も影響を持つステークホルダーを特定し、「誰を動かすのか」を決定する
④ターゲットについて分析する	ターゲットの課題解消の姿勢（支持、中立、反対）、既得権益の有無、動機づけのポイント、弱みなどを分析する
⑤ターゲットを動かすための戦略を練る	ターゲットを動かすために働きかけるステークホルダー、巻き込むべき団体・組織、同盟の構築、問題を前進させる外部的圧力などを検討する
⑥実行計画を立てる	立てた戦略を実行する計画として、「いつまでに、誰に対してどんなアクションをとるのか、実行にあたっての留意点」を検討する

パワーマップとは、様々なステークホルダー間の関係と影響力を視覚的に図解するものだ。もともと社会運動家が社会的な変革を行う上で、ターゲットとすべき個人や組織を特定するために使用したツールであった。特定の問題における主要な影響力を持つ人、意思決定者、利害関係者を特定し、権力構造を理解するのに役立つ。

パワーマップは「ツール」と言われるが、決まったつくり方やフォーマットがあるわけではない。視覚的に表現されることが多く、関係するステークホルダーが全て配置され、その力関係や問題への関心度合いが示されていれば良い。

あくまでどこに集中して攻めるべきかの戦略を立案し、決定を下すことに使えれば良いので、書き方は自由である。

社会課題の解消のためのパワーマップは、図表10−3の手順でつくっていく。

各手順について説明したい。

まず、「①ステークホルダー間の関係と影響力を書き出す」ことから始める。

これは、前章までに作成した課題の因果構造とステークホルダーのメリットの図を活かして、各ステークホルダーの影響力と社会課題解消に対する関心の度合いを記載する。なお、関心度合いは、支持、中立、反対のいずれであるか、色を分けて表現すると分かりやすい。

ここでの注意点は、影響を与える可能性のある団体、人々、または機関をできる限り挙げることが重要となる。例えば、企業間の取引や資本関係だけでなく、政治・政党との関係、特定の地域とのつながりなども含まれる。そのため、各ステークホルダーについて時間をかけて調べ上げる必要がある。

次に、「②パワーラインを特定する」ことで、ステークホルダー間のつながりを描く。取引関係がある企業であれば、互いにモノ、カネ、人材、情報などをどのようにやりとりしているのか、また誰が誰に影響を与えているかについて記載する。

また、社会課題解消に対する姿勢が、例えば「反対」から「支持」に変わるとしたら、どのステークホルダーからなのか、明確にする必要がある。

なお、直接的なつながりだけでなく、間接的なつながりも考慮したい。また、一見して関係が少なそうだが影響力が大きいステークホルダーにも注意が必要だ。

そして「③ターゲットを決定する」ために、最もパワーマップ上で関係性の線が多く引かれているステークホルダーを丸で囲み、攻めるべき相手を特定する。また、ターゲットとなるステークホルダーとつながりの強いステークホルダーなども絞り込むことが重要となる。そうすることで、影響力のあるステークホルダーから間接的にターゲットへアプローチすることも検討可能となる。

なお、社会課題の「解決の担い手」が、必ずしもターゲットとなるわけではない。あくまで社会課題解消ビジネスを前に進めるために、アプローチすべきターゲットを明確にすることに留意してほしい。

ターゲットを決定した後には、「**④ターゲットについて分析する**」。これはターゲットとなるステークホルダーにどう社会課題を動機づけするのか考える上で重要となる。当該ステークホルダーの関心事、実現したいこと、何を優先的に考え行動するのか、課題意識、行動力、価値基準などだ。

また、当該ステークホルダーの利害関係だけでなく、影響を与える個人的なつながり、寄付者や支持者、仕事仲間、所属するコミュニティ組織とその参加メンバー、関係の深い省庁、地縁のある自治体、政治団体、メディアとの関係なども重要な情報になる。

ターゲットとなるステークホルダーの理解が十分に進んだら、「**⑤ターゲットを動かすための戦略を練る**」ことが必要となる。

ステークホルダーにアプローチする上で、必ずしも自社が前面に立つことが有効なわけではない。自社のリレーションも活かしながら、必要に応じて他企業との連携や同盟関係を構築し、ステークホルダーの動機づけだけでなく、場合によっては圧力をかける作戦を立てる。

また、社会課題に取り組むからこそ、政府や自治体、NPOやNGO含む各種団体、学術機関や研究所なども巻き込んだロビイング活動も重要になる。このあたりの詳細については、第12章や第13章を読んだ上で作戦を練っていただきたい。

最後は、ステークホルダーを動かすための「**⑥実行計画を立てる**」ことだ。

図表10-4　地域における防犯・防災のパワーマップ

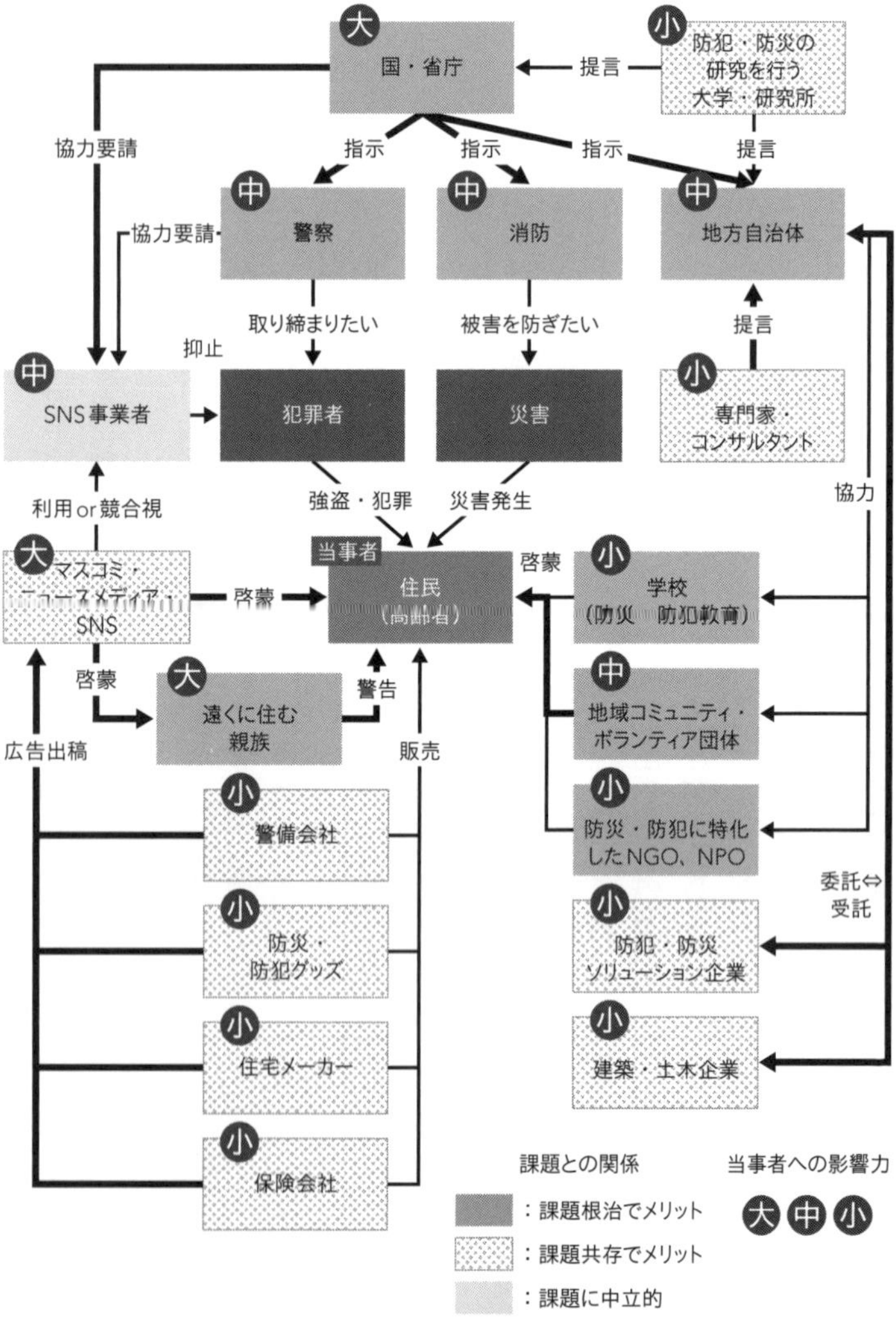

現実的な期限とゴールを設定した上で、具体的な計画に落とし込む。なお、ここまであまり調査の進んでいないステークホルダーがいる場合は、その調査のための計画を立てることも忘れてはならない。

ステークホルダーを動かすための計画は、調整相手あってのことであるため、往々にして計画通りにいかないことが多い。そのため、3カ月おきに進捗をチェックしながらスケジュールを見直し、また必要に応じて戦略自体も修正する柔軟性が必要だ。また、計画実行に必要となる人的・金銭的リソースを算出することも重要となる。

肝は「いかに自社以外を動かすか」

ここまでの3つの章で見てきた通り、社会課題解決ビジネスの構想をつくるステップ2は、「①サービス戦略」、「②ビジネスモデル」、「③社会課題への適用戦略」の3つで構成される。社会課題解消ビジネスは対象とする課題のスケールが大きく、関わるステークホルダーが多いため、「どう社会課題に適用し解決していくのか」という戦略は、サービスやビジネスモデル以上に重要だ。

その戦略とはつまり、大きな阻害要因になる「スイッチングコスト」と「現状維持バイアス」をどう乗り越えるか、である。

まずは社会課題の因果構造を整理し、洗い出されたステークホルダーの関係性をそれに反映することでパワーマップを作成する。そして、「どのステークホルダーを攻めるのか」、「どうステークホルダーを攻めるのか」を検討することが重要だ。

では、ステークホルダーをどう動かすか。

このことを考える上で、気候変動が世界の重要なアジェンダになった1つの社会的な出来事を参考に振り返ってみたい。それは、2018年にスウェーデンの環境活動家グレタ・トゥンベリが開始した「気候のための学校ストライキ」だ。

これは、毎週金曜日に学校を欠席してスウェーデンの国会議事堂前に座り込み、「Strike for Climate（気候変動のためのストライキ）」というプラカードを掲げるという活動で、たった一人で始まった。しかし、この取り組みはSNSやメディアで大きく取り上げられ世間の注目を集めた。ストライキの開始からわずか数カ月後、グレタ氏はTEDやCOP24、世界経済フォーラムといった国際的な舞台に招かれてスピーチし、世界中で何万人もの学生が気候変動を「自分事」と捉えて同様のストライキを始める事態となった。

こうした活動は、企業への不買運動や妨害活動などにもつながり、企業は気候変動に向けた取り組みをより積極的に推進するようになった。

社会課題解消ビジネスはあくまでビジネスではあるものの、社会課題の解消に向けて世の中を動かす必要がある。一企業でできることに限界を感じるかもしれないが、小さな活動が大きなムーブメントにつながることはあるのだ。

社会課題解消のためには、**ステークホルダーの力学を理解した理論的なアプローチと、様々なステークホルダーに必要性を訴える情動的アプローチの両面が必要**であることは、ぜひ認識していただきたい。

Column

社会課題解消ビジネスの信頼を得る

自社が推進する社会課題解決ビジネスに対し、「信頼・信用」をゼロから構築することは困難が伴う。この点でうまくいかずに頓挫する例も少なくない。その理由は2つある。

第一に、**信頼・信用は一朝一夕で築けるものではない**からだ。信頼・信用の構築には、長期的な活動や対話、実績の積み重ねが求められる。それなくしては、よほどの知名度やブランド力のある企業でない限り、不可能に近いだろう。

第二に、**そもそも企業が営利組織であるため**だ。営利組織が主役となりサービスの普及に乗り出すと、「結局は自分たちの儲けが目的では？」と疑念を抱かれやすい。

もちろん、多くの企業は「金儲け」を前面に出さず、「社会善」を強調するだろう。しかしそのような真摯な姿勢で臨んでも、サービスの利用者からは疑念を抱かれやすいのが現実だ。

では、どうすればいいのか。

有効な方策の1つは、すでに信用・信頼を確立しているプレイヤーに主役を担ってもらい、**自社はあえて「裏方」に回るスキーム**を検討することである。主役を任せるべく連携を図るべきプレイヤーは、図表10－5の3つである。

この中から、「NPO・NGO」および「組合・業界団体」の裏方に立つ戦術をご紹介したい。

図表10-5　主役を任せるべきプレイヤー

プレイヤー	獲得している信頼・信用 （誰から、どのような認知を得ているか）	低減が期待されるコスト
NPO・NGO	「この団体は私たちの声を聴き、利益を考えてくれる」という認識が地域住民の中で根づいている	**心理的コスト**　サービス利用に伴う文化・慣習の変化への抵抗を和らげる
組合・業界団体	「自分たちの立場を理解し、長期的な利益を考えてくれるパートナー」として加入事業者から認識されている	**金銭的コスト**　サービスがもたらす効果を信用してもらいやすくする
ローカル企業	「この店で使えるサービスなら安心に違いない」という地域住民や地場企業の認識	**物理的コスト**　サービス利用に伴う新たな仕組み／制度を受け入れやすくする

心理的コスト低減の強い味方となるNPO・NGO

NPO・NGOは、草の根的な密接なやりとりを続けることで地域住民から深い信頼を得ている。

長年活動を続けるNPO・NGOに対して、地域住民の中では**「この団体は私たちの声を聴き、利益を考えてくれる」という認識が根づいている**場合が多い。そのため、特に生活者からの信頼・信用を得る上では強力なパートナーとなる。

NPOとの連携によって成果を上げた好例が、フランスの食品大手ダノンが2006年にバングラデシュで開始した「グラミン・ダノン・フーズ（Grameen Danone Foods）」である。

ダノンは、農村部における子どもの栄養改善を目指し栄養価の高いヨーグルトの普及を試みていた。バングラデシュにはもともと「ドイ（Doi）」と呼ばれるヨーグルト系の発酵乳製品があり、広く親しまれていた。

そのため、ヨーグルト自体は現地住民にとって全く馴染みのない食べ物ではなかった。そこで、ダノンは現地の食文化や味覚を考慮し、低価格で栄養価を高めた商品を開発し、バングラデシュでの普及に努めた。

しかし、外国企業であるため、いかに現地に合わせた商品をつくろうとも、現地住民から「外国企業が押しつける謎の製品」と見なされ、不信感や抵抗により導入が進まないリスクが懸念された。

そこでダノンは、バングラデシュで貧困削減や社会開発に長年取り組み、地域住民から強く信頼されていたNPO「グラミン（Grameen）」と提携した。

グラミンは女性販売員を育成し、コミュニティ内でダノンのヨーグルトを紹介・普及する役割を担った。こうした後押しによって、ダノンの商品は「外国企業が押しつける謎の製品」ではなく、「地域で信頼される組織が薦める栄養価の高いヨーグルト」として受け止められるようになった。

この事例は、「心理的ハードル」を克服した例と言える。外国企業が提供する新たな食品という、食文化の変容を伴うものに対する不信や抵抗という**心理的コストが、NPOの信頼・信用を活かすことで低減された**のだ。

この事例のように、高い心理的コストが予想される取り組みに際しては、NPOとの連携は特に有用である。

例えば、衛生環境の改善や、女性・児童の権利保護、栄養状態の改善などを伴う社会課題解消ビジネスを検討するに際しては、まず協力先となるNPOを探索するのが良いだろう。

「利益の代表者」として金銭的コストを低減する組合・業界団体

次に、組合・業界団体は、同業者を取りまとめ、業界全体の代表として権利・利益保護を行う組織であり、参加者から「業界の代表者」と見なされる存在である。

こうした団体は、加入事業者から**「自分たちの立場を理解し、長期的な利益を考えてくれるパートナー」として認識されている**場合が多い。そのため、組合・業界団体との連携を通じて、サービスの「効果に対する不信感」を和らげること、すなわち、金銭的ハードルを低減することができる。

組合・業界団体との連携によって成果を上げた好例として、スイス系食品大手ネスレがコロンビアのコーヒー生産者団体と協働した事例が挙げられる。

ネスレは、気候変動や価格変動などのリスクにさらされる小規模農家に対し、品質・生産性向上が見込まれる新たな生産手法を提案していた。理論上はコストパフォーマンスが良く、農家にも有益な提案だった。

しかし、農家から見れば、外国企業であるネスレが提示する生産手法が本当に自分たちの利益になるかは不明瞭であり、「大手の買い手企業が自分たちに都合のいい方法を押しつけているだけではないか」という疑念がぬぐえなかった。

そのため、創出できる効果をいかに熱心に伝えても「本当に得になるのか」と信用してもらえず、生産手法が採用されなかった。

そこでネスレは、地域で長年活動を続け、農家たちから強い信頼を得ていた生産者団体と連携する道を選んだ。この団体は、農業業者間での利害調整や品種などの標準化を行う組織として、農家にとって「長期的な利益を考えてくれるパートナー」として認識されていた。

結果、団体が主導して改善策を提示することで、農家はその効果に納得して改善策を受け入れ、生産性向上と収益増加が実現された。

これにより、各農家の生産性向上や持続性向上、それらを通じた地域経済の活性化といった社会課題解消への寄与と併せ、ネスレは質・量共に安定した原料確保が可能なサプライチェーンを構築することができた。

この事例は、「心理的ハードル」と「金銭的ハードル」を克服した例と言える。

サービスの効果を提示しても、そもそも効果そのものを信じてもらえない状況においては、このように組合・業界団体との連携を図ることが有効な選択肢となるだろう。

第11章

ステップ3検討事項⑦事業立ち上げの戦術をつくる

G社は国内有数のIT企業である。これまで業界をリードしてきたが、成長が頭打ちになり、「今後も成長を続けるためには、新規事業を発掘しなければならない」という危機感が社内で広がっていた。このような背景から、「次世代の社会課題解消ビジネス」というテーマで、日々新規事業の検討が進められていた。

その中で、ひときわ熱意を持って取り組んでいたのが食品ロスの問題だった。形やサイズが不揃いというだけで市場に出回らず廃棄されてしまう、規格外野菜に商機を感じていた。

「毎年大量に捨てられている規格外野菜が商品化されれば、利益につながるのではないか」。チームはそう考え、「農家が規格外野菜をオンラインで小売業者やメーカーに直接売れるサービス」を構想した。農家の廃棄ロスを減らしつつ、小売やメーカーにとっても安価な仕入れ手段を提供するという狙いだった。

G社は既存の野菜販売向けECプラットフォームを買収し、それを規格外野菜に特化したBtoBサイトへとカスタマイズした。社内では「安い価格で小売やメーカーが野菜を買える一方で、農家は廃棄品に価値を見出せる。まさにウィンウィンのビジネスだ」と期待が高まった。

しかし、事業は立ち上げ直後から大きな壁にぶつかることになる。

規格外野菜を収集し、在庫を集約して販売につなげる商流や物流の仕組みが存在しなかったのだ。サイトの立ち上げだけでは、農家が個別に規格外品を発送する手間やコストをかける必要があり、農家の負担感が大きかった。

彼らの多くは、「規格外品を出荷する手間がかかるわりに、どれほど売れるか分からない」と消極的な姿勢を見せた。出品する農家はごくわずかに限られ、サービスは思うように広がらなかった。

そこで、G社は大手食品メーカーや流通業者に、規格外品の受け入れ態勢構築を働きかけた。しかし、「規格外品をわざわざ扱う理由がない」、「何の得があるのか」といった冷ややかな反応が多く、連携の実現には至らなかった。

地方の農協や物流業者に協力を仰いでも、「規格外品を集めるには別のラインを組む必要がある。コストを回収できる保証がない」と難色を示されるケースが大半だった。

こうして、規格外品の流通バリューチェーン構築は進まず、サービスは停滞を余儀なくされた。社内で行われた検証の結果、この事業では持続的な成長が見込めないと判断され、最終的に撤退が決まった――。

戦略を実行するために欠かせない「戦術」づくり

ステップ2では、社会課題解消ビジネスのビジネス構想（①サービス戦略、②ビジネスモデル、③社会課題への適用戦略）それぞれに求められる考え方やアプローチを提示してきた。

しかし、いかに筋の良いビジネス構想を描いたとしても、それだけで社会課題解消ビジネスが成就するわけではない。

ビジネス構想はあくまで「戦略」に過ぎず、戦略を現実に落とし込むための取り組みが不可欠となる。しかし、この過程でも数多くの障壁が待ち受けている。

そのため、本章からはステップ3として、社会課題解消ビジネスを実際に立ち上げ、発展させるための戦術を3つの章にわたって解説していく。

- 社会課題解消ビジネスの立ち上げの戦術（本章）
- 社会課題解消ビジネスの3つの前提条件と2つのアクション（第12章）
- 社会課題解消ビジネスの前提条件を成立させる「働きかけ」戦術（第13章）

戦略は、実行の仕方次第で大きく変わってしまう。そのため、この3つの章は読み飛ばすことなく、ぜひとも丁寧に理解を深めていただきたい。一つひとつのポイントをしっかりと押さえることで、筋の良い事業構想を現実に落とし込み、ビジネス成功の道が開けるはずだ。

社会課題解消ビジネスの立ち上げに欠かせない3つの連携先

ここまで見てきた通り、社会課題解消ビジネスは大規模な取り組みを伴うものである。そのため立ち上げには、自社では対応しきれないステークホルダーとの調整などが発生し、基本的に他社との連携が前提となる。

一般に連携と言えば、サービス実装のための技術的なものと、事業運営ノウハウなどのビジネス的なものがある。

前者は、大学研究機関との連携を通じて事業を立ち上げ、実証を繰り返しながら規模を大きくすることが一例となる。また、技術ベンチャーと連携し、技術アセットを補完すると共に、自社の業務のオペレーションでその規模や質を改善させながら事業を進めることも多い。

後者の例で言えば、すでにその事業を営む企業を買収し、その運営ノウハウを活用して新規事業を展開する手法が挙げられるだろう。

例えば、「デジタル介護・ヘルスケア事業」を立ち上げる場合は、介護事業者を買収し、ノウハウを活かしてまずは介護業界に参入する。そして、その企業のデジタル化を通じて既存事業を強化・改善しながら、自社が展開したい新規事業へとつなげていく。

技術面やビジネス面で連携することは、社会課題解消ビジネスにおいても当然必要だ。しかし、多様なステークホルダーとの連携や調整、既得権益者との対峙といった、より大掛かりな対応が社会課題の解消には求められる。そのため、技術面やビジネス面以外でも連携する必要がある。

では、どのような連携が必要なのか。それは次の3つだと考えられる。

第一に、様々なステークホルダーに解決策を提示し協力を得るために、**社会課題の理念・ビジョンを掲げて社会課題ビジネスに取り組むスタートアップとの連携**だ。

例えば、食品ロスの削減を目指す場合には、農家、生産者、流通業者、小売、行政、消費者といった幅広いステークホルダーの関与・協力が不可欠となる。彼らと関係を築くためには、社会課題に取り組むスタートアップとの連携が有効となる。

第二に、業界内で長く続いてきた慣習やルールを変えるために、**産業バリューチェーン上の「強者」に位置する事業者との連携**が欠かせない。

例えば、使い捨てプラスチック容器の大量消費を削減するためには、単にリサイクル率を向上

図表11-1　社会課題解消ビジネスで必要となる3つの連携

連携の目的	必要な連携	組むべきプレイヤー
多様なステークホルダーから協力を取りつける	社会課題解消をリードするプレイヤーとしての市場認知を高める連携	社会課題の理念・ビジョンを掲げ知名度もある**ソーシャルスタートアップ**
既存の業界構造・慣習を変革する	既存の構造や慣習を変革する主導権獲得のための連携	**産業バリューチェーン上の「強者」に位置するプレイヤー**
被害者と加害者双方の仲立ち・交渉を行う	複数業界／バリューチェーンの上のプレイヤーから信頼を獲得するための連携	多様な業界・地域やバリューチェーンの上／下流と接点を持つ**ハブ・センタープレイヤー**

させるだけでなく、プラスチックに代わる容器の採用や循環型ビジネスを前提とした物流や商流の再構築が求められる。それに必要な仕組みを既存の業界に取り入れる上で、強者プレイヤーとの連携は心強いはずだ。

最後に、社会課題での被害的立場と加害的立場の双方の行動変容や関係性の見直しを促すために、**多様な業界・地域やバリューチェーンの上／下流と接点を持つ事業者との連携**だ。

例えば、「フェアトレードの実現」のような課題は、その解決に際し、立場の弱い途上国の生産者と先進国の大手ブランドの間で利益相反が生じる場合もある。このような関係を紐解き、課題を解消に導く上で、両者の間で交渉や調整を行えるプレイヤーの連携が必須となる。

なお、実際の連携や対応は、社会課題の性質やターゲットとする課題によって必要性の濃淡が異なる。そのため、自社の社会課題ビジネスにおいて、どの連携が重要であるか見極めることが重要である。

また3つの連携はいずれも不可欠だが、組むべきプレイヤーの特性や、連携のポイントを押さえなければ効果はない。

そのため、次節より、3つの連携の具体例を挙げながら、プレイヤーとの組み方、そのポイントについて解説していく。

「インバウンド型連携」を呼び込むスタートアップ

いかにして市場から「社会課題解決の先導プレイヤー」として認知されるか。これは、様々なステークホルダーと連携する上で重要である。

例えば、「持続可能なエネルギーへ世界の移行を加速する」というミッションを掲げるテスラは、単なる電気自動車メーカーの枠を超えて「持続可能な社会実現を先導する企業」としての認知を確立している。この認知により、電池メーカーや充電ステーション事業者、さらには太陽光発電や蓄電池技術を持つ異業種との連携も行っている。結果、テスラはエネルギーインフラ全体を巻き込んだ広範なエコシステムを構築している。

また、全世界にアウトドア用品を展開するパタゴニアも、認知をうまく事業に活かしている好例である。

パタゴニアは、「環境保護とサステナビリティにコミットするアウトドアブランド」として認知されている。この認知を活かし、素材研究企業、フェアトレード認証団体、環境NGOなど、多岐にわたる連携を進めている。また、こうした連携を活かし、循環型繊維の開発や産業全体のサステナビリティ推進に取り組んでいる。

図表11-2　スタートアップとの連携の例

企業名	買収先	買収目的	形成した認知	認知を活用した連携先
ダノン	WhiteWave Foods	植物性ミルクやオーガニック食品スタートアップを取り込み	健康志向・環境配慮のリーダー	環境NGO、有機農家、サステナブル食品研究機関
ユニリーバ	Seventh Generation	環境配慮型日用品ブランドを取得し、廃プラ削減や再生資材の活用を推進	エシカル消費のリーダー	自治体、再生資材サプライヤー、廃棄物処理企業
マスターカード	Oltio	南アフリカのモバイル決済スタートアップを買収	金融包摂のリーダー	開発金融機関、中央銀行、フィンテック企業

さらに、近年は「パタゴニアと提携することで、自社の環境イメージを高めたい」と考える企業も現れ、既存のアパレル産業や事業者も巻き込んだ広範なエコシステムが形成されつつある。

テスラやパタゴニアのように市場から高い認知を得れば、他社側から連携を求めてくる「インバウンド型連携」が可能となる。そのため、まずはソーシャルスタートアップと連携し、市場認知を高める。

好例として、フランスのエネルギー企業Engieの取り組みが挙げられる。

Engieはアフリカの無電化地域で太陽光発電キットを提供するFenix Internationalを買収した。Fenixは「電力インフラが整っていない農村部にもクリーンエネルギーを届ける」という社会課題の先導者として認知され、農村コミュニティやNGO、マイクロファイナンス[1]機関から強い信頼を得ていた企業である。

Engieはこの企業を取り込むことで、「貧困地域へのクリーンエネルギー普及に本腰を入れる企業」という認知を得ることに成功した。そしてアフリカでの電化プロジェクトを「インバウンド型連携」により加速させた。

具体的には、IoT監視システムやモバイル決済ソリューションを持つ技術系ベンチャーと協力し、太陽光発電キットの安定稼働を支える仕組みを整備した。また、マイクロファイナンス機関と提携し、低所得世帯が分割払いでキットを購入できるモデルも普及させたのだ。これは、EngieがFenixを傘下に収めたことにより引き寄せた連携だ。

なおスタートアップは玉石混交で、見かけだけ「社会貢献」を掲げながら、実体が伴わない企業も少なくない。そのため、**まずは小さな共同プロジェクトや提携で相手の実力を見極める**必要がある。多数のスタートアップと浅く関係を構築し、その中から発掘した優秀な企業と、本格的な共同事業や出資・買収へとステップを進めるアプローチが望ましい。

「強者プレイヤー」の協調を促し、既存の業界を変革する

いかなる産業でも、バリューチェーン上ではプレイヤー間の力関係に偏りが生じる。強者と位置づけられるプレイヤーが大きな影響力を振るい、弱者であるプレイヤーや生活者はその動向に大きく左右される。

食品を例に挙げれば、大手メーカーが生産数量や流通ルールを一方的に決定することで、小規

1　貧困者向けの「小口（マイクロ）金融（ファイナンス）」の総称。

模サプライヤーや小売業者がその影響を受け、在庫リスクやコストの負担を余儀なくされる。まさに「強者の都合で弱者が不利益を被る」という構造であるが、見方を変えれば「強者が業界構造に強く働きかける力を持つ」と言える。

つまり、**影響力を持つ強者プレイヤーと連携すれば、不合理な業界構造や非効率な慣習を根本から変革でき、社会課題を解消する上で強力な武器となる**のだ。

また、環境問題や人権問題などの社会課題の中には、サプライチェーン内の構造的歪みが原因で発生しているものも多い。このような社会課題にも、やはり強者プレイヤーの力が不可欠である。

「強者の力」との連携の好例が、第9章でも触れた「Loop」である。Loopは、再利用容器を用いた消費財・食品提供サービスだが、サービス構想を固めるよりも前に、P&G、ネスレ、ユニリーバといった世界的な消費財メーカーに、使い捨て容器から脱却する必要性を訴えるところから始めた。そして、これらのメーカーと共に容器規格やサービスの詳細を策定し、新たな仕組みを構築した。

また同社は、メーカーと共に構想を固めた後、再利用容器の商品を小売店で流通させる段階に進んだ。この時、CarrefourやTesco、Walgreens、Krogerといった小売大手の協力を取りつけることに成功した。もちろん、ここで有効に機能したのが大手消費財メーカーの小売事業者に対する影響力だ。「大手メーカーが推奨するなら」と、うまく大手小売業者を巻き込むことができた。

さらに、大手小売業者の参画により、多くの消費者に「環境に配慮した購買活動ができる」という意識が浸透した。これが消費者の行動変容を促し、消費者まで含めたバリューチェーン全体の変革に至った。

別の社会課題でも、同様の「強者の力」との連携は見られる。例えば、国内の物流クライシスへの対応として、荷主である大手メーカーが物流の共同化に乗り出す動きが増えている。物流事業者だけでなく、物流に大きな影響を与える荷主の役割の重要性が分かるだろう。

重要なのは、「強者に対して、社会課題解消の必要性を訴え、強者同士の協調を促すこと」である。

どれほど影響力を持つ企業でも、一社だけで業界構造を変えることは難しい。一方で、競合関係にある強者同士を協調させることも容易ではない。また、強者であるプレイヤーが既得権益者であることも多い。

そのため、**異なる企業間で「社会課題を放置すれば業界全体が不利益を被る」という共通認識を築けるかがカギ**だ。成功すれば、競合同士でも同じテーブルにつき、協力できる可能性が高まる。

なお、競合同士の協調には、政府や官公庁、学術機関といった第三者を巻き込むことが有効となる。この点については、続く第12、13章で詳しく解説する。

「ハブ・センタープレイヤー」との連携で行動変容を促す

ハブ・センタープレイヤーとは、**社会課題の「加害者＝強い交渉力を持つ主体」**と、**「被害者＝不利な条件を強いられがちな主体」の双方と継続的に関わり、両者と交渉や調整ができるプレイヤー**を指す。企業の関係する社会課題で言うと、卸業者や商社、物流・金融機関がこのプレイヤーにあたる。

例えば、大手物流事業者であるＤＨＬは、物流クライシスを解決するために荷主と運送事業者の間を取り持ち、輸送効率化とサステナブルな物流網の構築を進めている。社会課題の加害者の立場となる荷主であるメーカーと、被害者の立場になる中小運送業者の両方を巻き込んだ社会課題解消の好例である。

また、大手商社である伊藤忠商事は、「生産者搾取」という社会問題が発生しないよう、大手食品メーカー向けに原料を調達する際に、生産者とメーカーの仲立ちを行う。このことで生産者が搾取されないよう、公正な条件の取引を促す。

ハブ・センタープレイヤーと連携すれば、社会課題の加害者と被害者の双方に対して社会課題解消のアクションを促すことができる。また、これは特に売り手と買い手をつなぐようなプラットフォーム型事業を立ち上げる際に効果を発揮しやすい。両側と関係性を持つハブ・センタープレイヤーとの連携により、スムーズに事業を立ち上げられるためだ。

この連携での好例が、GrubMarketだろう。

GrubMarketは、米国の農家から農産物を集め、大手レストランや小売に向けて販売するＢtoＢのオンラインプラットフォームである。

もともとは、地元の小規模生産者から消費者への直販モデル（ＢtoＣ）から始まった。同社は事業拡大の過程で、農業バリューチェーンの課題に着目し、レストランや食品小売チェーン向けのＢtoＢサービスへ注力するようになった。

従来、米国の大手レストランや小売は、品質のばらつきや契約の手間を嫌い、小規模農家との取引を極力避けていた。また、小規模農家も「どれほど売れるか分からない」と生産に消極的であり、結果として低収益に喘ぐ農家が多かった。

同社はこの課題を解消すべく、「卸業者との連携」を通じて、両者の間に立つプラットフォームを目指した。

卸業者は、多様な農家の在庫状況や品質を把握し、一定の規格に仕分けてから大手需要家に届ける役割を担った。大手レストランや小売は、この役割を卸業者が担うことで、小規模農家の作物でも大量発注しやすくなった。以前は「農家との直取引は手間がかかりすぎる」と敬遠していた大手レストランや小売だったが、「ある程度まとまった量と品質が保証されるなら使ってみよう」と意識が変わったのだ。

また卸業者が間に入ることで、必要量や希望納期の情報がプラットフォームで可視化された。これにより、農家側は「大手需要家に売るのは難しい」という思い込みを捨て、より多品目・大量に作付けしやすくなった。卸業者が品質管理や輸送手続きを補完することも相まって、農家には作物を安定的に販売できる道が開けた。彼らの「売れるか分からないからつくらない」という消極姿勢は、「安定した買い手がいるなら増産する」という積極姿勢に変わった。

結果、農家は販路拡大による売上向上と、売り先不足による廃棄コスト削減を実現でき、大手レストランや小売は地域産品を安定的かつ安価に調達できるようになった。農家の収益性は改善し、廃棄作物も減少した。

ポイントは、**ハブ・センタープレイヤーの既存事業に対する貢献を明確にする**ことだ。彼らは、見方を変えれば「営業代行や仲介を担う」格好になるため、見合うメリットを提示しなければ、積極的な協力を得るのは難しい。

例えば、食品卸業者と組んで食品ロス削減プラットフォームをつくるなら、プラットフォームが卸業者にとっても具体的な利点があると示す必要がある。「社会課題の解決に貢献しながら、自社の取引先とのパイプを太くできる」と卸業者が納得すれば、より本気で参画してもらえる。こうした説得が成否を分けるカギになる。

3つの連携がビジネスの成否を占う

以上を踏まえて、本章冒頭のG社の問題点を振り返ってみたい。

G社のサービスは、「地域の農家がつくった規格外野菜を、オンラインで小売やメーカーに流通させることで、廃棄ロスを減らす」ことを目指す社会課題解消ビジネスだ。

しかしG社は、3つの連携のいずれも揃わないままビジネスをスタートしてしまった。

まず、社会課題解消の主導プレイヤーとして市場認知が一向に上がらず、規格外品のバリューチェーン構築に必要な広範なプレイヤーを巻き込めなかった。そのため、食品ロスに共感するプレイヤーから自発的な協力がなく、自ら地道に協力を取りつけることになり、時間も労力もかかる状況に陥った。

また、大手企業との連携による影響力もなかった。

生産者は、社会課題の弱者にあたる。彼らと組んでサービスを始めても、強者である量販店や食品メーカーにはなかなか話を聞いてもらえなかった。G社がサービス開始時に巻き込むのは、強者側であるべきだった。また、大手メーカーが規格外品を取り扱う意義や必要性も十分に訴求できていなかった。

おそらく、大手メーカー目線では「うまくいかないサービスを助けてほしい」という訴えにしか映らなかっただろう。「規格外品を扱う余計な手間は負いたくない」という反応になるのは明白だ。

そして、ハブ・センタープレイヤーがいないことが致命的だった。食品卸や物流企業などを巻き込めていれば、事情は変わっていただろう。生産者と大手流通・小売間で規格外品の取引ルールや安定した配送網を整備できたはずだ。

社会課題解消ビジネスにおいては、**スタートアップの知名度、リーダー企業の影響力、ハブ・センタープレイヤーの調整力を活かすことが重要**だ。ビジネスの立ち上げに際しては、この3つの連携先との交渉を粘り強く進めたい。

第12章

ステップ3検討事項⑧ ビジネスとして成立させる前提条件を達成する

ソフトウェア事業者のH社は、これまで労務管理ソフトを主力商品としてきた。しかし、近年は競合他社の増加に伴い、競争激化に見舞われ収益が低下していた。H社は、この状況を改善すべく、既存顧客に向けた新たなサービスの開発に乗り出した。

ただ、一時的に収益を上げるのではなく、長期的に安定した収益を生むサービスでないと意味がない。そう考えたH社が注目した社会課題は、「職場の心理的安全性の低下」であった。

これは、職場の人間関係などにより社員が自分の意見やアイデアを自由に発言できず、ミスや問題を報告しづらい環境や、その環境が生む諸課題を指す。近年は離職率の上昇や生産性の低下にとどまらず、不正の温床ともなるため、企業が取り組むべき社会課題として捉えられつつある。

加えて、SDGsの「目標3　すべての人に健康と福祉を」や、「目標8　働きがいも経済成長も」に関連するため、持続的な需要が期待できると考えたのだ。

早速、H社は自社の技術を活かし、職場の心理的安全性を改善するサービスとして「従業員相性最適化サービス」を開発した。

これは、「人事・労務データから個々の特性や相性を分析」し、「現在の人間関係における相性の良し悪しを可視化」して「それらを踏まえた最適なチーム編成を支援」することで、職場の心理的安全性を高め、従業員一人ひとりのパフォーマンス最大化を支援するものだ。

サービスを開発しプレスリリースすると、顧客からの反応は上々であった。しかし、いざ導入を検討する段階になると、多くの顧客は二の足を踏んだ。

「確かに良いサービスだが、職場の心理的安全性を高めるのなら、ハラスメント防止や働き方改革など、他にも優先すべき課題がある。それらの課題が片づいてから改めて検討したい」。顧客からはこのような声が多く寄せられた。

「注目度も高く、サービスの評価は上々であるにもかかわらず、なぜ導入が進まないのか」。サービスはローンチ早々に暗礁に乗り上げてしまい、プロジェクトチームは頭を抱えることとなった――。

ビジネスとして成立するための3つの前提条件

前章では、事業構想を実現するための立ち上げ戦術について解説した。筋の良い事業構想をつくり、それをうまく立ち上げられたら、社会課題解消ビジネスは形になり、成立すると思われるかもしれない。

しかし、残念ながらそれだけでは不十分だ。まさに社会課題解消ビジネスの収益化が難しい理由がここにあると言える。

そもそも社会課題解消ビジネスが収益を生むビジネスになるためには、図12－1に示した**3つの前提条件**が揃う必要がある。

前提条件の1つ目である「**社会課題が『解決しなければいけない課題』と社会で認知される**」

図表12-1　社会課題解消ビジネス成立の3つの前提条件

	前提条件
1	社会課題が「解決しなければいけない課題」と社会全体で認知される
2	社会課題を解消できるテクノロジーが開発され、「解消可能な課題」と社会全体で認知される
3	テクノロジーが実用化して社会に普及し、実際に社会課題が解決される

ことについては、想像に難くないであろう。この認知が社会全体になければ、当然、誰も課題の解消に向けた具体的な行動をとるはずはない。

一方で、社会課題が実際に甚大な被害を招くようになっても、「解決しなければいけない」という認知が必ずしも広まるわけではない。そこで2つ目の前提条件、**「社会課題を解消できるテクノロジーが開発され、『解消可能な課題』と社会全体で認知される」**必要がある。1つ目の前提条件と同様に、「その課題は解消可能な課題である」と社会全体で認識されなければ、誰も具体的な行動はとらないのだ。

ここで重要なのは、「社会全体」に認知されることだ。社会全体とは、社会を構成するステークホルダーである企業や行政・政府、生活者などの全てを指す。仮に2つの前提条件が揃っていても、一部のステークホルダーにその認識がなければ、社会課題解消の大きな動きにはならない。課題は放置され続けるか、解消できたとしても一過性のものになりがちだ。

だからこそ、3つ目の前提条件である**「テクノロジーが実用化して社会に普及し、実際に社会課題が解決される」**

ことがビジネス成立のためには最重要である。

社会課題を解消するテクノロジーの実用化と普及を阻むのは、たいていコストである。身近な例で言えば、エシカル商品やエコ商品と言われるものが、環境配慮のために原材料費や人件費が高くなりやすく、高価格になりがちなことが挙げられる。

また社会課題解消には、新たなテクノロジーや設備への投資が必要になる。こうしたコストを、「誰が負担するのか」という問題が発生する。「課題を発生させる事業者が負担するのか、国・政府が負担するのか、社会全体で広く等しく負担するのか」という問題は、社会課題の規模が大きくなればなるほど深刻化する。

この問題は、社会課題解消ビジネスの事業者にとっては死活問題だ。売上・利益を左右するのはもちろん、投資回収できるか否かに直結するからだ。社会課題解消ビジネスに挑戦したスタートアップが経営に行き詰まることは往々にしてあるが、その理由の1つはこの問題にあると言える。そのため、コストの問題に解消の見込みが立たないと、ビジネス成立は困難になる。

3つの前提条件を理解する上で、気候変動問題を例に見てみたい。

この問題は、20世紀から学者などの専門家により指摘されていた。また、それらを受けた各国政府間での国際的な議論も数十年前より行われていた。

気候変動による影響も広く知られてはいた。例えば、南極や北極の氷の急速な融解や海面上昇などだ。しかし、いくら国際的な枠組みが整備され、各国政府が意思表明を行っても、多くの人・企業は気候変動問題を自分事として捉えず、行動につながることはなかった。

そんな状況の中、2010年代後半から3つの前提条件が揃い始め、気候変動対策に向けた行動が世界的に本格化することになる。

まず、欧米では過去にない規模の森林火災や大規模な干ばつ、集中豪雨や記録的な猛暑などの自然災害が発生した。これらが単なる自然災害でなく気候変動の影響と報道され、この問題が社会インフラや農業、観光産業等への経済損失や食料生産の低下、水資源の枯渇などの生活に影響を与えることが認知された。

企業や生活者が自分事として捉えるようになったことで、「社会課題が『解決しなければいけない課題』と社会全体で認知される」という前提条件の1つ目が満たされた。

そして前提条件の2つ目を満たすために、気候変動を解決するテクノロジーである再生可能エネルギー（以下、再エネ）の拡大も重要となる。資源エネルギー庁によると、2000年代後半に太陽電池技術がコモディティ化し、2010年代に世界の生産拠点の主力が先進国から中国・台湾など東アジア圏に移った。このことで再エネ普及の目途が立ち、気候変動が「解消可能な課題」と社会全体に認知された。

さらに太陽光発電は、3つ目の前提条件を満たすためのコスト削減を実現し、再エネ発電市場が先進国から途上国へと広がった。特にアジア諸国では、経済発展に伴い電力需要が急激に増大し、再エネ導入が積極的に進められるようになった。

このように3つの前提条件が揃ったことで、世界各国で社会全体として再エネ市場という社会課題解消ビジネスの市場が形成されたのだ。

では、H社がターゲットとした「職場の心理的安全性の低下」は3つの前提条件から見てどうだったのか。

日本企業における「心理的安全性」の認知度は高まりつつあるが、具体的な取り組みは依然として先進的な一部企業に限られており、前提条件の1つ目はまだ満たされていない。また、それらの企業も試行錯誤の段階であり、心理的安全性の評価方法や解決策（ソリューション）も確立されていないため、前提条件の2つ目もまだ満たされていないのだ。

仮に心理的安全性を高める解決策が開発された場合、企業がその策を導入するためのコストをどのように回収するのかという3つ目の条件も問題になるだろう。

前提条件を満たすための2つのアクション

では、3つの前提条件を満たすには何をしなくてはいけないのか。そのためには、2つのアクションが必要となる。

1つ目は「**社会課題解消の機運醸成**」だ。機運とは「物事をなすのに良い機会」である。つまり、**社会課題が「解消すべきであり、解消可能である」ことを社会全体に認知させ、社会課題解消ビジネスを展開するために良い状況をつくる**ことを指す。

この状況づくりには、「先進諸国政府の取り組み」、「象徴的な事件・事故」、「メディアやSNSの発信」の3つのパターンがある。

まず1つ目の「**先進諸国政府の取り組み**」は、欧米を中心とした各政府の社会課題に対する政策推進によるものである。

EU等の政策が他諸国政府へのある種の強制力として働き、国内外の企業活動にも影響を与え、政策の対象となる社会課題に対し、世界的に機運が高まる場合が多い。そのため、先進諸国政府の取り組みは機運醸成のきっかけとなる。

例えば、「レジ袋の有料化」が分かりやすい。

図表12-2　3つの前提条件と2つのアクション

前提条件		必要なアクション	
1	「解決しなければいけない社会課題」と社会全体で認知される	1	社会課題解消の機運醸成
2	「解消可能な課題」と社会全体で認知される		
3	テクノロジーが実用化して社会に普及し、課題が解決される	2	社会課題解消に伴うコストと影の解消

図表12-3　「機運醸成」の3つのパターン

パターン	概要
先進諸国政府の取り組み	各政府が社会課題に対する対策を行い機運醸成
象徴的な事件・事故	社会的に大きな衝撃を与える事件・事故が発生し機運醸成
メディアやSNSの発信	メディアやSNSで特定テーマに対する注目が高まり機運醸成

2020年から日本全国でプラスチック製の買い物袋の有料化が開始されたが、背景にはプラスチックごみ問題の対応で先行するEUの動向があった。

この問題は、プラスチック製品が適切に処理されないことで起こる環境問題だ。2015年、EUは加盟国に対し、2025年末までに1人あたりのレジ袋年間消費量を40枚以下とすることを義務づけ、2018年末までに小売店でレジ袋を無料配布することを禁ずるよう求めた。これを3つの前提条件のうち2つを満たすための機運醸成として考えてみたい。

プラスチックごみ問題は、1970年代から海洋汚染や土壌汚染などの問題として認識されていた。しかし、人々が自分事として捉えるようになったのは、マイクロプラスチックが食物連鎖を通じて蓄積され、最終的には人間の食卓にも上るおそれがあると注目されてからだ。EUで先行した規制を機に、人々の中でこの問題が、「がんの発生や免疫力低下を引き起こすマイクロプラスチック問題」となったことで、「解決しなければいけない課題」という認知が社会全体で広まったとも言えよう。つまり、前提条件の1つ目が満たされたのだ。

また、レジ袋の代わりに利用するエコバッグや、飲食店における紙ストロー・カトラリーの導入などにより、「解消可能な課題」との認知も高まりつつある。とはいえ、脱プラスチック製品の利用がマイクロプラスチック問題を抜本的に解消するわけではないため、まだ前提条件の2つ目が揃ったと断言できる状況ではない。

ただ、企業に対する様々な規制により、プラスチック製品を減らす動きが広がることで、「解消可能な課題」という認知も社会全体で高まるはずだ。エシカル消費に代表される、環境負荷の低い商品を選択する購買行動にも見られるように、徐々に生活者の行動変容に波及することで、2つ目の前提条件も満たされるはずだ。

次に機運醸成の2つ目のパターンである「**象徴的な事件・事故**」だが、これは社会に対して大きな衝撃を与える事件・事故により2つの前提条件が揃うケースだ。日本における働き方改革などがこの例にあたる。

日本は長らく、長時間労働の問題を抱えていたが、2015年に大手広告代理店で発生した新入社員の過労自死による違法残業事件が大きな転機となった。

この事件をきっかけに、2018年6月には「働き方改革を推進するための関係法律の整備に関する法律」が成立し、2019年4月から順次施行された。企業の意識も大きく変わり、残業時間抑制などの取り組みが本格化した。つまり、長時間労働に対して「解決しなければならない課題」という認知が社会全体に広がり、1つ目の前提条件が成立したのだ。

また、RPAツールやタレントマネジメント、モチベーション管理、従業員サーベイなど様々なテクノロジーが登場したことで、長時間労働は「解消できる課題」という認知が広まり、2つ目の前提条件が満たされた。

機運醸成の3つ目のパターンである「**メディアやSNSの発信**」も同様だ。

特に、社会におけるSNSの影響は年々増している。また、各国の政府機関は社会動向を把握するために、メディアの報道だけでなく、SNSの動向も日頃からよく観察している。これは企業も同様だ。そのため、特定の社会課題に対しメディアやSNSでの注目度が高まると、政府や企業が対応策を講じる場合が多く、それが機運醸成となり、2つの前提条件の成立につながりやすい。

3つ目の前提条件達成につながる「コストと影の解消」

必要なアクションの2つ目は、**社会課題解消に伴うコストと影の解消**である。

前述の通り、コストの問題が社会課題を解消する多くのテクノロジーの実用化と普及を阻んでいる。高いコストのために普及が進まず、普及が進まないために製造・生産コストが下がらず、さらに普及が進まないという負のスパイラルに陥る状況は散見される。

また、問題はこれだけではない。**社会課題解消のテクノロジーがもたらす影や、テクノロジーそのものへの不信感**が普及を阻むことも多い。

例えば、風力発電は再生可能エネルギー源として脱炭素社会を実現するものだ。しかし、飛翔動物の生態系への影響や騒音問題、景観への影響、廃棄物処理の問題など、影の部分が取り上げられ、地域住民の反対活動につながる。また、新型コロナウイルス感染症のワクチン接種をめぐる論争を見ても、社会課題を解消する新たなテクノロジーが不信感を生むことは少なくない。

つまり、社会課題を解消するテクノロジーの登場を、人々は必ずしも歓迎するわけではなく、むしろ眉をひそめることも多い。これは、「**人間が基本的にあらゆる変化を嫌う**」という現状維持バイアスに起因すると考えられる。そこで、いくら社会の役に立つテクノロジーであっても、**社会全体の現状維持バイアスを乗り越えるためのアクション**が必要となる。これが3つ目の前提条件（社会課題のソリューションの普及）を満たすのに必要な2つ目のアクション（社会課題解消に伴うコストと影の解消）の本質である。

では、どのように乗り越えるのか。

コストの問題を解決する方法は、図12－4で示すように、その一時的な負担者が誰になるのか

図表12-4　社会課題解消のためのコストの問題を解決する方法

コストの一時的な負担者	コストの解消方法（一部・例示）	概要（例）
事業者	市場の競争原理	様々な事業者が参入し競争することでコスト低減（例　キャッシュレス決済）
	フリーミアム	事業者が先行投資でテクノロジーを無償化（例　検索サービス、SNS）
課題発生の原因とその管理者	課税	課題を発生させるもの・ことに課税（例　自動車重量税）
	義務化・規制	課題を発生させる主体にテクノロジー利用を義務化（例　浄水器設備設置義務化）
国・政府	補助金・税減免	政府や自治体がテクノロジー購入の一部を補塡（例　電気自動車）
	公的支援・投資	市場形成や産業育成のための公的支援・投資（例　カーボンニュートラルへの移行債）
社会全体・消費者	コストプラスの価格設定	商品・サービスの生産コストや価格に上乗せ（例　環境配慮製品）
	有料化	これまで無料だったものを有料化（例　レジ袋有料化）

によっていくつかある。

社会課題の規模が大きくなればなるほど、解消しなければならないコストの問題の規模も大きくなる。そのため、複数の方法が組み合わされて解消されることもある。

持続可能な社会を目指す上で注目される「サーキュラーエコノミー（循環型経済）」を例に見てみよう。

これは、廃棄物・ごみ処理問題に関する社会課題を解消し、資源の効率的な利用と廃棄物の削減を目指す経済モデルである。

日本でも、2020年にこの実現を目指す経済戦略として、「循環経済ビジョン2020」が策定された。その中では、「環境活動としての3R」から、「経済活動としての循環経済（サーキュラーエコノミー）」への転換を図るとされ、経済的な成長も目指す「経済システム」を意味することが特徴である。
サーキュラーエコノミーは、次のように多くの業界を巻き込む経済システムだ。

- **製造業**　製品の設計段階から廃棄物の削減とリサイクル
- **建設業**　材料の再利用や建物の寿命を延ばす設計
- **エネルギー業界**　再エネの利用促進、エネルギー効率の良い技術
- **農業**　持続可能な農法の実践、食品廃棄物の削減
- **食品業界**　食品の廃棄物の削減、余剰食品の再利用やコンポスト化
- **アパレル業界**　環境配慮素材の使用、衣服のリサイクル、リースモデル導入
- **電子機器業界**　長寿命の製品設計、修理やアップグレードの容易さ、廃棄物のリサイクル
- **輸送業界**　電気自動車の普及、公共交通機関の効率化
- **小売業**　パッケージの削減、バルク販売、持続可能な製品の提供
- **廃棄物管理業界**　廃棄物の分別収集、リサイクル施設の運営、リサイクル材料の市場への再導入

そのため移行には、様々な業界の既存のインフラだけでなく、商取引等の慣習、利用する情報システムの変更が伴い、かなりのコストがかかる。

一部のコストは、この経済システムが実現されれば、効率的な資源利用や廃棄物削減によって相殺されると言われる。長期的には初期投資を上回る利益が得られると期待されるわけだが、それでも初期の投資・コストの問題は発生する。そのため関連する企業は、移行コストのための資

金を確保する必要があり、これらはサーキュラーエコノミー移行のリスクと認識されている。

　では、どのようにコストの問題に対応しているのか。

　サーキュラーエコノミーの市場規模は、２０３０年に年間4兆５０００億ドル、２０５０年には25兆ドルまで拡大するとされ[1]、日本政府の試算では国内でも２０３０年に80兆円、２０５０年に１２０兆円まで市場規模が成長すると予測されている。これらの予測から、各国はサーキュラーエコノミーへの移行を新たな経済成長の機会と捉えた。

　そのため、各国政府は市場関係者にインセンティブをもたらす政策や補助金、投資、支援プログラムを用意し、規制と支援の両輪で環境整備を検討・実施した。

　例えば、ＥＵでは、サーキュラーエコノミーパッケージとして、２０１５年に一連の政策と行動計画を策定した。その中で、廃棄物法令の改正案と[2]、多額の資金支援を盛り込んだ[3]。

　日本国内でも、競争環境整備（規制・ルール）や、４Ｒ（３Ｒ＋リニューアブル）政策の深掘り、リコマース市場の整備、海外との連携強化、サーキュラーエコノミー・ツールキット（政策支援・ＧＸ先行投資支援策）などの政策パッケージの検討が進む。

　また、この経済システムは投資マネーも引き寄せた。

　サーキュラーエコノミー関連のスタートアップへの投資は、２０１４年からすでに本格的な動きが見てとれる。これらに特化した投資会社として、２０１４年にはClosed Loop Partnersが、２０１５年にはCircularity Capitalが設立されている。また、２０１９年には、欧州投資銀行（ＥＩＢ）が関連プロジェクトに対する融資を拡大するなどの動きも見せている。

　こうしたスタートアップは、投資が旺盛となる以前からすでに設立が始まっていた。２０１０年代前半からはサーキュラーエコノミーに特化したスタートアップが次々と台頭しており、

2021年には関連するスタートアップが計約6000億円の資金を調達している。スタートアップだけではない。2010年代前半から、次のような米国・EUの大手企業でも、この取り組みが開始されている。

- **フィリップス** 2013年に「循環型経済」を企業戦略の中心に据えることを発表し、以降、製品の再利用やリカーリングモデル提供を強化
- **アップル** 2014年に、製品のリサイクルプログラムを強化し、資源の循環利用を推進
- **ウォルマート** 2014年にサプライチェーン全体での廃棄物削減とリサイクルの取り組みを発表
- **IKEA** 2018年にサーキュラーエコノミーへの移行を宣言し、製品のリサイクルや再利用を推進
- **ナイキ** 2018年に、製品の製造過程で廃棄物を削減し、リサイクル素材の使用を拡大する計画を発表

このように、スタートアップと大手企業がますますサーキュラーエコノミーに参入することで開発やコスト効率化の競争が高まれば、さらに移行コストが低減すると予想される。

1 Accenture strategyによる2015年段階の試算。
2 2030年に一般廃棄物の65%、包装廃棄物の75%を再使用またはリサイクルすることなどを目標とする案。
3 研究開発・イノベーション促進プログラムから6億5000万ユーロ、廃棄物管理のための構造基金から55億ユーロ等の支援。

なお、サーキュラーエコノミーの「影」の部分はまだ現れていない。ただ、懐疑的な意見や批判は、次の通り様々ある。そのため、規制や基準が不十分だと市場の混乱や不公平な競争を招く可能性があり、今後「影」への対応も必要になると予想される。

● **経済的悪影響**　中小企業の負担増、一部の業界や職種が消滅のおそれ
● **品質と性能の問題**　再利用された材料が製品の信頼性を下げる懸念
● **環境への悪影響**　リサイクルプロセスのエネルギー消費でCO_2増加のおそれ
● **社会的悪影響**　製品の値段が上がり、社会的な不平等が増大する懸念
● **グリーンウォッシング**　企業がサーキュラーエコノミーを宣伝材料とし、実体が伴わない問題
● **リバウンド効果**　単位あたり生産・消費の環境影響が低減されても、生産・消費が増え、全体として環境影響が増える問題

「待ち伏せ」戦術と「働きかけ」戦術

以上見てきたように、社会課題解消ビジネスが収益をもたらすものになるためには、3つの前提条件（①社会課題が「解決しなければいけない」と認知される、②「解消可能な課題」と認知される、③テクノロジーが実用化して社会に普及）がある。

またこれらを満たすためには、2つのアクション（①社会課題解消の機運醸成、②社会課題解消に伴うコ

スト と影の解消）が必要だ。

ここで、1つの疑問が生じるかもしれない。

「3つの前提条件を成立させる2つのアクションは難易度が高く、一企業としてできることにも限界があるのではないか」、「誰かが2つのアクションをとり、3つの前提条件が揃うまでじっと待つしかないのか」。

そこで、企業が能動的に3つの前提条件を成立させるには、2つの戦術が考えられる。1つは、社会課題を取り巻く動向の観察を通じ「待ち伏せ」する戦術。もう1つは、自ら機運を醸成する「働きかけ」戦術だ。

多くの社会課題は、社会全体の機運が高まりを見せる前後に、きっかけや前兆となる出来事がある。これらを的確に捉えることで、**3つの前提条件が揃いそうなことを初期段階で察知し、適切なタイミングでビジネスを展開する**のが**「待ち伏せ」戦術**だ。

この戦術を実行するためには、ターゲットとする社会課題に対して、「注目が集まる可能性がある事件・事故はどのようなものか」をあらかじめ仮定した上で、そのような事象が発生していないか継続的に注視する必要がある。

ただし、やみくもに動向を観察するのではなく、「どのような出来事が起こったら、前提条件が揃ったと判断すべきか」をあらかじめ定め、その判断のために着目すべき出来事を決めておくことが戦術の実行上重要となる。

一方で、自ら働きかけて、**きっかけとなる出来事を引き起こし、機運そのものを高める**のが**「働きかけ」戦術**である。

この戦術は難易度が高く、かかる労力も大きい。しかし、効果的に実践できれば、「待ち伏せ」

戦術以上にビジネスの成功確率を高められる。
次章では、3つの前提条件の達成に向けて自ら動く「働きかけ」戦術について説明していきたい。

Column

サステナブル市場創造で積極攻勢へ

日本では、企業によるサステナビリティ推進部門の設置が一般化している。日経BPコンサルティングの2023年11月調査によれば、「サステナビリティ推進」の担当部署を設置している企業は全体の59・7%、「ESG推進」の担当部署を設置しているのは49・7%に上るという。[4]

一方で、部門としての社内認知が未だ低く、取り組みが称賛されることも少ない。サステナビリティ推進部門の活動とは、**攻守バランスのとれたサステナビリティ経営の推進**である。**守りとは、国際ルールへの対応と投資家・金融機関・取引先からの要請への対応**だ。または、企業が社会や環境に与える負の影響の解消とも言える。

一方、**攻めとは、事業活動を通じた社会課題解消への貢献**である。世界で深刻化・顕在化している様々な社会課題について、企業が自社の事業と能力を活かして解消に貢献し、社会と環境に正の影響を与える。つまり、社会課題解消に貢献することで対価を得て、収益と成長、企業価値向上の糧とすることが、攻めのサステナビリティ経営だ。

攻守バランスのとれたサステナビリティ経営の推進は、将来の社会課題解消への貢献を通じて企業価値向上につながる。ところが多くの企業では、守りの方に忙殺され、攻めに十分に取り組めていない。それどころか、攻めのサステナビリティ経営が企業価値向上に資するという説得すら、社内で十分にできていない企業が多い。

未だに多くの企業がサステナビリティ経営について、単なる情報開示や、事業を通じて獲得した利益の一部を社会貢献に拠出するCSRの活動と捉えている。そのため、事業が儲かる実感を持てずにいる。そこで**ポイントとなるのは、「サステナブル市場創造」**である。企業のサステナブルな製品・サービスの提供に対して、適正に対価が支払われる市場の創造が進めば、経営層や事業部門の意識が変わり、積極攻勢に向けて全社が動き出すだろう。

サステナブル市場創造に立ちはだかる2つの壁

サステナブル市場創造に立ちはだかる壁の1つが、**「外部不経済の内部化」**である。外部不経済とは、経済活動が環境や社会など市場の外部に与える負の影響を指す。温室効果ガスの排出が一例だ。工場で温室効果ガスが排出されると、温暖化ひいては自然災害の激甚化等の影響を及ぼす。

そして外部不経済の「内部化」とは、これまで発生していた負の影響によるコストを、生産者への課税を通じて、企業や消費者が直接引き受けることを指す。例えば、生産者は以前までCO_2排出に伴う外部不経済のコストを負担してこなかった。しかし、炭素税をはじめとする環

4 CCL.「ESG・サステナビリティ経営の実態は?『ESG経営への取り組み状況調査』報告」(2024年4月16日)

境税の制度が導入され、生産者はこの負担分を価格に反映し、最終消費者にも負担として取り込まれた。

ただ、外部不経済の内部化は、簡単ではない。環境に配慮した製品やサービスは、従来品に比べて割高となる。消費者は割高なものを購入することで、認識していなかったコストを負担することになる。しかし、価格が上昇すれば、消費者の買い控えや、企業の収益力の低下を招く。

もう1つの大きな壁が、「フリーライダー問題」だ。フリーライダーとは、公共財や共有資源から利益を得ながら、そのコストを負担しない企業や人々を指す。[5] 例えば、炭素税が強化された国・地域から、炭素税のない国・地域に企業が生産拠点を移転する現象（カーボンリーケージ）がこれにあたる。フリーライダー問題は、国家間だけでなく、産業間や企業間など、あらゆる層で起こり得る。

欠かせない4種のパートナー

サステナブル市場創造に向けて最も避けるべきは、個社単独で挑戦することだろう。というのも、事業に自ら足かせをはめるようなものだからだ。サステナビリティ経営を通じてビジネスとして収益を上げるには、**4種のパートナーの協力を得ることが不可欠**となる。そのため、図表12－5に示したパートナーごとに役割を見ていきたい。

まず、**政府の役割は「ルールによる市場全体のけん引」**と言える。

外部不経済の内部化の典型的アプローチは、ピグー税に代表される政府介入である。ピグー税とは、外部不経済を引き起こす活動に対する課税であり、目的は企業や消費者がそのコストを負

図表12-5　サステナブル市場創造のパートナー

パートナー	役割
政府	ルールによる市場全体のけん引
消費者・顧客	価値共創パートナー
競合企業	サステナビリティ領域での“休戦”
金融機関・投資家	時間を超えた市場創造スポンサー

担するように促すことだ。

例えば、企業が大気汚染物質を排出する場合、その排出量に応じて課税されることで汚染コストが市場価格に反映され、社会全体として望ましい水準まで汚染が抑制される。また企業にとっては、排出削減技術への投資や、生産プロセスの改善を行うインセンティブとなる。

フランスのエコノミストであるフィリップ・アギヨンらによる著書『創造的破壊の力』（東洋経済新報社）では、政府主導で特定の産業部門の育成を図る政策を擁護すべき2つの根拠が述べられている。

1つ目は、**イノベーションには経路依存性があることだ**。例えば、過去にガソリンエンジンでイノベーションを行ってきた自動車メーカーは、将来もガソリンエンジンの改良にこだわる傾向があるという。このような状況では、炭素税の導入やグリーンイノベーションへの補助金といった政策が有効であり、技術転

5 https://www.imf.org/en/Publications/fandd/issues/Series/Back-to-Basics/Externalities

換のコストを押し下げ、電気自動車の開発を促す効果が期待できる。

2つ目は、**政府が調整役を果たせる**ことだ。戦略的に重要だが初期投資がかさむ上、将来の収益性が不確実な新規市場があるとしよう。こうした市場への参入にはどの企業も及び腰になる。政府の介入がないとフリーライダー現象が起き、互いに様子見をして参入が遅れたり、全く進まなかったりする事態になりかねない。この問題を解決するには、先乗り企業に政府が補助金を出せばいい。その後は追随者が現れるはずだ。

次なるステークホルダーは、**消費者・顧客**だ。**その役割は「価値共創パートナー」**と言えよう。前述の通り、サステナビリティ経営によるコスト増加分を価格転嫁することは簡単ではない。現に、原材料やエネルギーの価格高騰、人件費の負担増などの理由でも、多くの企業が価格転嫁に苦労している。帝国データバンクによれば、コスト上昇分の販売価格への転嫁度合い（価格転嫁率）は44・9%。つまり、コストが100円上昇しても44・9円しか販売価格に反映できない計算だ。

もちろん、価格転嫁に成功している企業もある。米国のアウトドアメーカーであるパタゴニアは、リサイクルポリエステルやオーガニックコットンを使用した製品を販売しているが、通常の衣料品よりも価格が高い。しかし、価格転嫁には交渉力が必要で、パタゴニアのように強いブランド力を持つ企業は稀だ。

また、消費者は「環境にやさしい」だけで購買意欲が湧くわけではない。

例えば、若年層やZ世代は他の世代と比べて、ブランド名よりもサステナビリティに配慮されているかを重視して購入の意思決定をすると言われている。ただ、本当にそうだろうか。例えば、EYSCが環境省の事業を通じて行った、再生可能エネルギーの利用意向に関するアンケート調査では、以下のことが判明した。

- 若い世代の多くは環境への貢献意識よりも、自分の利益を優先しようとする意識の方が高い。
- 高齢層では「環境・献身重視タイプ」が多い一方で、若年層では「実利・快さ追求タイプ」が多い。
- 若い世代に多い「実利・快さ追求タイプ」は、〝環境にやさしい〟という価値観には反応しづらい。むしろ価値・品質面が優れている感覚や、情緒的に良い・他者に認められる感覚に対して反応しやすい。

消費者は、押しつけがましく環境配慮を謳われ、サステナブル消費を強要されると億劫になる。だからこそ、「好きなブランドと共に、あるべき社会をつくっていく」などポジティブな行動変容を促せるかが肝となる。そのためには、消費者や顧客を単なる販売先ではなく、「価値共創パートナー」として捉える、「顧客志向から社会志向へ、企業が社会課題解決に貢献し人々と共に世界をより良くすることを目指す」[6]という概念や、CSV（共通価値の創造）の発想が求められる。

また、**競合企業**も重要なパートナーだ。**その役割は、「サステナビリティ領域での〝休戦〟」**である。

6　米国の経営学者、フィリップ・コトラーの唱えるマーケティング3・0以降の考え方。

サステナビリティ経営は、消費者や顧客の共感を得られれば、企業の差別化要因になり得る一方で、競争領域ではなく協調領域として捉える考え方もある。特に、フリーライダーによる不公平感を解消する手段として、業界内での連携や共同が有効となる。

例えば、食品業界における物流連携の取り組みとして「F-LINEプロジェクト」がある。味の素やカゴメなど大手6社による同プロジェクトは、「競争は商品で、物流は共同で」という理念のもと立ち上げられた。6社で共同配送などに取り組むことで、トラック配車台数を削減してCO_2排出削減を実現するなど、業界全体のサステナビリティ向上に貢献している。[7]

このように、企業はサステナビリティ経営の推進で互いに切磋琢磨し競争する一方で、消費者・顧客の支持を得られるサステナブル市場創造に向けて、業界内での連携も考慮すべきである。

最後のパートナーは、**金融機関・投資家だ。その役割は「時間を超えた市場創造スポンサー」**である。

新たな技術が開発されてから事業化に至るまで、「研究」、「開発」、「事業化」、「産業化」の4段階に大きく分けられる。この4段階において、次段階に移る困難さを表す言葉がある。

- 「研究から開発」に移る難しさを「魔の川」と呼ぶ。
- 「開発から事業化」に移る難しさを「死の谷」と呼ぶ。
- 「事業化から産業化」に移る難しさを「ダーウィンの海」と呼ぶ。

サステナブル市場創造は不確実性が高く、一般の市場創造に比べ時間がかかるかもしれない。市場創造には様々な困難が伴うため、この川・谷・海を乗り越える長い道のりにおいて、金融機関や投資家は心強い協力者となり得る。

例えば、一般社団法人水素バリューチェーン推進協議会（ＪＨ２Ａ）とアドバンテッジパートナーズは２０２４年8月、水素関連分野への投資に特化したファンドを立ち上げた。これに、トヨタ自動車、岩谷産業、三井住友銀行、三菱ＵＦＪ銀行、東京センチュリー、脱炭素化支援機構、トタルエナジーズ、などが投資家として関わる。このファンドは、気候変動への対応のため、日本のみならず世界の水素サプライチェーン構築に向けた投資を行う。まさに、水素バリューチェーンの「死の谷」や「ダーウィンの海」を超えることをバックアップするファンドだ。

サステナブル市場創造は、決して容易ではない。時間もかかれば投資も必要だ。そのため使えるものは何でも使うべきだ。あらゆるパートナーを味方につけ、外部不経済の内部化を行うことが必要だ。

サステナビリティ経営とは、見方を変えると社会のあらゆるプレイヤーが協力してより良い社会をつくる、ワクワクする活動だと言うこともできるだろう。

7　LNEWS「F-LINEプロジェクト参画企業　味の素、カゴメ、Mizkan、日清オイリオグループ、日清製粉ウェルナ、ハウス食品グループ本社、F-LINE　各物流担当部門長に聞く２０２４年の展望」（２０２４年2月26日）

第13章

ステップ3検討事項⑨ 前提条件を達成するための働きかけの戦術をつくる

通信事業者のI社は、ここ数年で厳しさを増す業界競争に直面していた。

通信インフラの普及は飽和状態に達し、従来の収益モデルだけでは成長を維持するのが難しくなっていた。そこで、I社の経営陣は新たな収益の柱をつくるため、特命プロジェクトを立ち上げた。

特命プロジェクトのメンバーは、「通信技術は様々な社会課題解消に活用できるはずだ」と考えた。そして、通信技術と社会課題をかけ合わせた新規事業アイデアの策定が進められた。

プロジェクトチームはブレインストーミングを繰り返し、いくつものアイデアを生み出した。例えば、衛星通信を活かした災害予知・予防事業や、過疎地域での教育支援プラットフォーム構想、海洋開発における通信インフラ敷設サービスなどだ。

しかし、いずれのアイデアも、ビジネス成立に必要な3つの前提条件がなかなか揃わず、今の状態で事業を展開しても大きな収益は望めなさそうだった。

そこでチームは災害予知や予防に絞り込み、災害予知・予防事業への自治体からの要請の状況や、EUで防災関連の活動を統括する人道援助・市民保護総局（ECHO）など、国内外の動向に目を向けた。だが、月日が流れても一向に進展がなかった。

チーム内では、次第に焦りと苛立ちが広がった。「このまま待ち続けるだけでは、私たちがやろうとしていることは永遠に広まらないのではないか」

具体的な対応をとれないまま、プロジェクトは徐々に停滞していった。最終的に、構想段階から一歩も進むことなく、プロジェクトは解散を余儀なくされた――。

「働きかけ」戦術の4つのアプローチ

前章では、社会課題解消ビジネスに必要となる3つの前提条件（①社会課題が「解決しなければいけない」と認知される、②「解消可能な課題」と認知される、③テクノロジーが実用化して社会に普及）と、2つのアクション（①社会課題解消の機運醸成、②社会課題解消に伴うコストと影の解消）について説明した。

この章では、**3つの前提条件を成立させるために自ら働きかける方法**について説明していきたい。

まず、一企業の働きかけだけでは限界がある。そのため、企業や団体を横断して働きかけていく必要がある。ポイントは、**巻き込むべき対象を、市場ステークホルダーだけでなく非市場ステークホルダーまで広げる**ことである。

ここで言う市場・非市場ステークホルダーとは、それぞれ次のものを指す。

● **市場ステークホルダー**　同業他社や競合、顧客や取引先等の市場で競争－共創関係になる（なり得る）事業者

● **非市場ステークホルダー**　議員や政府、学術機関など、直接の取引関係にはなりにくい組

社会課題解消の必要性を訴える際に、企業が競争関係を脇に置き、他社と共同で取り組み・発信を行う例は見受けられる。これらは、社会課題に注目を集める効果がある程度見込まれる場合に有効な取り組みではある。

一方、社会課題の機運を高める上では、非市場ステークホルダーを巻き込むことが有効だ。なぜなら、**非市場ステークホルダーの発信によって、「信頼性」と「拡散性」が高まる**からだ。

例えば、学術機関の発信は「研究データに基づいた客観的な情報」と世間で広く認知されている。そのため、企業による発信よりも中立的で、世間からの信頼を得やすい。

また、政府や議員の発信は、「彼らが課題に関与していること」自体が、深刻さ・解消の必要性の高さの裏づけとして世間に捉えられやすい。当然、メディアが取り上げれば広く認知される。

では、具体的にどのようなステークホルダーをどのように巻き込むべきか。

巻き込むべきステークホルダーとアプローチは大きく4つに分類できる（図13－1）。ここからはパターン別に具体事例と共に見ていこう。

議員に対して働きかける「議員連盟の巻き込み」

社会課題解消ビジネスの3つの前提条件を成立させるために、**議員を味方につける**アプローチは有効である。

議員連盟（以下、議連）は、**特定の政策課題に関心を持つ議員が集まり、立法や政策提言を行う**

図表13-1　巻き込むべきステークホルダーへのアプローチ

アプローチ		概要	ポイント
非市場	議員連盟の巻き込み	議員にアプローチし、議員連盟を編成 議員連盟での討議の参加を通じ、議員と共同で社会に発信	議員への発信を通じ、社会課題に関係が深く関心の高い議員を見つける
	政府審議会の巻き込み	政府審議会やその勉強会等に参加 発信したい内容を政府に訴求、政府審議会の検討結果として外部に発信	関連する政府アジェンダからアプローチすべき省庁や部署を定める
	学術機関の巻き込み	社会課題に対して被害の深刻さを裏づけるデータを学術機関にて収集・分析し社会に発信 社会課題に関して研究を行う機関と共同で調査・分析を行い、その結果を発信	センセーショナルなファクトを収集・発信する
市場	業界団体・協議会の組成	課題解消によりメリットを得られる事業者と協調して団体や協議会を組成 団体や協議会の活動として、社会に対して課題の現状やその解消の必要性を働きかける	同業他社を巻き込む

組織だ。一般に、議連と協働での取り組みや発信は、メディアなどでも取り上げられやすい。加えて、立法や政策提言を行う組織であるため、単なる発信にとどまらず、社会課題解消に関する政策の実現につなげる糸口にもなり得る。

好例が、「男性育休制度」の機運の高まりであろう。

男性育児休業の歴史は古く、その始まりは1991年の育児・介護休業法にさかのぼる。ただ、導入当初から取得率は低迷しており、1996年時点は0・1％、2007年にようやく1％を超える状況であった。しかし近年では、男性の育休取得率が低いことが問題視されるようになった。

背景にあるのは、深刻な少子高齢化だ。労働力の確保・維持のためには潜在的な労働力を発掘する必要があり、特に女性は出産や育児などライフイベントでキャリア形成が困難になるケースが多く、女性が活躍できる環境づくりが求められる。

社会課題解消ビジネスの観点で見ると、「キャリア形成における男女のジェンダーギャップ」という社会課題が、「解消しなければいけない課題」と社会全体に認知される必要があった（前提条件①の成立）。また、「男女の仕事と育児の両立支援」という解決策（ソリューション）によって「解消できる課題」と認知される必要もあった（前提条件②の成立）。

2019年に「男性の育休『義務化』を目指す議員連盟」が設立された。これは男性の育休取得を促進し、育児における男女の公平な役割分担の実現を目指して、自民党の有志議員によって設立された議連である。この議連による機運醸成を裏側で支えていたのが、株式会社ワーク・ライフバランスだ。

同社は長年、仕事と生活のバランスをとるための提案や支援活動を行っており、男性育休の普及についても積極的に提言してきた。また、議員や企業に具体的なデータや調査結果を提供し、男性育休の重要性を理解してもらうことで、議連設立の後押しや制度改正に貢献するなど、議連を巻き込んで発信していたのだ。特に、同社が示した「育休の取得が家庭だけでなく職場にもポジティブな影響を与える」というデータは、政策推進に大きく寄与したと言われている。

この議連は、議連名にもある「義務化」という言葉が注目され、メディアでも広く取り上げられた。義務化に対しては賛否の声があったものの、男性育休の存在自体が社会全体に強く認識される契機となった。前提条件の1つ目と2つ目が成立した形だ。つまり、これらの前提条件を成立させるためのアクションのうち、1つ目の「社会課題解消の機運醸成」に成功したと言える。また、議連およびワーク・ライフバランス社の取り組みを受け、政府は育児・介護休業法の改正を進め、2022年には企業に対して育休取得状況の公表義務が課された。

その結果、男性の育休取得率は急上昇した。厚生労働省が2023年7月31日に公表した「令和5年度雇用均等基本調査」によれば、令和3年10月1日からの1年間で配偶者が出産した男性のうち、令和5年10月1日までに育休または産後パパ育休[1]を開始した、もしくは申し出をしている者の割合は30・1%にまでなった。

こうして、前提条件の3つ目（実用化して社会に普及）も成立し、「男女の仕事と育児の両立支援」という社会課題解消ビジネスの全ての前提条件を満たした。つまり、最後の前提条件を成立させる2つ目のアクションである、「社会課題解消に伴うコストと影の解消」が法改正という形で実現したのである。

1　産後8週間以内に28日を限度として2回に分けて取得できる休業。

議連へのアプローチのポイントは、議員が目にする発表の場を得て、**ターゲットとする社会課題に関心を持つ議員を見つける**ことである。多少なりとも関心のある議員や、その議員が所属する議連をターゲットとしなければ、巻き込みの余地はない。しかし、議員の関心事などを網羅的に把握できるデータベースなどは現状なく、また、どんな議連が存在するかなども把握しづらい。

そこで、まずは**「自分たちが、特定の社会課題に取り組んでいること」を広く知ってもらう**ことが必要となる。

例えば、ワーク・ライフバランス社は、NPO法人などと共同で、2019年1月に「男性育休義務化プロジェクトチーム」を立ち上げ、議員勉強会で発表したりしていた。それらを通じて得られた議員とのつながりの中で、もともと男性の育休取得促進に強い関心を持っていた与党議員との関係を構築した。この時の議員が主導する形で議連が設立され、その後の政策立案にまで至っている。

近年はロビイング会社など、議員へのアプローチを支援する専門会社も複数台頭している。それらを活用することで、たとえ小規模な事業者でも効果的なアプローチが可能となっている。

また、**SNSの活用**も有効だ。議員のSNSに対する関心は高く、ネットコミュニケーション研究所の「国会議員SNSメディア利用度調査結果（2022年版）」からは、議員の9割近くが何らかのSNSを活用していることが見てとれる。SNSでの発信や議員が運営するアカウントへのダイレクトメッセージを機に、議員とのつながりをつくることも考えられる。実際、先述した「男性育休義務化プロジェクトチーム」のメンバーが議員勉強会での発表や議員との面会機会を得たきっかけは、SNSでの発信だったという。

政府アジェンダから糸口を見つける「政府審議会の巻き込み」

次に、3つの前提条件の成立には、**政府審議会の巻き込み**も有効なアプローチとなる。

政府審議会とは、**政策の策定や施行に関する重要な事項を審議するために設置される機関**である。審議会には、学識経験者や専門家だけでなく、民間企業も委員として参加できる。また、特定のテーマに関する勉強会やワーキンググループを設置し、民間企業や関連団体を呼び、議論を深めることも多い。

そこで、政府審議会そのもの、あるいはその勉強会などに参加し、検討結果を外部に発信することで認知を高めることも可能だ。

超高齢化社会を背景にした「老後の資金問題」を例に説明したい。

2019年6月、金融審議会の市場ワーキンググループは「高齢社会における資産形成・管理」という報告書を公表し、老後資金として約2000万円が必要であるとの試算を示した。この報告書は「老後2000万円問題」として社会的な関心を集め、個人の資産形成の重要性が広く認識される契機となった。

社会課題解消ビジネスの観点で見ると、「老後資金への不安」という社会課題が社会全体に「解消しなければいけない課題」と認知された（前提条件①の成立）と考えられる。

この問題提起を受け、政府は資産形成を支援するためにNISA（少額投資非課税制度）の拡充を進めた。「老後資金への不安」という社会課題に対するソリューションが開発され、同制度が認知されることで、「解消できる課題」という認知が社会全体で広まったのだ（前提条件②の成立）。

2024年には新NISA制度が始まり、開始から1カ月で購入額合計が1兆8000億円を超えるに至った。2023年1〜3月期の旧NISA購入額が1兆8625億円であるため、新制度開始からわずか1カ月で旧制度3カ月分の購入額にほぼ並んだ形だ。つまり、社会課題解消のソリューションが普及したわけだ（前提条件③の成立）。

結果、全ての前提条件を成立させる2つのアクション、「社会課題解消の機運醸成」と「社会課題解消に伴うコストと影の解消」に成功したと言える。

「老後2000万円問題」の発信に、民間企業がどれくらい影響したかは定かではない。ただ、金融審議会の市場ワーキンググループには、投資信託関連企業の代表者も委員として参加し、政府に個人の資産形成を促進するための情報提供を実施している。ということは、金融機関や資産運用会社など民間企業の働きかけがあったと考えられるだろう。

では、政府審議会へのアプローチのポイントは何か。それは**政府アジェンダから、巻き込み先の糸口を見つける**ことである。

政府が発行する文書、例えば「経済財政運営と改革の基本方針」（通称「骨太の方針」）や、そのインプットとなる政務調査会作成資料などを精査することで、政府が関心を寄せるテーマを把握できる。また、それらテーマを所管する官公庁の部署を把握することも可能だ。

これらの情報をもとに、**働きかけるべき政府の担当部門を特定し、巻き込みに向けてアプローチする**ことが望ましい。

なお、政府が関心を寄せていないテーマに対して、関心を醸成して働きかけを行うことはそれなりにハードルが高く、現実的ではない。

仮に、自社がターゲットとする社会課題に直接関連するテーマが見受けられない場合は、政府が関心を寄せるテーマと、自分たちがターゲットとする社会課題についての関連性を示すファクトやロジックを収集・整理する。その上で、「政府の関心事のためには、この社会課題の解消が必要」と説明できる理由づけを行うべきだ。

センセーショナルなファクトで機運を生み出す「学術機関の巻き込み」

非市場ステークホルダーとして、学術・研究機関の巻き込みも前提条件の成立には有効だ。学術・研究機関が提供するデータや分析は、信頼性が高く、メディアや一般市民に広く受け入れられる傾向がある。そのため、特定の社会課題による被害の深刻さを裏づけるデータの収集・分析を依頼したり、共同で調査・分析を行い、結果を発信したりすることが有効だ。

「睡眠負債」という社会課題を例に説明したい。

これは、スタンフォード大学のウィリアム・C・デメント教授により提唱され、日々の睡眠不足が借金のように積み重なり、心身に悪影響を及ぼすおそれがあるという社会課題である。以前から、睡眠不足がもたらす健康被害や生産性に対する悪影響は様々なところで指摘されていた。しかし、個人的な体調の問題として見なされ、社会課題として認識されていなかった。睡眠負債が社会課題として認識されるようになった契機は、2016年に米ランド研究所が発表した報告書、「なぜ睡眠が重要か（Why Sleep Matters）」である。

この報告書は、睡眠不足が経済に与える影響を分析したもので、米国、英国、ドイツ、日本、カナダの5カ国を対象に、睡眠不足が労働生産性の低下や健康リスクの増加を通じて、各国のGDPにどの程度の損失をもたらしているかを試算している。日本では年間15兆円、米国に至っては4110億ドルの経済損失が発生していると指摘された。

この報告は世界各国に大きな衝撃を与え、メディア各社や政府、企業など様々なステークホルダーが取り上げ、瞬く間に浸透した。そして、睡眠負債は経済損失につながる社会課題であると認識されるようになったのだ。

結果、睡眠不足の解消に向けた機運が世界的に高まると同時に、近年は睡眠をテクノロジーで解消するスリープテック市場が盛り上がりを見せるようになった。

社会課題解消ビジネスとして見ると、睡眠負債という社会課題は、「解消しなければいけない課題」と認知され（前提条件①の成立）、また様々なスリープテックの登場により「解決できる課題」との認知も高まった（前提条件②の成立）と考えられる。報告書を契機に「社会課題解消の機運醸成」というアクションに成功した形だ。

２つの前提条件が揃ったこともあり、市場調査レポート等を提供するグローバルインフォメーションの市場予測によると、スリープテックの世界市場規模は２０２２年に約１７３億ドルとなり、２０２３年から２０３０年に年平均成長率（ＣＡＧＲ）17・１％以上で伸びると予測されている。

「睡眠負債」の社会課題解消ビジネスには、「スリープテック」というソリューションの普及が必要（前提条件③の成立）で、そのためには「社会課題解消に伴うコストと影の解消」というアクションが欠かせない。

あらゆる業種・業界の企業が商機を捉えようと、測定やモニタリング、治療アプリやセンサー付き寝具など、様々なアプローチで睡眠改善のサービスを展開し始めている。こうして様々な事業者が競争してサービスの質が上がり、コストが下がることで、社会課題解消に伴うコストの問題が解消され、普及が促進すると考えられる。

学術・研究機関とのアプローチで重要となるのは、**センセーショナルなファクトの発信**である。例に挙げた睡眠不足の課題認識が広まった理由は、第一にはランド研究所という権威ある機関が発信したこともあるが、やはり「経済損失15兆円」という数値のインパクトも無視できない。実際、この発信を取り上げた日本国内のメディアの記事では、いずれもタイトルに「経済損失15兆円」の文言が並ぶ。

つまり、発信を行う際には、**どのような切り口や観点で算出すればインパクトのある数値になるか、センセーショナルなファクトとして社会に発信できるか**、という点が重要となる。

同業他社を巻き込む「業界団体・協議会の組成」

最後に「**業界団体・協議会の組成**」について説明したい。

これは、**課題解消によってメリットを得られる事業者と協調して団体や協議会を組成し、その活動として、社会に対して課題の現状や解消の必要性を働きかける**アプローチである。

実例として参考になるのは、「フリーランスの労働環境保護」に対する機運を高めた、一般社団法人プロフェッショナル&パラレルキャリア・フリーランス協会（通称フリーランス協会）の取り組みだ。

少子高齢化の進む日本では、労働人口全体のパイが減り続け、労働力不足が深刻な社会課題となっている。フリーランスは、この社会課題を解消する選択肢として注目されてきた。

日本は諸外国と比較してフリーランス人口が少ないとされていたが、2010年代後半以降マッチングプラットフォームの発展などを受け、その数は急増した。

内閣官房が関係省庁と連携して2020年に実施した調査[2]によると、本業がフリーランスの人は214万人、副業でフリーランスをしている人が248万人と、合計で約500万人に及ぶ。また、過去1年で副業収入を得た人も含む広義のフリーランス人口は、2022年時点で1577万人に上るとも言われている。

一方で、フリーランス人口の伸長と共に現れた「影」が、労働環境保護の問題だ。

- **不十分な社会保障**　一般的な雇用者に比べ社会保険や労働条件の保障が不十分な場合が多く、病気やケガなどのリスクに対する保障が薄い。
- **不安定な生活**　仕事の受注が不安定であり、収入が安定しないことが多いため、生活や健康に対するリスクも高い。
- **契約上の不利益**　自身で価格交渉を行う必要があるため、低単価や過剰な労働時間が課せられるケースが多い。

このように社会課題解消の「影」として現れた労働環境保護の問題は、フリーランスの普及の阻害要因となる。そのため、「社会課題解消に伴うコストと影の解消」という2つ目のアクションが必要であった。

そこで、フリーランス向けのプラットフォームや支援サービスを提供する複数の企業とフリーランスの当事者が連携し、2017年にフリーランス協会を立ち上げた。

ポイントとなる取り組みは、協会が設立された当初から実施しているフリーランス実態調査とその発信だ。

2018年に「未払い報酬に関するアンケート」を実施し、フリーランスの泣き寝入りの現状を明らかにしたことから始まり、「フリーランスの契約トラブル実態調査（「フリーランス白書2020」掲載）」では、多くの人が口頭で契約を結んでおり、取引上のトラブルが多々発生している実態も浮き彫りにした。また、収入や働き方の状況などの課題についても、定点的に調査・発信を実施してきた。

結果として、フリーランスの実態と声は各種メディアや政府団体に取り上げられ、課題の認知が高まっていった。

加えて、フリーランス協会は政府提言の機会も得て、新法の成立にまで至った。彼らの主な取り組みと、フリーランス新法成立までの流れを時系列で整理すると次のようになる。

● 2017年　協会を設立。フリーランスのコミュニティ形成を開始する。
● 2018年　「フリーランス白書」を初めて発行し、フリーランスの実態調査結果を公表する。
● 2019年　政府の「働き方改革実行計画」に対し、フリーランスの視点から政策提言を実施。また、福利厚生サービスや賠償責任保険の提供を開始する。
● 2020年　新型コロナウイルス感染症の影響を受け、支援策や情報提供を強化。オンラインセミナーや相談窓口を設置する。
● 2021年　キャリア支援を目的とした「フリーランスキャリアドック」を開始。また、フ

2　内閣官房日本経済再生総合事務局「フリーランス実態調査結果」令和2年5月

● 2022年　リーランスの実態調査を継続的に実施し、政策提言活動を続ける。
● 2022年　フリーランスの取引適正化を目指し、政府との連携を深める。「フリーランス新法」の制定に向けた提言活動を積極的に展開する。
● 2023年　「フリーランス新法」が成立。
● 2024年　11月より「フリーランス新法」が施行される。

このように業界団体・協議会を組成し、社会に発信することで、社会課題解消の「影」に対応することができた。

ここでのポイントは、**広く同業他社を巻き込む**ことである。

例えば、フリーランス協会には、主幹事であるランサーズと同業のマッチング事業者（狭義の同業他社）以外にも、freee株式会社などのフリーランス向け業務支援サービス事業者も名を連ねている。これには、単に組織の規模を大きくして発信力を増すだけでなく、社会に対して**「響きやすさ」を増す効果**もある。

多様なステークホルダーを広く巻き込み、発信主体の規模を拡大すると同時に、様々な立ち位置の事業者がお互い手を取り合うことで、ビジネスでなく社会的な取り組みの側面を前面に出して、社会に発信する。そうして社会への影響力を強化することが、このアプローチを成功させる上での要となる。

「働きかけ」戦術に欠かせない2つのポイント

以上の事例から、「働きかけ」戦術のポイントを見ていきたい。

この戦術は、社会課題解消ビジネスの前提条件を成立させるだけでなく、ビジネスの成功確率を高めるためにも欠かせない。

ただ、当初の思惑通りに戦術を実行することは難しい。働きかけ戦術には、市場・非市場の両ステークホルダーを巻き込む4つのパターンが存在するが、相手あっての取り組みであるため、なかなか自分たちの思うように進められないことも多い。そこで、戦術を実行に移す際のポイントを2点お伝えしたい。

1つ目は、「**巻き込み先は段階的に広げる**」ことだ。

機運を高める上では、全てのステークホルダーを巻き込み、様々な面から社会に対して発信することが理想だが、それを実現できることは極めて稀である。というのも、自分たちが着目する社会課題に対して、相手が多少なりとも関心や課題意識を持っていることが前提となるからだ。都合良く、同業、議員、政府、学術機関のそれぞれに、同じような課題意識を持つ団体や個人がいることは少ない。

そのため、戦術を立案する段階では、**巻き込むべき団体や個人を絞り込んで、やり方を考える**べきである。また、無理に一気に進めるのでなく、**相対的に考えて課題意識が強いと思われる対象者から順に巻き込みを図る**べきだ。

まずは、同業他社との発信から始める。そして、その発信した実績をテコに議員や審議会へアプローチし、課題意識を持つプレイヤーを増やし、最後に巻き込みを図るなど、徐々に影響範囲を広げていくことを念頭に置くべきだ。
ポイントの2つ目は、「**すぐに成果を求めず、年単位のスパンで取り組む**」ことだ。機運を高めるための発信は、実施してすぐに影響力を発揮できるようなものではない。実際に、多くのステークホルダーを巻き込んで社会に対して発信ができたとしても、思うような反響が得られない場合も多い。場合によっては、年単位で発信を続ける中で、過去に発信したことが大きくメディアなどで取り上げられ、一気に機運が高まることもある。

そのため、今回紹介した取り組みは、すぐには成果が出せない**年単位の取り組みであるとあらかじめ想定した上で実行に臨む**べきだ。

だからこそ、社会課題解消ビジネスを推進する部門の上位層は、成果が出ていない段階でも一定のリソースを投下できるように、役員層や他部門に対して丁寧かつ粘り強い説明・説得を行うことが不可欠となる。

Column

▼▼▼ 本能の理解なしに、社会課題の解決なし

実は、「**社会課題がなぜ発生するのか**」**は行動科学で説明できる**。本コラムでは、社会課題の発生メカニズムを行動経済学や心理学といった行動科学の観点から解説したい。

多くの社会課題は、ヒトが進化する過程で形成された根深い本能と、急速に発展する現代文明社会の要求との「ミスマッチ」から生じている。

本来、人間は「味が濃いものが食べたい」、「自己の地位や評判を即座に誇示したい」など、即時的な利益を求める本能を持つ。また、遠い場所で生じる出来事や、自分に直接関連しない出来事には無関心になりやすいなど、人の本能は**「今・ここ・私」**に対して鋭敏に反応する。

一方、現代社会では、「健康な生活をすべき」、「ハラスメントのない職場環境を構築すべき」など、長期的かつ広範な視点が求められる。社会は私たちに対し、**「将来・遠い場所・他人」**への配慮を要求するが、人の本能はこうした事象に対して鈍感なのだ。

なお、この本能の特性は、人種や文化の違いによって大きな差はない。

では、このミスマッチがどう社会課題を引き起こすのか。

このミスマッチは、**「本能過敏型」**と**「本能欠落型」**の2つに分類できる（図表13－2に詳述）。社会課題はこの2つから発生するのだ。

● **本能過敏型**　「今・ここ・私」への即時的な利益追求が強く、長期的視点を損なうことによるミスマッチ

● **本能欠落型**　「将来・遠い場所・他人」への無関心が引き起こすミスマッチ

例えば、生活習慣病は、食習慣や運動習慣、喫煙、飲酒などの生活習慣がもたらす疾患群で、世界的な社会課題となっている。これは、生きるためにエネルギーを蓄えようとする本能が過敏に働くことで発生する、本能過敏型の社会課題と言える。

また、近年大きな社会課題となっているパワーハラスメントも、社会的地位への過剰な欲求が働く本能過敏型と言える。

図表13-2　社会課題の発生と人間の本能の関係

サバンナ環境　　現代文明環境

本能と一致（必要 ▼ 不要）— 過敏に反応

現代の環境では不要だが、サバンナ環境で必要だった本能が過敏に反応することで…

本能（衝動的欲求）の種類	本能の代表例	社会課題を引き起こす行動（例）
生存的	脂っこいものが食べたい、味を濃くしたい	生活習慣病行動
社会的	気に入らないから排除したい、人より早く昇進したい	差別・偏見／過労
繁殖的	自分の思い通りにしたい	ストーカー
成長的	他人のプライベートを知りたい	プライバシー侵害

本能と不一致（欠落）（不要 ▼ 必要）— ほとんど反応しない

サバンナ環境では不要だったが、現代では必要な本能が欠落しているため…

本能（衝動的欲求）の種類	本能の代表例	社会課題を引き起こす行動（例）
生存的	将来のリスクを回避したい、未来の環境を守りたい	無保険／環境破壊
社会的	地域・社会をより良くしたい	非倫理的消費／ROE重視投資
繁殖的	他人の子どもに愛情を注ぎたい	児童虐待
成長的	将来に備えて勉強を続けたい	前例固執

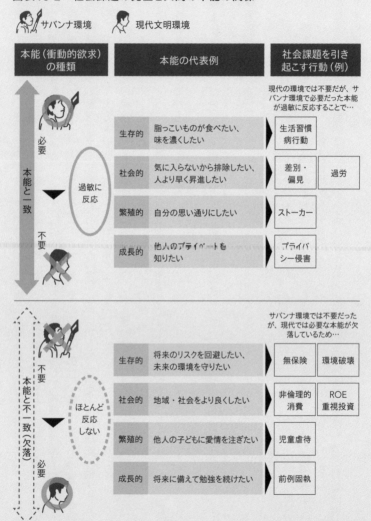

他方で、地球温暖化のような環境破壊は、「将来・遠い場所・他人」に関連する課題に対して、人の本能が反応しにくいことで発生する、本能欠落型の社会課題である。他の例として、無保険・貯蓄不足も、将来的なリスクよりも目先の消費が優先された結果として生じる、本能欠落型の課題と言える。

このように、社会課題が発生するきっかけとなるミスマッチを踏まえることで、社会課題の解決に向けた道筋を、より的確に描けるようになる。

本能の特性を逆手にとる

本能に根差して発生している社会課題は、その性質上、深刻化の一途をたどる傾向にある。だからこそ、本能を深く理解し、それを巧みに利用するアプローチが不可欠となる。そこで、そもそも人がどんな本能を持つのかを、まず理解いただきたい。

そもそも本能とは、人間が生まれつき持っている衝動である。進化生物学などの近年の科学的研究[3]を踏まえると、私たちの本能には４つの衝動的欲求が含まれる（図表13－3）。サバンナでの生活に適応するように形成された人間の本能は、強力で変化しにくい。だからこそ、この本能を適切に捉え、刺激することができれば、社会課題を解決する方向に人を動かせる

3 Kenrick et al. (2010). "Renovating the Pyramid of Needs: Contemporary Extensions Built Upon Ancient Foundations". *Perspectives on Psychological Science*, 5(3), 292–314.; Aunger, R., & Curtis, V. (2013) . "The Anatomy of Motivation: An Evolutionary-Ecological Approach". *Biological Theory*, 8(1), 49-63.

図表13-3　4つの欲求の具体例

ライフステージ	衝動的欲求				典型的な消費行動例	感情例
	区分	方向性	種別	欲求の詳細（達成したい状態）		
生き延びる	生存的欲求	充足	生理	身体機能維持	ジャンクフード、運動・フィットネス	空腹感、不快感
		回避	安全	侵害・事故リスクの回避	セコム等防犯サービス	恐怖
			衛生	感染リスクの回避	感染対策グッズ	嫌悪、気持ち悪さ
			備蓄	その他突発的リスクの回避	金融商品、日用品のストック	安心感、満足感
			秩序	リスクを回避する環境づくり	住居、家具・家電	秩序感
社会的関係をつくる	社会的欲求	充足	関係充実	協力関係づくり	会食、SNS、クラウドファンディング	孤独感、感謝
		回避	地位・評判	協力関係を有利に進めるための事実づくり	「高級感・映え」の演出、SDGs配慮商品の誇示	誇り、妬み
			関係保持	協力関係からの排除回避	流行品のとりあえず買い、年賀状、お歳暮	恥、罪悪感
			正義	協力関係の悪用者の排除	ゴシップ（週刊誌等）	不公正感、軽蔑
遺伝子を残す	繁殖的欲求	充足	性愛	性愛的な充足	アイドル応援	興奮、欲望
			魅力	良質な配偶者を獲得するための事実づくり	美貌・社会的ステータスの誇示、「清潔感・誠実さ」の演出	魅力的、モテたい
			配偶関係充実	良好な配偶関係づくり	高機能家電、指輪	愛
			血縁者繁栄	子孫・血縁者の繁栄	出産・子育て・教育（受験）	愛おしい、可愛い
		回避	配偶者保持	配偶者の不貞や別れの回避	アンチエイジング消費（筋トレ・エステ等）	嫉妬
好機に備える（二次的）	成長的欲求	充足回避	知識	知識の獲得	読書、ネットサーフィン、映画鑑賞	興味深い、退屈
			能力	能力・技の研鑽（身体的・知的・対人的）	○○体験、習い事	興味深い、退屈

図表13-4　4つの衝動的欲求をボタンのように押す

衝動的欲求	ボタンの押し方
生存的欲求	気候変動が、現在的な生活のリスク（大雨、洪水、猛暑などの異常気象）と直接的に関連していると実感させる
社会的欲求	環境配慮行動が社会的評価や人事評価（社会貢献意欲が高い、優れた人という認識獲得）に直結すると感じさせる
繁殖的欲求	気候変動に配慮したアクションが、異性に対する自身の魅力（誠実な人という認識獲得）や、子どもの教育（社会的に求められる道徳性の向上）に直結すると感じさせる
成長的欲求	環境問題への取り組みが、キャリアアップ（専門性の獲得）に直結すると認識させる

可能性が大きく高まるのである。

気候変動を例に考えると、**4つの衝動的欲求を「ボタン」のように押す**ことで、課題解消のために、人の行動を変容させることができる（図表13－4）。

本能を巧みに利用したアプローチとしては、都市ガスの安全対策が挙げられる。都市ガスは本来無臭であるが、意図的に異臭が添加されている。目に見えない無臭のガスに対しては本能（生存的欲求）が反応せず、逃げ遅れてしまう。異臭を添加することで初めて、ガス漏れを「今・ここ・私」の問題として即座に認識し、迅速な対処行動をとれるようになる。

同様の原理を社会課題の解消にも適用できるだろう。

人の本能を活かした2つのアプローチ

では、人の本能の特性を活かして社会課題を解消するには、どのようなアプローチをとれば良いのか。

例えば、サステナブル商品は一般的な商品より価格が高いケースが多い[4]。一方で、環境保護のために追加的なコストを負担する意思のある消費者は少数派（約5％）にとどまっている[5]。そこで、サステナブル商品の購入を促すには「直接アプローチ」と「間接アプローチ」の2つがある。

● **直接アプローチ**　現在の「消費者」行動を即時的に変容させる（例　環境配慮型商品を今すぐ購入するように促す）。
● **間接アプローチ**　自社に有利な将来の社会（世論・規範・制度・ルール）を徐々につくり出す（例　非環境配慮型商品の販売規制を導入する）。

まず直接アプローチでは、消費者に「今・ここ・私」にとっての本能的なメリット・デメリットを提示することが肝要となる。

例えば、サステナブル商品を購入することで、「異常気象による損害を防げる」という生存的欲求や、「自分の地位・評判が高まる」という社会的欲求、「推しの著名人への支援」という繁殖的欲求、さらには「これからの時代に不可欠となる専門スキルを伸ばす」という成長的欲求など、4つの衝動的欲求を刺激する方法だ。

直接アプローチを効果的に展開するには、**人々の「考え方」や「価値観」を正論で変えようとするのではなく、あくまで行動自体を変えることを目的とし、「ついつい」行動してしまう仕掛けを構築していくことが有効となる。**

なぜなら、人々の「考え方」を変えることはとても難しいからである。2023年に実施された430件の実証研究を統合的に解析したメタ分析によれば、環境や気候変動問題に関する知識教育や、個人の電力使用量などのフィードバック（情報提供）は、消費者に環境を配慮した行動を促す上で最も効果が低いことが明らかになっている。[6]

興味深い実験もある。環境問題に懐疑的な層（米国の共和党支持者や保守層）に対して、再生可能エネルギーの導入が「脱炭素」ではなく、「〝国防〟や〝経済発展〟につながる」と伝え方を変え、彼らの価値観に訴求すると、環境配慮行動が約2割向上したのだ。[7]

したがって、直接アプローチにより即時の消費者行動変容を目指すなら、人々がすでに持つ4つの本能的欲求と結びつけ、「考え方」や「価値観」を直接的に変えずに、「ついつい」社会課題解消のためのアクションをとってしまう仕組みを構築することが、有効なアプローチと言える。

また直接アプローチでは、「目的の置き換え」も効果的である。それはつまり、**促したい行動と直接的な関連がなくとも、人々が本能的に重要と感じる別の価値観と紐づける**ことである。具

4 生産から販売までの全ての過程で、環境面・社会面・経済面に配慮されている商品。

5 ニッセイ基礎研究所「サステナビリティに関する意識と消費行動―意識はシニアで高く、行動はZ世代の一部で積極的、経済的ゆとりや人生の充足感も影響」（2022年8月5日）
https://www.nli-research.co.jp/report/detail/id=71964?site=nli

6 Bergquist, M., Thiel, M., Goldberg, M. H., & van der Linden, S. (2023). "Field interventions for climate change mitigation behaviors: A second-order meta-analysis". *PNAS*, 120(13), e2214851120.

7 Hurst, K., & Stern, M. J. (2020). "Messaging for environmental action: The role of moral framing and message source". *Journal of Environmental Psychology*, 68, 101394.

図表13-5　目的の置き換えの例

促したいこと	概要	刺激する欲求
クールビズ	ノーネクタイなどの仕事中の快適さをアピールすることで、環境保護につながる行動を実現した	生存的欲求（快適に過ごしたい） 社会的欲求（周りから白い目で見られたくない）
プリウス（HV）	環境意識の高さを社会的に表明し、個人の社会的地位や評判を向上させるシグナルとして機能し、ハリウッドセレブを起点に普及した	社会的欲求（環境意識の高い人に見られたい）
テスラ（EV）	環境配慮（脱炭素）の側面を前面に押し出すのではなく、加速性能などスポーツカーとしての魅力を訴求し、市場を席捲した	社会的欲求（先端的な車に乗っていると思われたい） 繁殖的欲求（カッコよく見られたい）

体例で分かりやすく説明したい。

著者らが関与した、家庭での節電行動を促すことを目的とした実証事業では、節電しない人々に対して「使用していない部屋の照明を消さないと、子どもの教育に悪影響を及ぼす」という目的に置き換えることで、節電行動が増えることが示された（「子どもの教育上良いことをしたい」という繁殖的欲求の刺激）。他にも図表13－5のように、目的の置き換えの例はある。

このように目的の置き換えによって、人々が「ついつい」社会課題解消のためのアクションをとってしまう仕組みを構築できる。

次に、間接アプローチについて説明したい。

間接アプローチは、即時の行動変容を求めるのではなく、自社に有利な将来の社会（世論・規範・制度・ルール）を徐々につくり出す方法だ。例えば、再生可能エネルギーを手がける企業が、政府・自治体による助成金や規制緩和や、化石燃料に対する規制や炭素税を早期に実現するための働きかけが該当する。

間接アプローチでは、**即時の購買行動のように直接的な金銭負担を求めるのではなく、投票行動や口コミなど、将来や社会全体に向けたアクションを促すこと**が重要である。

例えば、テスラの戦略は注目に値する。同社は、個別の車種の宣伝では、環境性能を前面に押し出さない。一方、企業ミッションでは「持続可能なエネルギーへ世界の移行を加速する」を掲げ、環境価値を強調する。これは、即時の購買を促すのではなく、同社に有利な社会変革（電気自動車が競争優位になるような市場の創造）を目指す間接アプローチと解釈できる。

実際、近年の先行研究によると、環境保護やSDGsなどの大義を掲げる企業は、ファン獲得や従業員のモチベーション向上、採用市場でのプレゼンス拡大、さらには財務的にもポジティブな影響を得られることが示されている。[8]

実は、**直接的な金銭負担などの「消費者」としての即時のアクションを要求されない場合、人は「今・ここ・私」をある程度離れ、将来的な社会的影響の大きさを考慮した判断ができる。**そのため、社会的な正義を訴求する正論が通じやすいのだ。これは、33カ国12万人を対象とした大規模な研究（メタ分析）によって実証されている。炭素税などの気候変動政策への支持を決定づける要因として、個人の経済的負担ではなく、政策の公平性と有効性に対する認識が最も重要な影響を及ぼすことが明らかとなっているのだ。[9]

---

8 Friede, G., Busch, T., & Bassen, A. (2015). "ESG and financial performance: Aggregated evidence from more than 2000 empirical studies". *Journal of Sustainable Finance & Investment*, 5(4), 210-233.

9 Bergquist, M., Nilsson, A., Harring, N., & Jagers, S. C. (2022). "Meta-analyses of fifteen determinants of public opinion about climate change taxes and laws". *Nature Climate Change*, 12(3), 235–240.

また**間接アプローチは、直接アプローチと併用することでより高い効果を発揮**する。テスラは「スポーツカーとしての魅力」という直接アプローチと、「脱炭素社会の構築というミッション」という間接アプローチを組み合わせる方法により、カッコいい車を求める現在志向の顧客と、脱炭素社会で普及する車を求める将来志向のファンを同時に獲得することに成功している。

さらに、**直接アプローチと間接アプローチの交点を探ることも重要**だ。これは、脱炭素など将来的に重要な価値を、より本能が刺激されやすい現在形でリフレーミングする方策と言える。

例えば、環境政策をヘルスケア政策や防災政策として提示すると、政党の支持率が高まるという、3000名を超える日本人を対象とした実験結果がある。[10] 将来の脱炭素問題を、「現在の異常気象がもたらす健康被害や災害リスク」として捉え直させることで、消費者の関心をより効果的に喚起できるのである。

この手法の実践例を1つ挙げたい。

アップルは、先進的なマーケティング戦略を持つ企業だ。同社は環境への取り組みを伝えるPRにおいて、一般的な自然風景ではなく、見る者の心に訴えかける赤ちゃんの写真を使用している。これは、将来の環境価値を「将来世代への責任」という、より現在の本能を刺激しやすいメッセージに変換した巧妙な仕掛けと解釈できる。

実際、ここ2、3年の研究では、政治的な価値観の相違を超えて環境価値を効果的に伝える方法として、環境や脱炭素そのものよりも、将来世代への責任を強調することが最も有効なコミュニケーション手段の1つであると示されつつある。[11]

なお、間接アプローチでは、世論醸成に加え、政府や関連ステークホルダーを巻き込んだルール形成も重要となる。その代表例が、**パブリック・アフェアーズ**（**民間団体による政策形成への働きかけ**

活動）である。

代表例は、トヨタ自動車の水素社会実現に向けた取り組みである。「水素ビジョン」のもと、政府の基本戦略策定への関与から水素ステーション整備の規制緩和まで、包括的な活動を展開している。

また、ダイキン工業は中国において現地企業と連携し、省エネ基準の改正[12]を実現させることで、インバータエアコンの市場拡大に成功した[13]。

このように、パブリック・アフェアーズは社会課題の解決と、事業機会の創出を両立させる戦略として機能している。特に、科学的根拠に基づく政策提言と、多様なステークホルダーとの協働による合意形成が、その成功のカギとなる。

科学の力で人の行動を変える

人間の心理メカニズムを科学的根拠に基づいて深く理解し、それに寄り添ったコミュニケー

10 Sparkman, G., Lee, N. R., & Macdonald, B. N. J. (2021). "Discounting environmental policy: The effects of psychological distance over time and space". *Journal of Environmental Psychology*, 73, Article 101529.

11 Syropoulos, S., & Markowitz, E. (2024). "Responsibility towards future generations is a strong predictor of proenvironmental engagement". *Journal of Environmental Psychology*, 93, 102218.

12 省エネ性能が低いノンインバータエアコンが販売できないようにする省エネ基準の引き上げ。

13 経済産業省「戦略的国際標準化加速事業：ルール形成の普及に向けた評価指標とその活用方法の開発に関する調査　最終報告書」（2021年3月15日）

ション戦略を展開することで、より効果的に人々の行動を変容させ、社会課題解消ビジネスの成功確率を飛躍的に高められる。

我々は、この科学的アプローチをＢＸ（Behavioral Insights Transformation＝行動科学トランスフォーメーション）と呼んでいる。社会課題解決型ビジネスの創出に挑戦する際には、このＢＸの知見を活用し、直接アプローチと間接アプローチを巧みに組み合わせることが肝要である。

ＢＸによって、現在の消費者行動を即時的に変容させつつ、同時に将来の社会変革も促進できる。これにより、真に持続可能な事業展開への道が開かれる。

ＢＸの詳細については、著者らの著書『ＢＸストラテジー』（日本経済新聞出版）を参照されたい。

第3部

どんなテクノロジーが社会課題を解消するのか

社会課題解消ビジネスには先端テクノロジーの存在が必須である。様々な先端テクノロジーが社会課題の解消を期待され、実際に社会に普及し大きな収益をもたらしたテクノロジーもあれば、期待外れに終わったものも多くある。両者の違いを分析し、収益をもたらす先端テクノロジーの共通点を見ていきたい。

第14章 社会課題解消に必要な先端テクノロジー

社会課題とテクノロジーは両輪の関係

社会課題の解消に先端テクノロジーは必須である。一方、先端テクノロジーが社会実装し、世の中に定着するにも、社会課題が必須である。

社会課題の解消に役立つと期待された先端テクノロジーが、必ずしも実際に普及・浸透するわけではない。期待されながらも実際に普及しなかったものもあれば、長年解決できなかった社会課題が1つの先端テクノロジーによって一気に解消するケースもある。

社会課題と先端テクノロジーは、偶発的な出会いからお互いに結びつくように見える。では、そこに一定の法則はあるのだろうか。そのことを確認するために、世界経済フォーラムが毎年発表する「エマージングテクノロジー・トップ10（Top 10 Emerging Technologies）」というレポートに着目したい。

これは2011年に初めて発表されたレポートで、以降10年以上にわたって公表されている。世界中の科学者、研究者、未来学者の洞察をもとに、社会課題の解消に役立ち、社会に大きな影響を与える可能性のある10個の先端テクノロジーを取り上げている。同レポートで取り上げられるものは、5年以内に社会に広く普及すると予想され、研究者や学者だけでなく、投資家にも参考になるレポートだ。

今回、2012年版から2021年版までの10年分のテクノロジー合計100個を対象に、EYSCで独自に分析した（100個のテクノロジーのリストは会員特典として提供）。まず、それぞれ社会課題の解消に役立ち、社会に広く普及したかどうかという観点で仕分けを行った。その結果から、社会課題という社会実装の場を得て普及したテクノロジーと、期待されつつもまだ普及していないテクノロジーの特性をそれぞれ識別した（図表14－1）。

「産業と技術革新の基盤」をつくる技術

最初に、そもそもエマージングテクノロジーには実際どのようなものが挙げられているのかを見てみたい。今回、SDGsの17の目標を用いながら、100個のテクノロジーが、17の目標のどれに寄与するのか仕分けを行った。

まず100個のテクノロジーのうち、**最多の74個がSDGsの「目標9　産業と技術革新の基盤をつくろう」に該当**するものであった。目標9は「強靭（レジリエント）なインフラ構築、包摂的かつ持続可能な産業化の促進及びイノベーションの推進を図る」ことであり、広範な社会・産業のイノベーションを目標としている。そのため、多くが該当し最多となった。

例えば、2015年に挙げられた「分散型製造（Distributed manufacturing）」を見てみたい。このテクノロジーが期待されているのは、製造業における環境負荷の削減においてだ。

図表14-1　100個のテクノロジーがどのSDGsの17目標に寄与するか

SDGs17の目標	該当するテクノロジーの数
目標9　産業と技術革新の基盤をつくろう	74
目標3　すべての人に健康と福祉を	46
目標7　エネルギーをみんなに。そしてクリーンに	23
目標13　気候変動に具体的な対策を	21
目標2　飢餓をゼロに 目標11　住み続けられるまちづくりを	16
目標10　人や国の不平等をなくそう	9
目標4　質の高い教育をみんなに	8
目標12　つくる責任、つかう責任	6
目標6　安全な水とトイレを世界中に 目標8　働きがいも経済成長も	5
目標15　陸の豊かさも守ろう	3
目標14　海の豊かさを守ろう	2
目標1　貧困をなくそう	1
目標5　ジェンダー平等を実現しよう 目標16　平和と公正をすべての人に 目標17　パートナーシップで目標を達成しよう	なし

※1つのテクノロジーが複数の目標に寄与するため、数値は延べ数

従来の製造業では基本的な流れとして、原材料が集められ大規模な集中型工場で組み立てられ、完成品に加工されて顧客に流通する。しかし分散型製造では、原材料と製造方法が分散化され、最終製品は顧客に近い場所で製造する。

そうすることで、集中型工場の無駄な生産能力を減らし、資源をより効率的に使用できるようになる。これが製造業全体に広まれば、環境への影響が軽減されることが期待された。

分散型製造は、サプライチェーンを極力デジタルに置き換えることで可能になる。実際に2015年に取り上げられた時点でモデルとなったのは、米国の家具メーカーの「AtFAB」だ。AtFABは、オープンソースのデジタルファイルで家具の設計図面を提供する。顧客はファイルをダウンロードして、地元で調達した材料を近くのCNC[1]工作機械で切削し、部品は地元の製造工場または消費者自身が組み立てて完成品となる。まさに分散型製造を体現した企業だ。製品がデジタルであるため、物理的な輸送がなく、インターネット経由でデータとして全世界に提供される。また原材料は工場に集めるのではなく、消費者が地元で調達するため、材料の輸送も不要となる。

では、レポートで選出されてから約10年経った現在、分散型製造というテクノロジーはどうなったのか。

近年IoT（Internet of Things＝モノのインターネット接続）や自動化の技術の普及により、製造業のデジタル化が急速に進んだ。加えてAIなどが製造業にも導入され始め、生産性の大幅な向上とダウンタイムの削減に役立っている。そのような流れの中で分散型製造は、最先端のテクノロ

1　CNC＝Computer Numerical Control、コンピュータ数値制御。

ジーと融合し、小規模から中規模のモジュール式の製造施設である、「マイクロファクトリー」として普及し始めている。

すでにこれで成功している企業もある。英国を拠点とする電気自動車メーカー「Arrival」が代表例だ。

Arrivalは2020年にグローバル物流会社UPSから1万台の電気バンを受注し、世界的に注目されるようになった。同社は高度に自動化されたマイクロファクトリーを導入している。これは、20万平方フィート（約1万6000平方メートル）の倉庫または工場内に設置され、一般的な自動車製造工場の24分の1程度の広さだ。また従来の工場の建設コストは少なくとも10億ドルとも言われているが、Arrivalの工場は約5000万ドルで済む。

同社の電気自動車はモジュール化され、マイクロファクトリー内で組み立てる。またモジュールは互換性が高く、必要に応じて簡単に交換も可能だ。つまり、Arrivalはコストを圧倒的に削減しながら、顧客の要求に合わせて製品をカスタマイズ可能にしているのである。

また、マイクロファクトリーは自動車の製造だけではなく、アパレル製造とも親和性が高い。

この業界は、水質汚染や大気汚染などの環境負荷が高く、大量の廃棄物、人件費の安い地域での低賃金、長時間労働、劣悪な労働環境など様々な課題を抱えている。

アパレル業界におけるマイクロファクトリーは、現在のように人件費の安価な他国に巨大な縫製工場を置くのでなく、消費者に近い地域に小さな製造機械を置くことで、需要地での地産地消型の生産を行う、というコンセプトだ。

実際にこれを実践している企業としては、デンマーク・コペンハーゲンに拠点を置くスタートアップ「Rodinia Generation」が挙げられる。

図表14-2　マイクロファクトリーの適用例

業界	適用の仕方
自動車	カスタムパーツやプロトタイプの製造に使用される
電子機器	小ロットの電子機器やカスタム回路基板の製造に適している
アパレル	オーダーメイドの衣服やアクセサリーの生産に利用される
医療機器	特定の患者に合わせた医療機器や義肢の製造に使用される

Rodinia Generationは、アパレル業界の過剰生産をなくすことを唯一の目標として設立された。これを実現するクラウド型のソフトウェアと、AI技術を搭載した機器の開発もしている。服のパーツごとに必要な素材をAIが識別することで、異なるデザインの服でも素材が同じであれば同時に製造できる。そのため生地の無駄をなくせるのだ。

また、短期間かつ小ロットの製造も得意とする。服のデザインから製造まで通常6カ月かかるところを、同社では2週間以内、最短48時間で完成する。さらに、通常のアパレル製造ではコスト低減のために大量生産が必須であるが、同社では1着からでも製造可能だ。加えて、水資源や危険な化学物質を一切使用しない染色方法により、環境負荷を抑えた服づくりを実現している。

これらにより、従来と比較してカーボンフットプリントを最大98％削減できるという。つまり、生産リードタイム、製品の柔軟性、品質、環境負荷の点で既存の製造方法を上回る、と同社は謳う。

製造業の環境負荷という社会課題の解消方法として期待された分散型製造は、時を経てマイクロファクトリーに形を変えた。しかしながら、まだ一部の製造業で導入されたばかりである。また、事業としての持続性には課題があり、Arrivalは2024年に資金不足のため破綻し、所有していた高度な製造設備を米国のハイテクモビリティ企業Canooに売却した（Canooも2025年1月に破産申請）。そのため、エマージングテクノロジーとして取り上げられてから10年近く経った現在でも、社会課題解消の観点ではまだ時間がかかりそうである。

「目標9　産業と技術革新の基盤をつくろう」に該当するエマージングテクノロジー（抜粋）

- ナノスケールでの材料設計（Nanoscale design of materials）→2012年選出
- 自己修復材料（Self-healing materials）→2013年選出
- 分散型製造（Distributed manufacturing）→2015年選出
- ナノセンサーとナノモノのインターネット（Nanosensors and the Internet of Nanothings）→2016年選出
- バイオプラスチックと循環型経済（Bioplastics for a Circular Economy）→2019年選出

「すべての人に健康と福祉を」もたらす技術

続いて多かったのが、「目標3　すべての人に健康と福祉を」で、約半数の46個のテクノロジーが該当した。2014年以降は、毎年発表されるテクノロジー10のうち4〜6個のテクノロジーが目標3に該当している。

世界各国が直面する大きな問題として、急速な「高齢化」が挙げられる。

内閣府発表の「令和6年版高齢社会白書」によると、世界の総人口は増え続ける一方で、高齢化率（総人口に占める65歳以上の割合）は、1950年の5・1％に対して、2020年には9・3％に上昇。2060年には17・8％にまで上昇すると予測されている。

高齢化率を国別に見ると2020年時点で日本がトップで、現段階では欧州と北米が上位を占めるが、2050年にはロシア、マレーシア、インドネシア、フィリピンなどでも高齢社会になると見込まれる。

さらに、国連経済社会局（UNDESA）発表の「世界社会情勢報告2023」によると、北アフリカ、西アジア、サハラ以南アフリカでは今後30年間で高齢者数が最も急速に増加するという。つまり、今後は開発途上地域でも高齢化が急速に進展するのである。

高齢化の先進国である日本の現状を見ると、今後世界でも高齢化に伴い医療費と社会保障費が増大すると容易に予想できる。ただ、世界的な医療費の上昇は現在も起こっており、すでに重大な懸念となっているのだ。

「Mercer Marsh Health Trends 2024 report」によると、保険請求の前年比コスト増を1人あたりに換算したスコアの上昇率が、2021年から2024年にかけて平均して2桁上昇したという。要因には、インフレに伴う医療費の増大や先端医療の多様化などに加え、高齢者医療の増加も挙げられている。

これらに伴う医療費の抑制には、医療技術の革新が必要になる。そのため求められるのは、新たな「創薬・医薬モダリティ」だ。

モダリティとは、もともと「様式」や「様相」などを意味する用語だ。多様な創薬基盤技術を用いた研究開発により、遺伝子治療薬のような新たな医薬品が実用化された。その技術の方法・

手段の分類を表す用語として、創薬・医薬モダリティという言葉が近年用いられるようになってきた。そして、その1つとして注目されたのが、新型コロナウイルス感染症で一躍有名になったテクノロジー、「RNA治療法（RNA-based Therapeutics）」である。

人間の細胞の核の中には、遺伝子の情報を保持するデオキシリボ核酸、いわゆるDNAがある。この遺伝子の情報に基づいて、人間が特有の性質を発揮することを「遺伝子発現」と呼ぶ。遺伝子発現はDNAから必要な情報をリボ核酸（RNA）という分子にコピーし（転写と呼ぶ）、遺伝子の情報が転写されたRNAが細胞核を出て、核の外でタンパク質を合成することで行われる。この「DNA→RNA→タンパク質生成」という遺伝子発現の流れのうち、「DNA→RNA」で生成されるRNA分子を「メッセンジャーRNA（mRNA）」と呼ぶ。

RNA治療法とは、このmRNAを人工的に合成する治療法・創薬である。人工的に合成したmRNAを投与することで、従来の薬や治療では効果が得られない様々な難病を治療できる可能性があると長い間考えられてきた。

実は、mRNA医薬品のコンセプトは1990年代にはすでに存在していた。しかし、開発の複雑さと細胞内の遺伝子発現の変動性から、当初の期待に反して開発が遅々として進まなかった。また、mRNAの性質として、生体内ですぐに分解されてしまうことや、自然免疫を誘導してしまうこと（免疫原性）が実用化の大きな壁となっていた。

しかし近年、技術が発展して幅広い病気に対してmRNAワクチンの臨床試験が行われるようになった。そして2020年、世界的なパンデミックが発生し、コロナウイルスに対するワクチンとしてmRNAに注目が集まった。

ワクチンとしての臨床試験（治験）期間がまだ短く、安全性や有効性も科学的に十分証明されていない段階であったが、世界各国はパンデミックという社会課題の収束を図るために、「緊急使用許可」という枠組みを使って医療現場での使用を認めた。世界で初めてｍＲＮＡ医薬が実用化したのだ。

ＲＮＡ治療法・創薬は、新たな創薬・医薬モダリティとして長年期待されていた一方で、長い期間、社会課題解消のテクノロジーとしての実用化がされなかった。しかしパンデミックを契機に一気に実用化したため、社会課題の登場で急速に実用化されたエマージングテクノロジーであると言える。

なお、ｍＲＮＡワクチンは、コロナウイルス以外の感染症予防ワクチンや、がん治療ｍＲＮＡワクチン、疾患治療ｍＲＮＡ医薬などの開発も進んでいる。まだ途上にあるテクノロジーだが、今後も発展が期待される。

「目標3　すべての人に健康と福祉を」に該当するエマージングテクノロジー（抜粋）

- 医療・栄養・病気予防の個別最適化（個別化医療）（Personalized medicine, nutrition and disease prevention）→２０１２年選出
- 分子レベルで健康を促進するための栄養強化（Enhanced nutrition to drive health at the molecular level）→２０１３年選出
- ＲＮＡ治療法（RNA-based Therapeutics）→２０１４年選出
- 非侵襲的生検によるがんの特定（Noninvasive Biopsies for Identifying Cancer）→２０１７年選出
- バーチャル患者（インシリコ創薬・医療）（Virtual Patients）→２０２０年選出

「エネルギーをクリーンに」「気候変動に対応」する技術

次に、**「目標7　エネルギーをみんなに。そしてクリーンに」には23個、「目標13　気候変動に具体的な対策を」には21個のテクノロジーがそれぞれ該当**している。いずれの目標も、脱炭素社会の実現との関連性が高く、両方に該当するものは12個となっている。

エネルギーのクリーン化と気候変動対策の両方に貢献すると期待されたテクノロジーの例として、2017年に取り上げられた「太陽光から得られる液体燃料（Liquid Fuels from Sunshine）」を紹介したい。

液体燃料は、2014年のレポートでは「人工葉技術（Artificial-leaf technology）」という発想で紹介された先端テクノロジーである。葉は太陽光を利用してCO_2を炭水化物に変え、植物の細胞活動のエネルギー源にする。長年にわたり、非常に多くの研究者が葉の光合成に似たプロセスを考案しようと取り組んできた。狙いは、日照量や風の状況に左右されないエネルギーの貯蔵方法を確立することで、太陽光発電と風力発電の発電量の不安定さという課題を解決することだった。

人工葉の仕組みは、太陽光で活性化する触媒が水分子を分解して酸素と水素を生成し、人工的に光合成を行うというものだ。実際の光合成に近づくには、水素を還元反応に使用し、CO_2を炭化水素に変換することが重要となる。この技術により、実際の葉と同じように、CO_2、水、太陽光のみを使用して燃料を生成することが可能になる。その結果、燃焼によって排出されたCO_2を大気中に温室効果ガスとして排出することなく、燃料として再生できるのだ。

では現在、液体燃料というテクノロジーは実現しているのだろうか。

実は、液体燃料は現在、「合成燃料（Electrofuelまたはe-fuel）」というテクノロジーで実現されつつある。合成燃料とは、CO_2とH_2(水素)を合成して製造される人工的な燃料だ。大気中のCO_2を使用して再生可能エネルギー由来のH_2(これをグリーン水素と呼ぶ)と合成することで、CO_2の吸収と排出を相殺でき、カーボンニュートラルでクリーンなエネルギーとなるのだ。化石燃料と比較すると大気中のCO_2を増やすことなく燃料として利用できるため、脱炭素社会の実現に必須の燃料なのである。

実は合成燃料のメリットはこれだけにとどまらない(図表14－3)。合成燃料は従来の化石燃料と同様に扱えるため、脱炭素社会実現のための移行コストという社会課題を解消するテクノロジーになり得る。

国際的な大手調査出版会社であるMarketsandMarkets社の調査レポートによると、合成燃料の世界市場規模は2023年で62億ドルに上り、2030年には494億ドルとなり、市場の平均年成長率は34・5％増で推移する見込みだ。[2]

また、経済産業省によると、2024年5月に出光興産、ENEOS、トヨタ自動車、三菱重工業の4社は、自動車向けに合成燃料およびバイオ燃料からなるカーボンニュートラル燃料(CN燃料)の導入・普及に向けた検討開始を発表した。日本国内で2030年頃の導入を目指し、供給・技術・需要のそれぞれで主要な役割を果たす4社が共同で必要な取り組みを進めていく。

一方で、合成燃料は製造コストが高い。例えば、日本国内で原料調達から製造まで行った場合、リットルあたり約700円かかると試算されている。レギュラーガソリンと同等の価格(リットルあたり170円)になるのは2050年ともされる。そのため、現段階では本格的な実用化には

2 https://www.marketsandmarkets.com/Market-Reports/e-fuels-market-7297145.html

図表14-3　合成燃料の主なメリット

メリット	概要
エネルギー密度の高さ	合成燃料は液体のため、体積あたりのエネルギー密度が高い。一方、水素やアンモニアなどのガス燃料はエネルギー密度が低く、液体燃料と同じ体積から得られるエネルギー量が少ない。そのため、長距離を移動する飛行機やトラック、船舶で水素やアンモニアを燃料として利用する場合、大容積の燃料が必要となり、輸送機器自体をつくり変えなくてはならない。また、電動化も長距離輸送で利用しようとすると電池の高性能化が必要だ。合成燃料はこれからの問題を解消できる
燃料の備蓄や輸送の容易さ	合成燃料は常温の液体であるため、長期備蓄しやすく、可搬性に優れている。そのため、大規模停電などの緊急時に、必要な量を必要な場所へ運搬でき、災害時に原油が担ってきたエネルギーのレジリエンス（強靭性）の役割をそのまま引き継ぐことができる
従来設備の利活用	合成燃料はガソリンと成分が近い。そのため、飛行機、トラック、船舶だけでなく、発電所やガソリンスタンド、運搬用タンクローリー、製油所など、従来の燃料インフラをそのまま活用できる
資源国への依存の解消	これまで化石燃料は中東やロシアに依存してきたが、合成燃料は、資源に乏しい日本のような国でも製造できる。そのため、石油や天然ガスなどを海外に依存する必要がなくなる。内製化できれば、枯渇リスクや価格高騰リスクもない
環境負荷の低減	合成燃料は原油に比べて硫黄や重金属の含有量が少ないため、より環境負荷を抑えられる。また、バイオ燃料のような食料需給への影響も少ない

至っていない。

実用化には、効率的な製造技術だけでなく、原料である水素の低価格かつ安定的な確保も必要となる。今後も低コスト化が実現できれば、脱炭素社会の移行コストを低減するテクノロジーになると考えられる。

「目標7　エネルギーをみんなに。そしてクリーンに」に該当するエマージングテクノロジー（抜粋）

- 高エネルギー密度電源システム（High energy density power systems）→2012年選出
- 有機エレクトロニクスと太陽光発電（Organic electronics and photovoltaics）→2013年選出
- ナノワイヤーリチウムイオンバッテリー（Nanowire Lithium-ion Batteries）→2014年選出
- 太陽光から得られる液体燃料（Liquid Fuels from Sunshine）→2017年選出
- グリーン水素（Green Hydrogen）→2020年選出

「目標13　気候変動に具体的な対策を」に該当するエマージングテクノロジー（抜粋）

- 二酸化炭素の資源利用（Utilization of carbon dioxide as a resource）→2012年選出
- 二酸化炭素（CO^2）の変換と利用（Carbon dioxide [CO_2] conversion and use）→2013年選出
- ペロブスカイト太陽光電池（Perovskite Solar Cells）→2016年選出
- 低炭素型セメント（Lower-Carbon Cement）→2020年選出
- グリーンアンモニア（Green ammonia）→2021年選出

「飢餓をなくす」「持続可能なまちづくり」のための技術

「目標2　飢餓をゼロに」と「目標11　住み続けられるまちづくりを」、それぞれに該当したものは16個となった。

目標2に関しては、2017年以降は、農業や培養肉、肥料など、食料に関する社会課題を解消するテクノロジーが挙げられているのが特徴だ。

ここでは、2019年に取り上げられた「環境汚染を抑えるスマート肥料（Smarter Fertilizers Can Reduce Environmental Contamination）」に着目してみたい。

食料に関する社会課題は、まさに人類存亡に関わる問題である。

ユニセフ（国連児童基金）によると、2022年時点で世界人口の約29・6％に相当する24億人が、中度または重度の食料不安に直面している。また2021年には、健康的な食生活を送れていない人が世界で31億人以上（42％）に上ったという[3]。

また、世界の食料需給動向は、人類全体にとって重大な関心事項だ。

需要の増加という観点では、サハラ以南のアフリカやインド、中東・北アフリカ地域を中心とする世界の人口増加に加え、低・中所得国における所得の向上に伴う畜産物等の需要増加、人口大国である中国・インド等の急激な経済発展、さらには脱化石燃料の加速とバイオ燃料向け等農産物の需要増加が要因となっている。

問題は供給面である。

以前から収穫面積の減少、砂漠化の進行、水資源の制約などにより、今後の需要に対する供給不足は懸念されていた。しかし近年は供給を脅かす要因が多様化している。

異常気象の頻発（欧州での干ばつ、シベリアで続く高温）、気候変動に伴う自然災害（中国南部での洪水被害、アマゾンの森林火災、サバクトビバッタの大発生、日本で相次ぐ豪雨被害）、家畜伝染病の発生（アフリカ豚コレラ＝ＡＳＦ）、新型コロナウイルスなどパンデミックによる労働者数の減少、など予測不能なものが増えた。

また、供給不足の要因は、自然現象にまつわるものだけではない。２０２２年のロシアによるウクライナ侵攻を受け、小麦の供給懸念が世界的に発生し、その国際価格は一時的に急騰した。地域紛争や戦争などの地政学リスクが、食料資源のグローバルサプライチェーンを寸断して供給制限を引き起こし、アグフレーション[4]を招くリスクが現実のものとなった。

実は、ウクライナ情勢の変化で顕在化したのは、小麦など穀物の供給不安だけではなかった。肥料の3大要素の供給制約というリスクも顕在化した。

植物が成長するために必須の元素のうち、窒素（N）、リン（P）、カリウム（K）は土壌から吸収できず、外部から補給しなければ得られない。だからこそ3大要素と呼ばれる。これらは植物の成長に不可欠であり、近代農業では必須の要素だ。増え続ける世界の人口に食料を供給するには、3要素を含む工業用肥料の使用が欠かせない。

実は、ロシアもウクライナも、塩化カリやリン鉱石の鉱山を持つ世界有数の資源国である。また両国は、豊富な天然ガスや石油で低コストにアンモニア（NH_3）などの窒素肥料原料も合成する生産国でもある。

3　https://data.unicef.org/resources/sofi-2023/
4　農業（agriculture）と物価上昇（inflation）を組み合わせた造語であり、その他の商品・サービスを上回るペースで農産物の価格が上昇する事象。

実際のところ、ウクライナ情勢の変化で起きた穀物のアグフレーションは、肥料価格の高騰がきっかけだった。初期段階で、肥料の3大要素の小売価格が米国で2〜3倍に跳ね上がったのだ。原因は世界最大の肥料生産国であるロシアだけでなく、ベラルーシにもあった。米国とEUは、人権侵害を理由に2021年12月にベラルーシに追加制裁を科していた。ベラルーシは有数のカリウム生産国で、国営のカリウム会社が制裁対象になったため、世界の肥料会社に影響が及んだ。

このようにして、ウクライナ情勢の変化により、肥料の3大要素の供給制約というリスクが顕在化した。

3大要素で特に懸念されるのはリン（P）だ。生物の遺伝情報であるDNAは、炭素（C）、窒素（N）、酸素（O）、水素（H）、リン（P）の5元素から構成される。このうち炭素、窒素、酸素、水素は大気と水の主成分で枯渇の懸念がないが、リンだけは枯渇が懸念される資源だ。リン鉱石の採掘量は、2040年頃に頭打ちになると予測されている。リンがなければ、植物はDNAを構成することができない。

そのため、今後もリン鉱石をめぐり中国や米国を中心とした資源争奪や囲い込みの動きが加速するおそれがある。事実、2023年秋頃より中国は肥料の輸出を規制強化し、リン酸肥料の輸出検査を一時停止することで、実質的に輸出を禁止した。

このような肥料にまつわる社会課題に着目して先のレポートで取り上げられたのが、環境汚染を抑えるスマート肥料である。これはどのようなテクノロジーなのか。

世界の人口増加に対応するためには、農作物の収穫量を増やす必要がある。そのためにも肥料の重要性は増す一方で、現在の肥料は効率性が悪く環境負荷も高い。

図表14-4　2022年の窒素、リン酸、カリウムの上位生産国と生産能力（万トン）

順位	窒素（N）		リン酸（P）		カリウム（K）	
	国名	生産量	国名	生産量	国名	生産量
1	中国	5,425	中国	2,087	カナダ	2,264
2	ロシア	1,639	モロッコ	763	ロシア	1,088
3	インド	1,564	米国	746	ベラルーシ	894
4	米国	1,475	ロシア	418	中国	583
5	インドネシア	674	サウジアラビア	310	ドイツ	281

※出所：CRU（http://www.crugroup.com/）
※生産量は、窒素はN換算、リン酸はP_2O_5換算、カリウムはK_2O換算

通常、肥料は２つの方法で作物に散布される。１つは、水と反応して栄養窒素を生成するアンモニア、尿素、またはその他の物質を畑に散布する方法。もう１つは、水と反応させリンを生成するために、カリウムやその他のミネラルの粒を散布する方法だ。しかし、この方法で植物に取り込まれる栄養素はわずかである。しかも、肥料に含まれる窒素の多くは、温室効果ガスとして大気中に放出され、リンは流域に流れ込んで藻類やその他の生物の過剰な増殖を引き起こしてしまう。

このような問題を解決するテクノロジーがスマート肥料だ。これは、植物に必要な栄養素を長期間にわたって徐々に持続的に放出するように設計された先進的な肥料であり、放出制御肥料（ＣＲＦ）と呼ばれる。

放出制御肥料は、特殊なコーティングやカプセル化技術により覆われており、外側の殻は、水が内容物に触れて栄養素を放出する速度をコントロールする。従来の肥料と異なり、作物の

成長段階に応じて、必要となる栄養素を供給できる。そのため、従来の肥料の課題であった栄養素の損失や環境汚染が解決できる。

同様の肥料は以前から開発されていたが、実現が難しかった。それがテクノロジーの進化と共に、土壌の温度、酸性度、または水分の変化に応じて、栄養素の放出速度を変えるよう外殻を調整できる、高度な材料と製造が可能になった。

では、スマート肥料（放出制御肥料）は２０１９年にレポートで取り上げられてからどうなったのか。

グローバルの調査会社Stratistics Market Research Consultingによると、放出制御肥料の世界市場は２０２３年に27億ドルに上り、２０２１年から２０３０年にかけて年平均成長率は８・６％で推移し、２０３０年には48億ドルに達すると予測されている。[5] つまり、実用化が進み、大きな市場を形成し始めていると言える。

また、放出制御肥料はデジタル技術との相性も高いと考えられている。例えば、農業に関する様々なデータからＡＩを駆使し、特定の時点で植物に必要な肥料と水の量を正確に判断。自律走行のロボティクスで適切な量の栄養素を適切なタイミングで散布することで、より科学的に作物の収穫量を向上させ、過剰な栄養素の放出を最小限に抑えることもできる。

スマート肥料は、肥料の最適利用を実現するものだ。しかしながら、肥料の供給制限を根本的に解消するわけではない。これを解消するには、資源国に依存したサプライチェーンの刷新や代替となる要素の開発が必要だろう。そのため、社会課題の解消には、スマート肥料と組み合わせた新たなテクノロジーの開発が必要になると考えられる。

「目標２　飢餓をゼロに」に該当するエマージングテクノロジー（抜粋）

- 精密な遺伝子工学技術（Precise genetic-engineering techniques）→２０１５年選出
- 精密農業（Precision Farming）→２０１７年選出
- 培養肉（Lab-Grown Meat）→２０１８年選出
- 環境汚染を抑えるスマート肥料（Smarter Fertilizers Can Reduce Environmental Contamination）→２０１９年選出
- 自己肥料化作物（窒素固定作物）（Crops that self-fertilise）→２０２１年選出

「目標11　住み続けられるまちづくりを」に該当するエマージングテクノロジー（抜粋）

- リモートセンシング（Remote sensing）→２０１３年選出
- リサイクル可能な熱硬化性プラスチック（Recyclable thermoset plastics）→２０１５年選出
- 触媒の低コスト化による低公害車の実現（Affordable Catalysts for Green Vehicles）→２０１７年選出
- 空間コンピューティング（Spatial Computing）→２０２０年選出
- 現地の材料で３Ｄプリントされた家（Houses printed with local materials）→２０２１年選出

ここまでは、様々なエマージングテクノロジーを題材に、社会課題の解消に役立つと期待されたテクノロジーが具体的にどのようなものか紹介した。

一方でこの中には、実用化された結果、社会に普及して課題解消に寄与したものであれば、未だ

5 https://www.strategymrc.com/report/controlled-release-fertilizers

実用化に至らないものもあった。

　次の章では、社会課題という社会実装の場を得て普及したものと、期待されながら未だ普及していないものそれぞれの特性を識別し、何がテクノロジーの普及に必要なのかを見ていきたい。

第15章

社会課題を解消する先端テクノロジーに共通するものは何か

普及するテクノロジーの2つの共通点

テクノロジーの中には、実用化され社会に普及し、社会課題の解消に寄与したものと、期待されながらも未だ実用化に至らないものがある。これらの違いはどこにあるのか。

まず、世界経済フォーラムの「エマージングテクノロジー・トップ10」に過去10年間で取り上げられた100個のエマージングテクノロジーのうち、いくつが実用化・普及に至ったのか見ていきたい。

100個のテクノロジーが現段階でどの程度実用化されているのかを、「開発の目途が立っていない」、「研究段階である」、「実証段階である」、「実用化段階である」、「商品化されている」、「社会に広く広まっている」の6つに仕分けした。

なお仕分けにあたり、「当初予測されていたテクノロジーとしてはまだ実証段階であるが、部分的に商品化されている」ものは、「商品化されている」とした。また、「テクノロジーがまだ発展途上で実用化に近づきつつあるという状態でも、社会にある程度認知され、普及し始めてい

図表15-1　実用化段階ごとのテクノロジーの割合

実用化に向けた段階	割合
研究段階である	12%
実証段階である	21%
実用化段階である	13%
商品化されている	**26%**
社会に広く広まっている	**28%**

図表15-2　SDGs目標に3つ以上該当するテクノロジーの割合

実用化に向けた段階	割合
研究段階である	0%
実証段階である	43%
実用化段階である	38%
商品化されている	**50%**
社会に広く広まっている	**54%**

図表15-3　「商品化」・「社会に広く広まっている」テクノロジーのSDGs目標別の割合（上位5つ）

SDGs目標	割合
目標8　働きがいも経済成長も	**83%**
目標11　住み続けられるまちづくりを	**80%**
目標2　飢餓をゼロに	67%
目標9　産業と技術革新の基盤をつくろう	63%
目標10　人や国の不平等をなくそう	60%

る」ものも「社会に広く広まっている」としている。

また、発表されてからの経過年数と実用化の段階に相関はあまり見られなかった。「商品化されている」および「社会に広く広まっている」テクノロジーの割合は、発表から5年以上経ったものも5年以内のものも、共に54％であった。

仕分けしてみると、普及しているテクノロジーには2つの共通点があることが分かった。1つは、**SDGs17の目標のうち3つ以上該当するものが多い**こと。もう1つは、**「目標8 働きがいも経済成長も」および「目標11 住み続けられるまちづくりを」に該当するものが多い**ことだ。

まずは、1つ目の共通点について考えてみたい。実際にどのようなものがあるのか。4つのSDGs目標に該当し、ある程度普及している7つを挙げた。

- ナノ炭素複合材料（Nanostructured Carbon Composites）→2014年選出
- ブロックチェーン（The Blockchain）→2016年選出
- 視覚タスクのためのディープラーニング（Deep Learning for Visual Tasks）→2017年選出
- 持続可能なコミュニティのデザイン（Sustainable Design of Communities）→2017年選出
- 培養肉（Lab-Grown Meat）→2018年選出
- 脱炭素化の進展（Decarbonization rises）→2021年選出
- 無線信号からの給電（Energy from wireless signals）→2021年選出

解消が期待されている社会課題が複数あるテクノロジーは、1つだけの場合よりも、実用化に向けた取り組みが加速すると想定される。この中から、2014年に選出されたナノ炭素複合材料を例に挙げて説明したい。

これは、CO_2削減などへの貢献が期待される新素材だった。非常に軽量であり、電気や熱の伝導率が高く、放熱部材や導電性材料への応用で、省エネルギー効果を高めることも期待できる。SDGs目標としては、自動車等の軽量化&耐久性の向上（目標9 産業と技術革新の基盤をつくろう）、炭素素材のリサイクル性の技術的な向上（目標11 住み続けられるまちづくりを、および目標13 気候変動に具体的な対策を）、製造のライフサイクルに伴う環境負荷の低減（目標12 つくる責任、つかう責任）など、まさに複数に該当するテクノロジーだ。

また、この分野の研究において日本は世界トップレベルである。しかし、民間企業による実用化は困難とされていた。従来の炭素素材に比べ価格が高く、また安全面の担保ができていなかったからだ。

日本企業が開発に二の足を踏む間に、欧米では開発資金が投入され、結果、国際的な競争が激化した。この状況下で、国の研究開発法人である「新エネルギー・産業技術総合開発機構（NEDO）」が先導してナノ炭素材料の早期実現化と、安全性等の国際標準化を進めたことで実用化に弾みがついたのだ。

つまり、**複数の社会課題（SDGs目標）の解消が期待されるテクノロジーは、たとえ民間企業での実用化が難しい場合でも、国による支援を受けて実用化を推進できる**のである。

また、当初は解消が期待される社会課題が1つだけだったが、のちに複数に増えるテクノロジーもある。実用化につれて、そのテクノロジーが「どんな特徴を持ち、どう役立つのか」が徐々に明確になることで用途が広がるのだ。

2016年に選出されたブロックチェーンは、まさに典型例だろう。これはデジタルデータの記録を分散して管理することができ、暗号通貨のテクノロジーとして広く知られた。しかし、その特徴が明らかになるにつれて、様々な分野に応用されている。分散型台帳による金融取引促進（目標8　働きがいも経済成長も）、金融技術の革新（目標9　産業と技術革新の基盤をつくろう）、国際金融取引の透明性の向上（目標10　人や国の不平等をなくそう）、公的記録や法的システムの透明性・信頼性向上（目標16　平和と公正をすべての人に）など、4つの目標に該当する技術になったと言える。

相乗効果で普及するテクノロジー

続いて、普及しているテクノロジーのもう1つの共通点（目標8および目標11に該当するものが多い）について言及したい。まず、「目標8　働きがいも経済成長も」に該当するのは次の通りである。

- デジタル教育技術（Enhanced education technology）→2012年選出
- ブロックチェーン（The Blockchain）→2016年選出
- オープンAIエコシステム（Open AI Ecosystem）→2016年選出
- 議論し指導できるAI（AI That Can Argue and Instruct）→2018年選出
- コラボレーティブテレプレゼンス（Collaborative Telepresence）→2019年選出

これらは、**いずれもソフトウェアテクノロジーである**ことが特徴だ。素材や材料、機械などの物理的なテクノロジーは、量産化されるまで製造コストが高くつくことが、社会課題を解消する手段としての実用化や普及の壁になることが多い。一方で、ソフトウェアテクノロジーは、物理的なものに比べると製造コストが低い。

ただ、このテクノロジーの実用化・普及には、新たなソフトウェアにより「教育の仕方が変わる」、「仕事の仕方が変わる」、「蓄財や投資の仕方が変わる」などの変化が、社会に受け入れられるかが課題になる。また、変化に合わせた規制の変更やルールの整備も同様だ。

そのため、これらのテクノロジーが普及するには、社会や人々の受容性が高まるような出来事が必要だ。より丁寧に説明すると、**社会課題が顕在化するだけでなく急速に深刻化し、否が応でもテクノロジーを活用した解消が求められる出来事**があって初めて普及するのだ。

例えば、「ブロックチェーン」（2016年選出）の普及の背景には、2008年のリーマン・ショックや2015年のギリシャ金融危機がある。2つの危機により資産を大きく減らした投資家が、リスク回避のために、金融危機に相場が左右されづらい暗号資産に否応なく分散投資したことで普及した。

また、「デジタル教育技術」（2012年選出）や「コラボレーティブテレプレゼンス」（2019年選出）の普及の過程は記憶に新しいであろう。これらは、新型コロナウイルス感染症の拡大による外出制限のため、在宅での学校教育や仕事を強いられたことで社会に普及した。どちらのケースも、テクノロジーを活用した解消が否が応でも求められる出来事の発生により普及したと言える。

では「目標11　住み続けられるまちづくりを」についてはどうか。該当するものは12個になる。

- リモートセンシング（Remote sensing）→2013年選出
- ナノ炭素複合材料（Nanostructured Carbon Composites）→2014年選出
- 燃料電池車（Fuel cell vehicles）→2015年選出

- ●2次元材料（Two-Dimensional Materials）→2016年選出
- ●自動運転車（Autonomous Vehicles）→2016年選出
- ●視覚タスクのためのディープラーニング（Deep Learning for Visual Tasks）→2017年選出
- ●触媒の低コスト化による低公害車の実現（Affordable Catalysts for Green Vehicles）→2017年選出
- ●持続可能なコミュニティのデザイン（Sustainable Design of Communities）→2017年選出
- ●量子コンピュータ用のアルゴリズム（Algorithms for Quantum Computers）→2018年選出
- ●空間コンピューティング（Spatial Computing）→2020年選出
- ●低炭素型セメント（Lower-Carbon Cement）→2020年選出
- ●無線信号からの給電（Energy from wireless signals）→2021年選出

一見無関係に見える12個だが、「住み続けられるまちづくり」を軸に、それぞれのテクノロジーが相互に関連し、相乗効果で実用化が進んだと考えられる。その起点にあるのは、IoTの普及だ。

IoTは、インターネットに接続されたデバイスやセンサーが相互に通信し、データを収集・交換することで、よりスマートで自動化された環境を実現するものである。この普及には3つの段階があった。

初期段階は、1990年代後半から2000年代だ。当時、物流や在庫管理でRFID（電波や電磁波を用いてICタグなどの記録媒体から情報を非接触で読み書きする技術）が使用され始めた。

次の成長期は、2000年代中盤から2010年代初頭と言われ、スマートフォンの普及により、モバイルインターネットのアクセスが容易になった。また、クラウドコンピューティングの登場で、大量のデータを効率的に処理・分析する基盤が整った。

そして２０１０年代中盤から現在までが普及期と考えられ、前述したエマージングテクノロジーが実用化した。

各種センサー技術の小型化、機能の高度化（リモートセンシング）、低コスト化、耐久性向上に加え、ワイヤレス通信規格が改良され、ＩｏＴデバイスを接続しやすくなった。結果、多様な端末や機器がインターネットに接続されデータ量が増加し、データ分析技術の高度化（視覚タスクのディープラーニング）が実現した。

また、データ分析ツールの低価格化と使い勝手の向上も相まって、スマートホーム、スマートシティ（持続可能なコミュニティのデザイン）、ウェアラブルデバイス、産業用メタバース・デジタルツイン（空間コンピューティング）、自動車のＣＡＳＥ化（自動運転車）など、ＩｏＴデータの活用のユースケースも増えた。

ＩｏＴデバイス・センサーの省エネルギー化は進化したが、今後は給電方法（無線給電）の進化によりさらなる普及が期待されている。

なお、「住み続けられるまちづくり」に関連したテクノロジーの普及を理解する上で、第8章に出てきた「ホールプロダクト」の考え方を思い出してほしい。

顧客が製品を購入した時に期待したメリットは、単に製品そのものの機能や特性だけでは得られないことがある。実は、その製品の付属品や補完品、さらには追加のサービスやサポートなど、製品を取り巻くエコシステムまで整備されないと期待したメリットが提供されない。それがホールプロダクトの基本的な考え方だ。

図表15-4　ホールプロダクトの4つの要素で見たIoT

4つの要素	4つの要素の概要	IoT普及の場合
コアプロダクト	製品そのものの基本的な機能や性能	●センサー技術の進化・低コスト化
期待されるプロダクト	顧客が製品に対して当然と考える品質、デザイン、価格、ブランド名など	●センサーの耐久性、小型化 ●ワイヤレス通信との接続の容易さ ●データ分析技術の高度化
拡張プロダクト	保証、アフターサービス、顧客サポート、追加機能など、コアプロダクトを補完する要素	●多様な端末や機器同士の互換性 ●データ分析ツールの高度化、コモディティ化 ●デバイスの省エネ・無線給電
理想（潜在的）プロダクト	将来的なアップグレードや改良、新しい用途の発見など、製品の可能性を拡大する要素	●ユースケースの拡大

つまり、「住み続けられるまちづくり」に関連したテクノロジーも、単に技術的に優れているだけでなく、**使いやすさ、信頼性、互換性、利用可能なサポートネットワークなどが相まって普及**したのだ。

同時に、テクノロジーの普及要因を考える上で、技術進化以外の要因も見逃してはいけない。

経済的な面では、ユースケースの増加と共に企業はＩｏＴを活用することで、効率化やコスト削減、新たなビジネスモデルの創出が可能になった。また、政府もＩｏＴを推進することで、経済成長や社会課題の解決に寄与すると考えられた。

また、社会的・文化的な面で言うと、スマートフォンの普及と消費者のライフスタイルの変化により、スマートデバイスへの需要が高まった。加えて、環境問題への意識の高まりが、エネルギー効率の良いスマートソリューションへの関心を促進した。

「住み続けられるまちづくり」に該当するテクノロジーは、技術的、経済的、社会的要因が相互に作用し合いながら普及してきたと言える。

普及しないテクノロジーに共通する要因

次に、社会課題に役立つことが期待されながら未だ実用化されていないテクノロジーは、どのようなものなのか。答えを端的に言うと、「普及しているテクノロジーの共通点（図表15－5）に合致していないもの」ということになる。

そこで、SDGs目標の複数（4つ以上）に該当しているのに、まだ普及していないテクノロジーを5つ挙げた。

- グリーン革命2・0－食料とバイオマスを増やすための技術（Green Revolution 2.0 – technologies for increased food and biomass）→2012年選出
- 臓器チップ（Organs-on-chips）→2016年選出
- 太陽光から得られる液体燃料（Liquid Fuels from Sunshine）→2017年選出
- 遺伝子ドライブ（Gene Drive）→2018年選出
- グリーン水素（Green Hydrogen）→2020年選出

この中から、2016年に選出された「臓器チップ」を取り上げ、「なぜまだ普及していないか」、「普及するには何が足りていないのか」、「どうすれば普及するのか」を考えてみたい。

図表15-5　社会課題解消に役立ち普及しているテクノロジーの共通点

共通点	特徴	パターン
複数のSDGs17の目標に該当する	複数の社会課題の解消に貢献するテクノロジーは、民間企業での実用化が難しい場合も、国家による支援を受けて実用化する	A
	実用化に伴いテクノロジーが「どんな特徴を持ち、どう役立つのか」が明確になり、様々な社会課題に対する用途が拡大する	B
「働きがいも経済成長も」に該当する	社会課題が顕在化するだけでなく急速に深刻化し、否が応でもテクノロジーを活用した解消が求められる出来事が発生する	C
「住み続けられるまちづくりを」に該当する	社会課題の解消を軸にして様々な分野のテクノロジーが相互に関連し、相乗効果で実用化が進展する	D
	技術的に優れているだけでなく、使いやすさ、信頼性、互換性、利用可能なサポートネットワークなどが相まって普及する（ホールプロダクト化）	E

臓器チップとは、ヒトや動物の臓器の機能を模倣するために設計されたマイクロ流体デバイスである。２０１０年に米ハーバード大学ヴィース生体工学研究所で肺チップが開発され、生体外における肺気腫の再現に世界で初めて成功した。この成功が火付け役となり、世界中の研究者が、様々な臓器や組織を再現した臓器チップを開発した。

臓器チップは、生体組織の構造と機能を再現するために、細胞や組織を特定のパターンで培養することによって、実際の臓器の微細な環境を模倣することが可能になる。そのため、新薬の開発において動物実験に代わる手段としても注目される。新薬の安全性と有効性の評価がより正確になり、開発プロセスが加速することが期待されている。

一方、臓器チップには、依然としてコストの高さと技術的課題が伴う。開発と製造には、高度な材料、精密工学、複雑な微細加工技術が必要であり、生産コストが非常に高い。また、専門的な知識と設備が必要であることもコスト高につながり、増産が難しくなっている。さらに、その複雑さから標準化と品質の担保、再現性の確保が難しい。しかもそれは、規制当局の承認を取得し、製薬業界での広範な採用を得るために不可欠だ。

臓器チップは、SDGs17目標に照らし合わせると、新薬の開発の効率化・迅速化（目標3 すべての人に健康と福祉を）、医療分野での技術革新と新薬開発（目標9 産業と技術革新の基盤をつくろう）、動物実験の削減と倫理的な医薬品の開発（目標12 つくる責任、つかう責任）、生物兵器への対抗力の向上（目標16 平和と公正をすべての人に）などが可能になることから、複数の目標に該当するテクノロジーになる。

しかし、「地球温暖化」や「感染症の拡大」のような、「否が応でも新たなテクノロジー活用が求められるような出来事」が発生しているわけではない。つまり、図表15－5で言うところの「パターンC」の要素が欠ける。そのため、様々な事業者の参入や国家による投資がまだ十分とは言えず、生産コスト高や品質の不安定さが解消されていない。

では、臓器チップはこのまま普及しないのか。その答えを占う上で、これを取り巻く環境が変わりつつあることに着目すべきだ。

まず挙げられるのは、薬物の試験および研究における動物の使用をめぐる倫理的な懸念や、規制の厳格化と強化だ。すでに欧州では、化粧品開発における動物実験が全面的に禁止されている。今後、規制がさらに強化され、「否が応でも臓器チップを使わなくてはいけない」という状況になれば、普及が後押しされるかもしれない。つまり、「パターンC」に該当するようになる。

事実、インドの調査会社Straits Researchによると、規制の強化を背景に世界の臓器チップ市場規模は2032年までに26億5831万ドルに達し、予測期間（2024〜2032年）中に31・9％の年平均成長率で拡大すると予測している[1]。

また、国家戦略における重要性の高まりも挙げられる。

米国は、バイオテクノロジーを研究開発の重点分野の1つに位置づけている。そのため、臓器チップについては米国が他国を先行しており、国家機関と民間企業の両方から研究開発へ多額の投資がされている。

例えば、国立衛生研究所（NIH）や国防高等研究計画局（DARPA）などの政府機関は、創薬と毒物学試験に革命を起こすと考え、多額の資金を割り当てた。結果、臓器チップを用いた医薬品の研究開発は国家プロジェクト化した。エマージングテクノロジーとして取り上げられた翌年の2017年からは、実用化を重視した5ヵ年計画も始まった。また、ファイザーやジョンソン・エンド・ジョンソンなど、前臨床試験プロセスに臓器チップを積極的に取り入れている大手バイオテクノロジー企業や製薬会社が数多く存在する。まさに、図15－5で言うところの「パターンA」に当てはまる。

また、投資を行うのは米国だけではない。経済の石油依存を減らしたいと考えるサウジアラビアは、医療分野の科学研究へ多額の資金を投じ、同国は今や中東アフリカ地域でこの技術のリーダー的存在だ。

これらを踏まえると、臓器チップが「なぜまだ普及していないか」、「普及するには何が足りていないのか」、「どうすれば普及するのか」の答えが分かるだろう。

1 https://straitsresearch.com/jp/report/organ-on-chip-market

図表15-6　臓器チップの普及のポイント

観点	概要
なぜまだ普及していないか	コストの高さと技術的課題が存在 上記の課題を解消するために必要な様々な事業者の参入や国家による投資がまだ十分とは言えない
普及するには何が足りていないのか	臓器チップが解消する社会課題（動物実験の削減）の緊急度、深刻度がそれほど大きくない
どうすれば普及するのか	①社会課題の深刻化、ニーズの増加（パターンC） 薬物試験および研究における動物の使用をめぐる倫理的な懸念の高まりと規制の厳格化 ②国家戦略との合致（パターンA） バイオテクノロジーを重視する米国の研究開発戦略との合致 経済の石油依存を減らしたいサウジアラビアの経済戦略との合致 ③巨額の投資の流入（パターンA） 米国の官民両方からの研究開発への投資 サウジアラビアによる投資（オイルマネー流入）

まだ普及していない要因は、コストの高さと技術的課題だ。ただ、より深掘りすると、これらの課題の解消に必要な様々な事業者の参入や国家による投資がまだ十分ではないと言える。

では「何が足りていないのか」。臓器チップが解消する社会課題である「動物実験の削減」は、「否が応でもこれを使わなくてはいけない」というほど、緊急度も深刻度も今のところはそれほど大きくない。それゆえに、コストの高さや技術的課題を解消する投資が十分でないと考えられる。

では「どうすれば普及するのか」。それには大きく3つの要素がある。

1つは、**社会課題の深刻化と**

新たなテクノロジーへのニーズの拡大だ。薬物試験における動物の使用に対する規制の厳格化・強化、それに伴う代替策のニーズの拡大である。

次に、**国家戦略との合致**も必要だ。臓器チップは、バイオテクノロジーを重視する米国の研究開発戦略や、経済の石油依存を減らしたいサウジアラビアの経済戦略とも合致する。

そして3つ目は、**巨額の投資**だ。米国では国家機関と民間企業の両方が研究開発に投資し、サウジアラビアでは脱石油依存のために臓器チップに投資を行っている。

産業を育てるために必要な国家支援とホールプロダクト化

同様の構図は、2020年に選出された「グリーン水素」にも言える。

グリーン水素とは、再生可能エネルギー源を使用して、水を電気分解することによって生成される水素だ。太陽光、風力、水力、地熱などのクリーンなエネルギー源から得られる電力を利用して、水（H_2O）を酸素（O_2）と水素ガス（H_2）に分解することで、温室効果ガスをほとんど排出せず水素を生産できる。化石燃料に依存する従来の生産方法に比べて、環境負荷が少ない。

これが普及すれば、エネルギー貯蔵や自動車の燃料など、様々な用途に使用できる。SDGs目標と照らし合わせても、水素への燃料転換（目標7　エネルギーをみんなに。そしてクリーンに）、水素の製造方法や利用方法、水素化技術の開発（目標9　産業と技術革新の基盤をつくろう）、CO_2を排出しない製造工程（目標12　つくる責任、つかう責任）、水素生成による炭素排出量の削減（目標13　気候変動に具体的な対策を）などに役立つことから、複数の社会課題の解消に寄与する。

しかし、グリーン水素は現段階で普及していると言えない。問題は、その要因がコストだけで

図表15-7　グリーン水素が普及していない要因

要因	概要
高コスト	化石燃料からつくられる水素に比べて生産コストが高い。再生可能エネルギーを使用して水を電気分解し生産されるため、再エネのコスト、電気分解設備のコスト、効率性などが影響
インフラの大幅刷新の必要性	普及には輸送、貯蔵、配給等のインフラが必要だが十分に整備されていない。また既存のエネルギーインフラとは異なるため、新たな投資が必要
エネルギー効率性（損失の問題）	生産、輸送、貯蔵、利用の各段階でエネルギー損失が発生。そのため最終的なエネルギー効率が低下し、他のエネルギー源に比べて効率性で劣る
規模の経済	水素エネルギー産業は発展途上で規模の経済が働きづらい。結果、コスト削減が見込めず普及しないため、規模の経済が働かない構図に
政策と規制	グリーン水素の普及には、政府の政策や規制が重要な役割となる。ただ水素に対する明確な政策やインセンティブが不足している場合、普及は遅れがち
需要の低さ・動機づけの不足	水素を使用する技術や製品（例　水素カー）がまだ一般的でないため需要が限られる。消費者や企業が水素に移行するための動機づけが不足

なく、インフラの大幅刷新の必要性、エネルギー効率性（損失の問題）、規模の経済、政策と規制、市場での需要の低さ・動機づけの不足など複合的であることだ。

　普及を阻む要因が複合的であるため、1つのテクノロジーが一網打尽にこれらの要因を解消することはないだろう。課題の克服には、技術革新とコスト削減だけでなく、インフラ整備、政策支援、市場の育成などが必要だ。よって、国家による巨額投資が必要となるが、それだけに頼るのも限界がある。

　そのためグリーン水素の普及には、図表15－5の各パターンで言うと、パターンDとパターンEの2つが必要であると考える。

まず、普及のパターンD（社会課題の解消を軸にして様々な分野のテクノロジーが相互に関連し、相乗効果で実用化が進展）について言及したい。

これには、**規模の拡大に頼ることなく、生産コストを下げられるテクノロジーが必要**になる。また、水素の生産から輸送、貯蔵、配給まで、既存のインフラを活かしながらサプライチェーンを構築するテクノロジーも必要になるだろう。さらに、生産、輸送、貯蔵、利用の各段階でエネルギー損失が大きいため、水素のエネルギー効率を高めるテクノロジーも欠かせない。

つまり、様々な関連テクノロジーが今後開発され、グリーン水素と相互に関連していくことで、社会に普及していくと考えられる。

次に、パターンE（技術的に優れているだけでなく、使いやすさ、信頼性、互換性、利用可能なサポートネットワークなどが相まって普及〔ホールプロダクト化〕）についても言及したい。

前述のホールプロダクトの枠組みでは、グリーン水素が「コアプロダクト」（製品そのものの基本的な機能や性能）だとすれば、「期待されるプロダクト」（顧客が製品に対して当然と考える品質、デザインなど）や「拡張プロダクト」（保証、アフターサービス、顧客サポートなど）、「理想（潜在的）プロダクト」（将来的なアップグレードや改良、新しい用途の発見など）がまだ乏しい段階である。

ただ、グリーン水素は他のテクノロジーに比べ、関連する産業規模が巨大だ。よって、ホールプロダクト化は一朝一夕に完成しない。コアプロダクトを支える3つのプロダクトが完成するには、グリーン水素がもたらす新たな産業の大きさがインセンティブになり、様々な企業が参入する必要がある。

一方で、各国のエネルギー政策は、政治的リスクや地政学リスクにより、大きく変わる可能性がある。そのため、参入企業にとっては、現段階で水素産業に巨額の投資をしていくことはリスクが高い。ゆえに、グリーン水素のホールプロダクト化には、国家による民間企業の支援や公的な投資も必要となる。普及には相当な時間がかかるだろう。

人類は社会課題解消のためにどこまでテクノロジーを駆使して良いのか

最後に、2018年に選出された「遺伝子ドライブ」についても言及したい。

これは、特定の遺伝子や遺伝的特徴を、野牛の生物集団に迅速に広めるために設計された遺伝子工学の技術だ。この技術により、自然界での遺伝子の伝達率を通常の50%より高くすることが可能となる。そのため、遺伝子ドライブを持つ生物が繁殖すると、その特定の遺伝子が次世代に非常に高い確率で受け継がれる。

この技術の適用候補例として有名なのが、マラリア感染を防ぐための蚊への適用だ。マラリアは世界3大感染症の1つで、熱帯・亜熱帯地域を中心に感染者数が多い。2022年12月に公表された世界保健機関（WHO）の「世界マラリア報告書」によると、2021年の1年間に約2億4700万人がマラリアに感染し、61万9000人が死亡したと推定されている。実は気候変動の影響で、マラリアに代表される感染症は、熱帯・亜熱帯地域だけの問題でなくなるおそれがある。世界で蚊を媒介する感染症は増加傾向にあり、今後の人類の脅威である。

マラリアの感染者を減らすためには、媒介する蚊を減らす必要がある。そこでマラリアを媒介する蚊の集団を減少させるために、遺伝子ドライブを使って生殖能力を損なう遺伝子を広める。これにより、マラリアの感染率を下げられる。同様の考え方で、侵略的な外来種の制御や、逆に

図表15-8　遺伝子ドライブが普及していない要因

要因	概要
環境への影響の不確実性	遺伝子ドライブを野生の生物集団に適用すると、予測できない生態系への影響が生じるおそれあり。非標的種への影響や生態系のバランス崩壊の懸念もある
倫理的懸念	遺伝子ドライブは特定の種の遺伝的構造を意図的に変更することを含むため、人間が自然界に介入することにまつわる倫理的な問題を引き起こす
規制とガイドラインの欠如	遺伝子ドライブに対する国際的な規制やガイドラインがまだ十分に確立されていないため、研究や応用の進展に制約が生じる
技術的な課題	遺伝子ドライブの設計、実装、モニタリングには高度な技術が必要であり、まだ解決すべき技術的な問題が多い
公衆の受容性	遺伝子組み換え生物（GMO）に対する人々の懸念が遺伝子ドライブにも及び、社会的な受容性が低い可能性がある
安全性の懸念	遺伝子ドライブが誤って解放される、意図しない生物に影響を与える、といったリスクへの懸念がある
逆転の困難さ	環境に一度放出された遺伝子ドライブは、その効果を逆転させることが非常に困難なため、不可逆的な変更が生じるリスクがある
国際的な合意の欠如	遺伝子ドライブの使用に関しては国際的な合意が必要で、異なる国や地域での意見の対立が懸念される

絶滅危惧種の保護にも利用できる。

SDGs目標と照らし合わせると、遺伝子ドライブは、害虫の繁殖力の操作による収穫量の安定化（目標2 飢餓をゼロに）、蚊を媒介した感染症の減少（目標3 すべての人に健康と福祉を）、海洋生物（例えばサンゴ礁）の環境ストレス耐性の強化（目標14 海の豊かさを守ろう）、外来種などの侵略的な動植物の繁殖の制御（目標15 陸の豊かさも守ろう）など、複数に該当するテクノロジーだ。

しかし、この技術は未だ普及していない。ただ、その理由は他のテクノロジーと大きく異なる。遺伝子ドライブの普及は、社会課題の解消という「光」の側面だけでなく、生態系への影響など「影」の側面も大きいため、様々な懸念が提起されているのだ。

先のマラリアの例で言うと、蚊も生態系の一部だ。マラリアを媒介するという理由で、むやみに減少させたり絶滅させたりすることで、生態系にどんな影響や害があるか明らかにするには、慎重な研究と議論が必要なのだ。

そのため普及には、倫理的、環境的、社会的、宗教的な観点で慎重な検討と規制が必要とされる。研究者や政策立案者は、長い年月をかけて収集したファクトに基づいて、遺伝子ドライブの光と影を慎重に評価し、普及を進める必要がある。

人類が社会課題解消のためにテクノロジーを駆使した結果、逆に地球を破壊し、生態系を破壊し、社会を破壊し、新たな危機を生み出すことがあってはならない。ただ、振り返ると産業革命という社会課題解消と人類の発展の結果、気候変動という新たな社会課題が現代に顕在化したように、社会課題解消により誕生する新たな社会課題の全てを予見できるわけではない。

これまで見てきた通り、社会課題とテクノロジーの進歩は両輪の関係にある。だからこそ、「人類を発展させる先端テクノロジーの普及には、深刻で根治が難しく、長期に続く社会課題の存在が必要である」というパラドックスもある。

テクノロジーによる光（功績、メリット、効能）が大きければ大きいほど、影（弊害、社会的な不利益、新たな社会課題）も大きいだろう。社会課題解消のために、いかにテクノロジーをサステナブルに活用していくか。これは人類の永遠の課題と言える。

第4部

どんな社会課題テーマに着目すべきか

ここまで、社会課題解消ビジネスの現状、事業としてどう実践するか、それを可能にするテクノロジーはどんなものかについて考えてきた。

本書の最後に、特に注目すべき社会課題テーマについて見ていきたい。社会課題を自ら解消できずしわ寄せを受ける「弱者」に注目することで、事業化のヒントが見えてくる。

第16章

社会課題テーマ①
中小企業にもチャンスになる「脱炭素化」

脱炭素社会で取り残される中小企業と地域・自治体

日本では2020年のカーボンニュートラル宣言を契機に、脱炭素化に向けた流れが加速している。特に大企業を中心に、国際社会や世論、金融機関からの圧力が高まり、いかに少ない温室効果ガス（GHG）排出量で既存の事業活動を展開していくかが日々模索されている。加えて、こうした状況を商機と捉え、脱炭素をテコにした新製品・サービスの開発・販売も相次ぐ。

また、地域に目を向けてみると、2021年に策定された「地域脱炭素ロードマップ」に基づく取り組みが進められている。これに基づき、「実行の脱炭素ドミノ」のモデルとなり得る100カ所の「脱炭素先行地域」が選定され、環境省を中心とした政府支援を活用しながら、地方自治体や地元企業、金融機関が脱炭素化を促進している。こうした取り組みにより、日本では最大のGHG排出量を記録した2013年から（2021年を除き）前年比減を記録し続けるなど、着実な削減が進められているのだ。[1]

脱炭素に向けて先進的に取り組む企業、地域・自治体がある一方、中小企業では取り組みが遅れ、「脱炭素『遅行』地域」と認識されるような地域・自治体が生じるおそれがある。現在、国際社会、世論、金融機関から削減圧力を受けているのは大企業が中心で、自社による排出削減に焦点が置かれている。しかし、今後はバリューチェーン全体での削減を求める声が一層高まり、中小企業への削減圧力も高まっていくと想定される。

実際、日本・東京商工会議所が２０２４年に行ったアンケートでも、中小企業の約25%が脱炭素の取り組みについて取引先から何らかの要請を受けていると回答している。[2]また、商工組合中央金庫が２０２３年に実施したアンケートでは、カーボンニュートラルに関する施策を「既に実施している」、「検討している」と回答した企業の数は44・2%に上った。[3]２０２１年調査の20%と比較すると2倍以上に増加しており、必要性を認識する企業の数は確実に高まっている。一方、裏を返すと**50%以上の企業は、未だカーボンニュートラルに関する取り組みを実施も検討もしていない**のである。

大企業から見ると、自社以外のバリューチェーンに関する情報開示が義務化される流れなどもあり、**中小企業はますます排出削減の要請を受けると見込まれる**[4]。過渡期である現状では、GHG排出量を理由に取引停止にまで至ることはあまりない。しかし今後、取引条件にGHG排出量が加えられる可能性は高い。また、仮にGHG排出量自体が取引に影響を及ぼさない場合で

1 環境省「２０２２年度の温室効果ガス排出・吸収量（概要）」
2 日本・東京商工会議所「中小企業の脱炭素推進に向けた現状と課題」（２０２４年７月30日）
3 商工組合中央金庫「中小企業のカーボンニュートラルに関する意識調査」（２０２３年７月）
4 注釈２と同じ。

も、炭素賦課金等が導入された場合、事業活動を行う際のエネルギーコストの上昇から生産コストが上昇し、取引先との交渉難航や利益減少に直面するおそれもある。

日本における中小企業数は全体の99・7%、また雇用者数で見ても69・7%を占めている。[5] この割合は都市圏以外の地域ではさらに高まり、中小企業が地域の雇用創出に大きな貢献をしている。**脱炭素への取り組みが進まないことによる事業の衰退は、経済的不平等や地域間格差の増大を引き起こす可能性**があり、社会全体の安定と持続可能性が脅かされる。

加えて、脱炭素への移行を試みる中で、**特定の産業に従事する人々が取り残される可能性**にも留意すべきだ。２０１５年のパリ協定では、「Just Transition（公正な移行）」を掲げ、雇用への配慮の必要性が説かれている。２０１８年の国際労働機関（ＩＬＯ）の報告で、パリ協定の目標達成に向けた移行により、２０３０年までに６００万人の雇用が失われる、とされたことが背景にある。一方で、失われる数を大幅に上回る２４００万人の雇用が創出されるという試算[6]もあることから、いかに新たな受け皿へ人材を受け渡していくかが問われる。

さらに、**脱炭素をテコとして、地域の企業立地や投資上の魅力を高め、地元産業の競争力を維持向上させることも可能**である。[7] 脱炭素への移行は、中小企業や地域には機会にもなり得るのだ。

ビジネスチャンスはどこにあるか

こうして中小企業、地域・自治体でも脱炭素化の要請がさらに高まる中、実際に取り組みを進めていくためには様々な課題が生じる。

前述した商工組合中央金庫のアンケートでは、「方策を実施・検討する上での課題や実施しない理由」について、「規制やルールが決まっていない」、「対処方法や他社の取組事例などに関する情報が乏しい」、「対応コストが高い」という回答が上位を占めた。同じく、前述の日本・東京商工会議所のアンケートでも、中小企業の約75%が脱炭素について取引先から何らかの要請を受けていないことが分かっており、脱炭素に関する取り組みが喫緊の課題として認識されていない、ゆえに限られたリソースの中で、積極的に情報を収集する体制を構築できていないことが推察される。

脱炭素化に取り組む必要性を認識した際に直面するのが、3番目に多い回答であった「対応コストが高い」という課題だろう。回答者を「既に実施」、「検討中」に絞った場合でも、それぞれ58・2%、50・2%で最多（全体では約31%）だった。コストの高さは、多くの企業がいざ脱炭素化に取り組もうとした際に苦慮する点なのだ。さらに、コスト上昇分の価格転嫁率が44・9%であるとの帝国データバンクによる調査結果[8]からも、中小企業にとってのハードルの高さがうかがえる。

「対応コストが高い」という課題は、技術進展などである程度は解消されても、相対的に事業規模が小さい中小企業では、その効果を享受しづらいだろう。

5　中小機構「日本を支える中小企業」
6　環境展望台「国際労働機関、パリ協定は2400万人の雇用を創出すると予測」（2018年5月15日）
7　国・地方脱炭素実現会議「地域脱炭素ロードマップ」（令和3年6月9日）
8　帝国データバンク「価格転嫁に関する実態調査（2024年7月）」

中小企業の脱炭素化を支援するビジネス

こうした状況を打開するための1つの方法が、多数の中小企業が**共同で脱炭素に関する施策に取り組めるプラットフォーム**だ。企業数の99・7％を占める中小企業が、近い将来に脱炭素化に向けた取り組みを加速させるとすると、決して小さくはない市場になるだろう。

実際の取り組み事例もある。脱炭素化で多くの企業がまず着手するのが、電力の再生可能エネルギー（以下、再エネ）化によるScope2[9]の削減だ。電気小売事業者の再エネメニューでは、非化石証書という選択肢がある。これは、再エネなど非化石電源の「環境価値」を取引するための証書であり、それさえ調達すれば脱炭素化対応できていると見なす大企業が多い。

ただ、通常の電力料金に非化石証書のコストが上乗せされるため、一般的に通常の電力調達よりコスト増となる。それに対して、昨今のエネルギー価格の高騰の影響もあり、ＰＰＡ（太陽光発電の電力購入契約）による調達は、通常電力よりも低価格での購入が可能となるメリットがある。しかし導入規模が相対的に小さい中小企業では、見積価格が高くなり、その恩恵を十分に得られない可能性が高い。こうした状況に目をつけているのがエナーバンクである。

同社は各自治体と連携しながら、太陽光発電設備を共同で導入できるプラットフォームを提供する。複数の需要家[10]による共同調達を仲介するビジネスモデルで、中小企業による脱炭素化を後押ししている。

再エネ調達以外でも、脱炭素化を進める上で企業規模が制約になっているケースは多いと想定される。例えば循環型経済の取り組みについても、立ち上がりは需要量・供給量共に限定的なことから、同様のプラットフォーム構築が役立つだろう。

中小企業の脱炭素化を支援すること自体が商機になるだけでなく、自社サプライチェーンの脱炭素化を後押しすることで競争力が向上し、間接的なビジネスチャンスになるとも考えられる。

先進的な企業では、すでにサプライチェーン全体の脱炭素化を着々と進めている。例えばアップルは、2030年までにアップル製品の生産に必要な電力を、100％再エネで賄うことを目指すプログラム、「サプライヤークリーンエネルギープログラム」を展開している。2024年4月時点で、直接製造支出の95％にあたるサプライヤーが同プログラムに参加している。

同社はさらに、再エネ調達に関する無料のe-learningコースを提供するほか、中国では再エネプロジェクトへの投資を目的としたChina Clean Energy Fundというファンドをサプライヤーと立ち上げた。2023年9月にはカーボンニュートラルな製品を発売するなど、環境先進企業としてのブランディングを着実に進めている。[11]

またウォルマートも同様の取り組みを進めている。同社はサプライチェーンの脱炭素化に向けて「Project Gigaton」を立ち上げ、エネルギー、自然、廃棄物、包装、輸送、製品使用と設計などの領域において、排出削減を求めている。エネルギーにおいてはSchneider Electricと共同でGigaton PPAを立ち上げ、購買力の小さい中小サプライヤーなどがPPAによって再エネ調達するためのプラットフォームを提供している。[12]

9 他社から供給された電気、熱、蒸気の使用に伴う間接排出。
10 電気やガスのサービスの利用者。
11 Apple「Apple, 世界中のクリーンエネルギーと水への投資を強化」(2024年4月17日)
12 https://www.walmartsustainabilityhub.com/project-gigaton

こうしてブランディングという観点から自社の競争力向上につなげつつ、サプライヤーとの関係性を強化することで安定的な部品調達を担保する。また、電源の脱炭素化やカーボンプライシングに伴う電力料金の高騰などのリスクヘッジにもなることが想定されるなど、中長期的な事業の安定性にも寄与していることは着目すべきであろう。

脱炭素化のコストは、事業規模が限定的でリソースにも制約のある中小企業では、特に大きな壁となる。コストの壁を乗り越えるための仕組みを提供することは商機になり得る上、社会に与えるインパクトも大きなものとなる。

第17章 社会課題テーマ②広範囲に影響する「気候変動」という危機

グローバルサウスで深刻化するロス&ダメージとは

気候変動がもたらす悪影響は、特にグローバルサウスと呼ばれる発展途上国・地域で顕著に表れている。これらの地域は、異常気象などの物理的なダメージに加え、気候変動を原因とする人権侵害、移住、安全保障の脅威など、多岐にわたる影響を受けている。

例えば、海面上昇による洪水や干ばつの頻発、風水害の発生などは、漁業や農業、家畜放牧といった自然資源に依存した生業に大きな悪影響を及ぼす。そうした悪影響は、選択肢の少ない途上国・地域に集中しがちであり、生業に打撃を受けたり、生業を失ったりした人々は生活基盤を失い、困窮することになる。世界銀行は、2050年までに2億1600万人が国内移住を余儀なくされる懸念があると予測し、特に、サハラ以南のアフリカ、南アジア、ラテンアメリカなど、気候変動の原因への関与が最も小さい貧困層にその影響が集中すると指摘している。[1]

1　世界銀行「気候変動により2050年までに2億1600万人が国内移住を余儀なくされる恐れ」（2021年9月13日）

図表17-1　COPにおけるロス&ダメージの経緯

COP（年）	ロス&ダメージの経緯
COP13（2008年）	バリ行動計画でロス&ダメージが交渉文書において初めて明記
COP16（2010年）	「カンクン適応枠組み」において、ロス&ダメージのための作業部会を設置
COP19（2013年）	UNFCCC下で「損失と損害に関するワルシャワ国際メカニズム（WIM）」を設立し、具体的な対策の枠組みを整備
COP21（2015年）	パリ協定の第8条にロス&ダメージを明記し、先進国は「責任と補償」の議論とは切り離すことを条件に合意
COP26（2021年）	ロス&ダメージのための資金ファシリティについて議論するが、設立の合意には至らず
COP27（2022年）	途上国向けの「ロス&ダメージ基金」の設立を合意
COP28（2023年）	ロス&ダメージ基金の運用の正式合意
COP29（2024年）	ロス&ダメージ基金を2035年までに少なくとも年3000億ドルに増やすことで合意

このような状況に対し、長年にわたり先進国と途上国の間で対立構造が続いてきた。先進国は、途上国も含めて世界全体で排出量を削減するべきであると主張する。一方、途上国は、産業革命以降の経済発展の過程で大量の温室効果ガスを排出し、気候変動を引き起こしてきた先進国こそが責任を負うべきだと言う。確かに欧米を中心とした先進国は、急速な経済発展を遂げるために大量の化石燃料（石炭、石油など）を消費し、その結果大量の温室効果ガスを排出してきた。

こうした歴史的な責任を踏まえ、気候変動による悪影響、特に「**ロス&ダメージ（Loss and Damage＝損失と損害）**」の緩和に関して、途上国から先進国に対する補償要求が強まってきた。ロス&ダメージとは、気候変動の悪影響による損失（賠償や修復が不可能）と損害（賠償や修復が可能）のことであり、気候変動の緩和策と適応策を講じてもなお避けられない被害を指す。

ロス&ダメージをめぐる国連気候変動枠組条約締約国会議（COP）での議論は、COP13（2008年）のバリ行動計画に始まり、紆余曲折を得て、COP28（2023年）に途上国向け「ロス&ダメージ基金」の運用の正式合意という歴史的な転換点が生まれた。COP29（2024年）では、基金の拠出額が年間3000億ドル（従来の年間1000億ドルから3倍）に引き上げられた。これに対して途上国側が不満を示すという一幕はあったものの、今後もロス&ダメージに関するグローバルでの関心は高まると推測される。

ロス&ダメージから生まれるビジネスチャンスとは

ロス&ダメージ基金の成立により、今後、先進国から途上国に向けたこの領域でのビジネスが進むものと考えられる。日本は、地震や津波などの自然災害に対する防災技術を長年にわたり発展させてきた歴史があり、**その強みを活かしたビジネス機会を獲得できる可能性**がある。

日本政府は「ロス&ダメージ支援パッケージ」を公表し、①事前防災から災害支援・災害リスク保険までの総合的な支援、②早期警戒システム整備支援、③ナレッジベースの知見共有等、④国連や多国間枠組等への貢献、⑤官民連携による気候関連サービスや技術の海外展開促進といった包括的な支援を提供している。

中でも②については、環境省主導で「アジア太平洋地域における官民連携による早期警戒システム導入促進イニシアティブ」として実施されており、政府開発援助（ODA）等を活かした官民一体の取り組みが進展している。

図表17-2　早期警戒システム関連ビジネス

システムの構成要素	関連する製品・サービス
災害リスクの知見・知識	災害履歴データベース
	地理情報空間システム
	ハザードマップ
	災害評価リスクサービス
観測、モニタリング、分析、予報	観測モニタリング機器
	気象情報システム
	気象予報・予測サービス
	防災・危機管理情報解析サービス
警報伝達コミュニケーション	防災情報伝達システム
	情報通信システム
	気象情報配信サービス
	災害・避難情報サービス
災害に対する準備と対応能力	防災標識
	被災者支援システム
	防災教育教材・避難訓練サービス
	損害保険

出所：環境省「アジア太平洋地域における官民連携による早期警戒システム導入促進イニシアティブ」より筆者作成

このイニシアティブでは、アジア太平洋地域において各国の事情に応じた日本の民間企業による早期警戒システムの導入（観測機器の整備、観測データの分析・予測、気候情報サービスの提供等）や早期警戒システムを活用した事業展開を進めるために、日本の有志企業との連携により体制を構築する。まずは、アジア地域で先行的にプロトタイプを構築し、導入に向けた道筋をつけることを目指している。

途上国における気候変動の適応やロス&ダメージの分野では、水や農業といった分野が優先されがちだ。そのため、防災のためのハードインフラを整備できるほどの資金調達は困難を極める傾向にある。そうした状況下、自然災害の早期検知やそれに基づく避難勧告などを促すような、容易に導入できる早期警戒システムは途上国のニーズを満たせる可能性が高い。

環境省は、当イニシアティブの中で日本による早期警戒システムの製品・サービスの展開を模索している。2024年度にはタイとベトナムで、Spectee、Weathernews、HITACHIのビジネス展開に関する市場調査や概念実証を実施している。[2]前述の3社以外にも、図表17－2に示すような早期警戒システム関連の製品・サービスは、今後アジア太平洋地域においてニーズが高まり、また日本政府による海外進出の後押しが強まるだろう。

ODAをきっかけに

では、ロス&ダメージ領域におけるビジネスをどのような方法で途上国に展開していけばいいのか。今後のビジネスチャンス拡大の一手となり得るのは、ODAを契機とし、特に「**オファー型協力**[3]」と紐づけた海外展開だ。

オファー型協力は、2023年に改訂された「開発協力大綱」に組み込まれたもので、対象国が抱える課題に対して日本の強みを活かした提案を行い、多様な主体（民間企業、公的金融機関、国際機関、大学・研究機関等）を開発のプラットフォームに巻き込み、効果を最大化することを目指す。

日本のODAはこれまで強みを発揮してきたインフラ開発から、科学技術（AIや量子技術など）

2 https://www.ewsi.green/static/doc/2024-01-23_3rd_ews_doc_01.pdf
3 外務省国際協力局「オファー型協力について」（令和5年10月）

への活用に軸足を移そうとしている。[4] この背景には、途上国の発展に伴い、道路や水道などの基礎的なハードインフラの需要が落ち着きつつあることや、他ドナー（援助国）による巨額資金を投じたインフラ開発との差別化が求められたことにある。日本の科学技術協力は、中国などと比較すると援助金額や手続きの煩雑さなどで劣りがちだが、人材育成面では長年強みを発揮してきた。[5] 対象国と日本の間の頻繁な人材交流や、長期間にわたる人材育成の結果、日本のODAの恩恵を受けた現地の研究者や技術者が日本企業によるビジネスチャンスの創出に貢献してきた。この点は、ODAのソフト面における大きな功績とも言える。

翻って海外での防災ビジネスの観点で見てみると、日本企業の課題は、機器売りなどの個別技術の提供にとどまり、上流・下流を含めた事業機会を生み出せないことであった。[6] これは、データを活用した防災ビジネスの潜在性をうまく訴求できなかったことや、適切な顧客にアプローチできなかったことなどに起因している。そのため、現地のニーズに精通し、機器売りから波及する事業機会を適切に訴求できるコーディネーターを育成できれば、防災・減災ビジネスが途上国内で大きく拡大する可能性がある。

今後、ODAなどを活かした官民一体ビジネスによって進出国とのコネクションを確立し、途上国におけるニーズをくみ取ることで、防災・減災分野における新たなビジネス機会を獲得できる可能性は十分にある。

4　外務省『科学技術外交推進会議』第7回会合の開催」（令和6年4月23日）
5　佐藤仁他「SATREPS（地球規模課題対応国際科学技術協力プログラム）の評価（第三者評価）報告書」（令和2年3月）
6　ボストンコンサルティンググループ「防災分野における適応ビジネスの海外展開に関する調査」（令和6年8月）

第18章

社会課題テーマ③ 今こそソリューションが求められる「自然災害リスク」

身近に迫る、気候変動による災害

近年、地球全体で温暖化が進行しているのは周知の通りだ。気温の上昇は、降水パターンの変化や海水温の変化による海洋循環の変化など、気候に様々な影響をもたらし、台風、洪水、干ばつ、熱波などの極端な気候現象の頻発化・激甚化を招く。

近年では日本でも、自然災害による国民生活・経済活動への多大な被害が顕在化している。令和元年東日本台風では、東日本を中心に各地で記録的な大雨となり、堤防の決壊や土砂災害が発生した。国土交通省によれば、その被害額は2兆1800億円にも上り、津波による被害を除き、統計開始以来最大となった[1]。

自然災害の激甚化は、民間企業の事業活動にも、直接・間接を問わず次のような様々な影響を及ぼす可能性がある。

1 建物被害額等の直接的な物的被害額等のみに限る。

●**直接的な影響**

資産や従業員への物理的被害を伴う操業停止コスト、修復コスト、対策コスト

取引先・顧客の罹災やインフラの寸断に伴うサプライチェーンの途絶による売上逸失など

●**間接的な影響**

保険会社のリスク評価引き上げによる保険料上昇

投資家・債権者が要求する資本コストの上昇など

S&P Globalは、気候変動に何も対策を講じなかった場合に生じる、山火事、熱波、洪水などの災害対策のコストを、S&Pグローバル1200でカバーする企業（世界の株式時価総額の約70%にあたる）の総資産価値に対する比率で試算した。それによると、対策コストは毎年発生するため、2050年代までに累計で総資産価値の3・3%、最大で28%になるという[2]。また、経済全体で見ると、十分な対策がなされない場合は、気候変動による物理的リスクの影響により、2050年までに世界全体のGDPの4・4%相当に及ぶ損害が出るとの試算もある[3]。

このように、企業への莫大な影響が予測されているにもかかわらず、日本企業の対応は十分ではない。多くは自然災害を重要なリスクとして認識しているものの、実効性のある対応策だけでなく長期的な戦略も欠いているのが現状である。特に中小企業では、災害リスクを経営戦略に組み込むことが遅れており、設備・建物等への物理的なリスクの対応やサプライチェーンの強化に関する投資が不十分である。

このような対応の遅れには、2つの要因があると見られる。1つは、**投資家や法規制・開示基準の要求が「緩和」を優先する一方、「適応」の優先度が低い**こと。もう1つは、**自然災害の発**

生確率などが定量的に評価できないため「適応」の費用対効果が評価できず、経営層が投資の是非を判断できないことが挙げられる。[4]

一方で、投資家をはじめとする社外のステークホルダーが、企業の自然災害リスクへのエクスポージャーを正しく把握できるよう、自然災害の激甚化による財務的影響を正しく評価し、開示するよう企業に求める動きがある。その機運は国際的に高まり、日本企業も対応に迫られている。

例えば、気候関連財務情報開示タスクフォース（TCFD）は企業に対し、「組織が識別した短期・中期・長期で気候変動のリスクと機会、その特定方法と対処法の説明」、「気候関連のリスクと機会が組織のビジネス、戦略及び財務計画に及ぼす影響の説明」などを求めている。[5] また、EUで施行された「企業の持続可能性報告指令（CSRD）」の「ESRS E1（欧州サステナビリティ報告基準、気候変動）」[6] や、サステナビリティ基準委員会（SSBJ）[7] でも、同様の開示が求められている。

---

2 https://www.spglobal.com/esg/insights/featured/special-editorial/quantifying-the-financial-costs-of-climate-change-physical-risks

3 https://www.spglobal.com/_assets/documents/ratings/research/101590033.pdf

4 緩和とは、さらなる進行を防ぐことを目的に、温室効果ガスの排出を抑制する活動を指し、適応は、気候変動の影響に対処し、被害を軽減・防止する活動を指す。

5 https://assets.bbhub.io/company/sites/60/2021/10/FINAL-2017-TCFD-Report.pdf

6 https://eur-lex.europa.eu/legal-content/EN/TXT/?uri=CELEX%3A32022L2464

7 SSBJ「サステナビリティ開示テーマ別基準公開草案第1号一般開示基準（案）」（2024年3月）

図表18-1　自然災害のタイムライン

自然災害の激甚化から生まれるビジネスチャンスとは

以上のように、自然災害が激甚化し、国際的な開示基準の要求が高まる中、民間企業は今後、自然災害リスクへの対策導入を加速させ、防災・減災のソリューションに対する需要が拡大することが予測される。

ここからは、自然災害のフェーズをタイムラインに沿って①リスク評価、②対策導入、③災害予測・早期検知、④発災、⑤避難・救護、⑥復旧・復興に分類した上で、フェーズごとに今後、主にどのような機能を持つソリューションの需要が高まるか考えてみたい。

まず「**①リスク評価**」だが、企業が自然災害への対応策を講じる上で最初に求められるのは、想定し得る被害を把握することである。ただ、いつ、どこで、どのような規模の自然災害が発生するかを事前に予測することは困難だ。そこで、過去の自然災害のデータなどをＡＩで分析し、将来起こり得る自然災害が自社事業へ及ぼす影響をシミュレーションするツールの需要が高まる。企業の経営層にとっては、自然災害による財務的影響が可視化・定量化されることで、対応策に関する投資判断がしやすくなり、事業のレジリエンス向上につながることが期待される。

そうなると、「**②対策導入**」が進むだろう。具体的には、自然災害リスクへのエクスポージャーが高いと判断された資産や設備の強化、保険への加入を通じたリスク移転などの需要が高まると予測される。例えば近年では、有事の際の本社機能の継続性を高めるために、本社を耐災害性能の高いビルに移転するなどの対策を講じる企業も増えている。

次に必要になるのが「**③災害予測・早期検知**」だ。このフェーズでは、IoTセンサーや衛星画像から取得したデータをAIなどで分析して、自然災害の事前の兆候を早期に検知し、アラートを発出するようなソリューションの需要が高まるだろう。近年では、画像認識やIoTセンシング技術の進歩により、河川の水位や降雨量をリアルタイムでトラックし、洪水の予兆を検知したり、定点カメラの映像や衛星画像から山火事の発生を早期に検知したりするソリューションが登場し、今後需要が拡大すると思われる。それによって、災害の兆候を早期に検知し初期対応を迅速化することで、被害を最小限にとどめられるようになる。

実際に「**④発災**」すると、従業員の安否や、建物など自社設備の被災状況を把握できるようなソリューションが求められる。例えば、オフィスの定点カメラや人流データから、特定の拠点で何人がどの程度の被害を受けたか自動で分析できれば、初期対応の迅速化につながる。

発災後の「**⑤避難・救護**」では、AI技術を活用し、被災状況を迅速かつ正確に分析し、最適な避難経路の特定、救援物資の配分計画の最適化、救急・消防車両の通行ルート最適化などを支援するソリューションが役立つ。

最後に「**⑥復旧・復興**」フェーズでは、衛星画像やドローンで収集したデータをAIで分析し、被災状況を素早く正確に分析し、保険金の支払いや自治体の罹災証明書発行手続きを自動化・迅速化するソリューションが有効となる。

これからの防災・減災ソリューション市場

では、今後の防災・減災ソリューション市場はどうなるのか。

今後は、顧客の要求水準が高度化する中、技術の進展に伴い3つの変化が生じると考えられる。

まず、防災・減災ソリューション市場の近年の傾向として、「**①デジタル化、フェーズフリー化、マルチ・ペリル化**」が進んでいる。デジタル化とは、これまで紙面などで管理されていたものを、デジタル技術によってより効率的に管理することだ。例えば、企業・自治体等の多くが紙面や表計算ソフトで在庫管理をしていた災害備蓄品などをデジタル的に管理することで、災害時にどの拠点にどの備品がどれぐらいあるか、一元的に把握できるようになる。

またフェーズフリー化とは、平時・非常時を問わず、いずれの状況下でも活用できる機能性を指す。例えば、災害が起こった際の被害を予測するシミュレーションと、リアルタイムで災害の予兆を観測・分析して早期にリスクを検知するようなソリューションは、これまで別個に存在していた。今後は1つのソリューション内で統合した、フェーズフリーのものが主流となるだろう。

さらにマルチ・ペリル化は、複数の自然災害に対応可能な機能性を指す。従来は、洪水や山火事など自然災害ごとにリスク評価や予兆観測を行っていたが、今後は複数の自然災害に対応できるようになるだろう。

企業が自然災害リスクを定量的に評価し、軽減・回避するための取り組みをより積極的に推進するようになれば、多額の投資が必要となり、大きな資金需要が生まれる。そこで、「**②適応ファイナンス[8]需要の拡大**」が予測される。これまで金融機関や投資家は、リスクが大きくて定量的にリターンを評価することが難しいという理由で、適応の取り組みに対する資金供与に消極的だった。しかし、自然災害リスクに対する意識の高まりと、リスクの可視化・定量化が進む中で、適応ファイナンスの供与により積極的になると予想される。

最後に、「**③ステークホルダー間の連携深化と市場統合による寡占化**」である。現状は、企業や自治体が個別に自然災害への対策を進めており、組織外との連携が不十分だ。例えば、災害備蓄品の管理は企業や自治体単位で行われ、地域全体で何の備蓄品がどこにどれだけあるのか、誰も把握できていない。つまり、情報や資源の有効活用ができていない。

今後は、防災体制の全体最適を実現するために、ステークホルダー間の連携が進むだろう。もし、防災に関する情報が組織の垣根を越えて、プラットフォーム上で地域全体のステークホルダーと共有されれば、災害時に備蓄品や救援品を効率的に配分できる。またプラットフォームが1つのデファクトスタンダードとして普及すれば、市場の統合・寡占化が進む可能性は高いだろう。

8 環境省によると、あらかじめ評価された気候変動による物理リスク・財務影響を軽減・回避するための取り組み、またはビジネス機会を獲得するための取り組みに対する投融資や保険などの金融スキームを指す。

第19章

社会課題テーマ④劣化する「水インフラ」

水道インフラの老朽化がもたらす社会課題とは

人々の生活や企業の経済活動などに不可欠な水道インフラは、日本全国にあまねく行き渡っている。浄水場でつくられた水を家庭や企業などに運ぶ水道管の総延長距離は、日本水道協会「水道統計（令和4年度）」によると、2022年度末時点で74・5万キロメートルとされる。これは地球18周強に及ぶ長さであり、膨大な規模だ。

一方、水道管の老朽化が進行し、各地で課題となっている。水道管が老朽化すると、材質劣化により、ある日突然破裂し、地上にも水が噴き出すことがしばしばある。復旧までの間、水が利用できなくなるだけではない。道路を通行できなくなったり、地下に埋設されている他のインフラ設備（ガス管等）が損傷したりといった様々な社会的影響が起きる。

水道統計によれば、2022年度末、法定の耐用年数である敷設後40年を経過した水道管は全国で17・6万キロメートルあり、地球約4・5周分に相当する。これは水道管全体の23・6％にあたるが、2012年には9・5％だったことを考えると10年で比率は倍増している。

また、災害の多い日本では、水インフラの耐震性確保も重要なテーマだ。2024年元日に発生した能登半島地震では、浄水場や大規模な送水管も被害を受けた。水道の復旧に5カ月を要する地域もあった。

加えて、日本では人口が減少しており、水道インフラに投じたコストを水道料金の形で回収することが難しくなる。老朽化する水道インフラを更新して、今の水道ネットワークを維持していこうとすると、水道料金は高騰してしまう。

EYSCおよび水の安全保障戦略機構事務局が共同実施している「人口減少時代の水道料金はどうなるのか？（2024年版）」という調査では、人口減少下で現状の水道インフラを維持していくために必要な水道料金の推計を市町村別に行った。その結果、2021年を起点として、2046年度までに水道料金の値上げが必要と推計される水道事業体数は分析対象全体の96％に及んだ。[1]全国平均の料金値上げ率は約48％であり、全国平均の水道料金（一般世帯相当の月20立方メートル使用時）は2021年には3317円／月だったのが、2046年には4895円／月となると推計される。

また、**水道料金の地域間格差**が開いていくことも示唆されている。水道の運営条件は地域により異なり、条件によって市町村の水道料金も異なる。水道の運営条件とは、例えば「水源の水質が劣悪で浄水処理コストを要する」、「遠方の水源まで導水管を引く必要がある」、「配水する地域の人口密度が低いため、ネットワークのコストを余分に要する」などだ。運営条件が悪い地域は

1　日本では水道は市町村経営の原則が水道法上定められていることから、水道事業体とは基本的には市町村を指し、複数の市町村でつくられた企業団も少数ながら存在している。

図表19-1　人口密度別の料金値上げ率構成

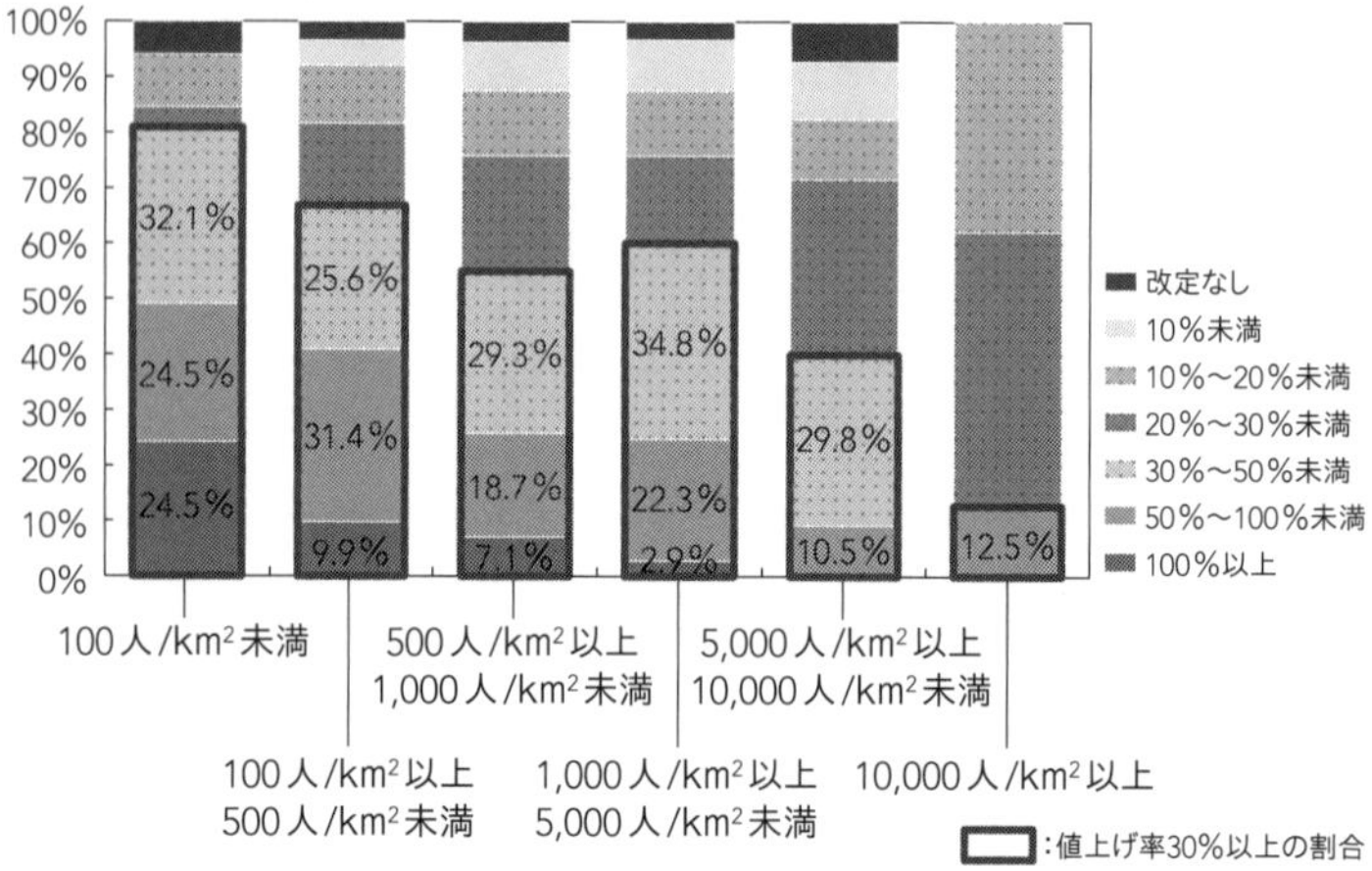

より高額の水道料金設定を必要とする可能性が高い。

図表19－1は、水道事業体の人口密度別に見た値上げ率の推計結果を示している。これを見ると、人口密度が低い場合、より大きな幅の値上げが必要になることが分かる。また個別の事業体の推計結果の中から、月々の水道料金が「最も安い事業体」と「最も高い事業体」を抽出して格差を計算すると、2021年には差が8倍（最低869円、最高6966円）だったのが、2046年には20・4倍（最低1266円、最高2万5837円）に広がる。

つまり、都市部では水道インフラを維持しながら、更新や耐震化を推進していくことが課題となり、人口密度が低くて水道料金が著しく高騰する可能性があるエリアでは、新たな水供給サービスのあり方も含めて考えていかねばならないと言える。

水道インフラをめぐるビジネス機会

では、都市部と非都市部それぞれで今後どんなビジネス機会が生じ得るか。

まず、**都市部は集合型水道インフラが主流となる**。これは、少数の大規模浄水場で水をつくり、張り巡らされた水道管ネットワークでそれを提供するインフラだ。そのため、集合型の水道管など水道インフラの更新や耐震化を推進するためのテクノロジーが求められる。

水道管は埋設されており、内部は常に圧力がかかった水で満たされているため、カメラ等を入れて調査をすることはできない。管の状態をチェックするためには路面を掘削する必要がある。そのため、これまでは管種や敷設年代に基づき、各地の地盤や土質、道路交通の状況などを見つつ、水道事業体のベテラン技術系職員の経験に頼りながら更新箇所を選定していた。一方で自治体のベテラン職員も高齢化が進んでいるため、頼り続けることも難しい。

このような課題があるため、AIによって故障リスクが高い水道管を環境情報含むビッグデータから識別できると良い。具体的には、インフラの健全性や更新の必要性が高い地点を自動判定するAI技術や、漏水地点を特定するといった衛星画像ソリューションなどが考えられる。これらのテクノロジーは、担い手不足の中で水道運営に関わる人のノウハウ不足を補い、省力化にもつながる。また、限られた財源をどこに優先的に投下すべきかが明らかになり、施設の更新コスト最適化が可能になる。

他方で、非都市部に目を向けると、広域に網の目のように水道管が張り巡らされている現状のネットワーク型水インフラから、非ネットワーク型水インフラ、または**「分散型」水供給への転換**というニーズが生じ得る。具体的に言えば、水道管ではなく車両での輸送である。

実際に、宮崎県宮崎市では、市街地から遠く離れた2つの地区に給水タンク車で浄水処理された水を運び、各地区の配水池に注水をしている。各世帯にはこの配水池から給水される。この2地区は以前から宮崎市の水道区域からは切り離されており、もともと存在した浄水場の被災後の対応として、この給水タンク車による対応を始めた。

今後、人口が減少していく中で、水道管ネットワークでつながっている地域でもこうしたスタイルへの切り替えが起きる可能性がある。また、各世帯に直接水を届けるという形での供給サービスを求める声がさらに高まる可能性もあるだろう。

また、各世帯で浄水・下水処理設備を据え付け、世帯単位で水道インフラを完結する、といった考え方もある。実際、宅内で使用した水を浄化処理して、再度宅内で使用する**クローズドループ型の世帯向け水処理設備**も、開発や実証が近年進められている。世帯単位での水の循環利用が集落全体に広がれば、従来型の浄水場や、各世帯に水を送るための配水池や水道管も必要なくなる。当然、設備のコスト、処理・供給の安定性の検証は必要だ。水道インフラの更新で負担が困難な地域にとって、自発的に解決の手法を見出すヒントになるだろう。

都市部・非都市部で異なるビジネス化の観点

都市部での最適な設備更新のためのソリューションは、スタートアップや水関係メーカーなどによって開発が進められている。今後もその需要は増すだろう。

一方で自治体向けにビジネスを行う上での課題として、一つひとつの自治体が小規模だったり、水道事業関連の設備や役務の調達の方法や資産管理の考え方が千差万別だったりすることが挙げ

図表19-2　従来型水インフラから分散型への転換（イメージ）

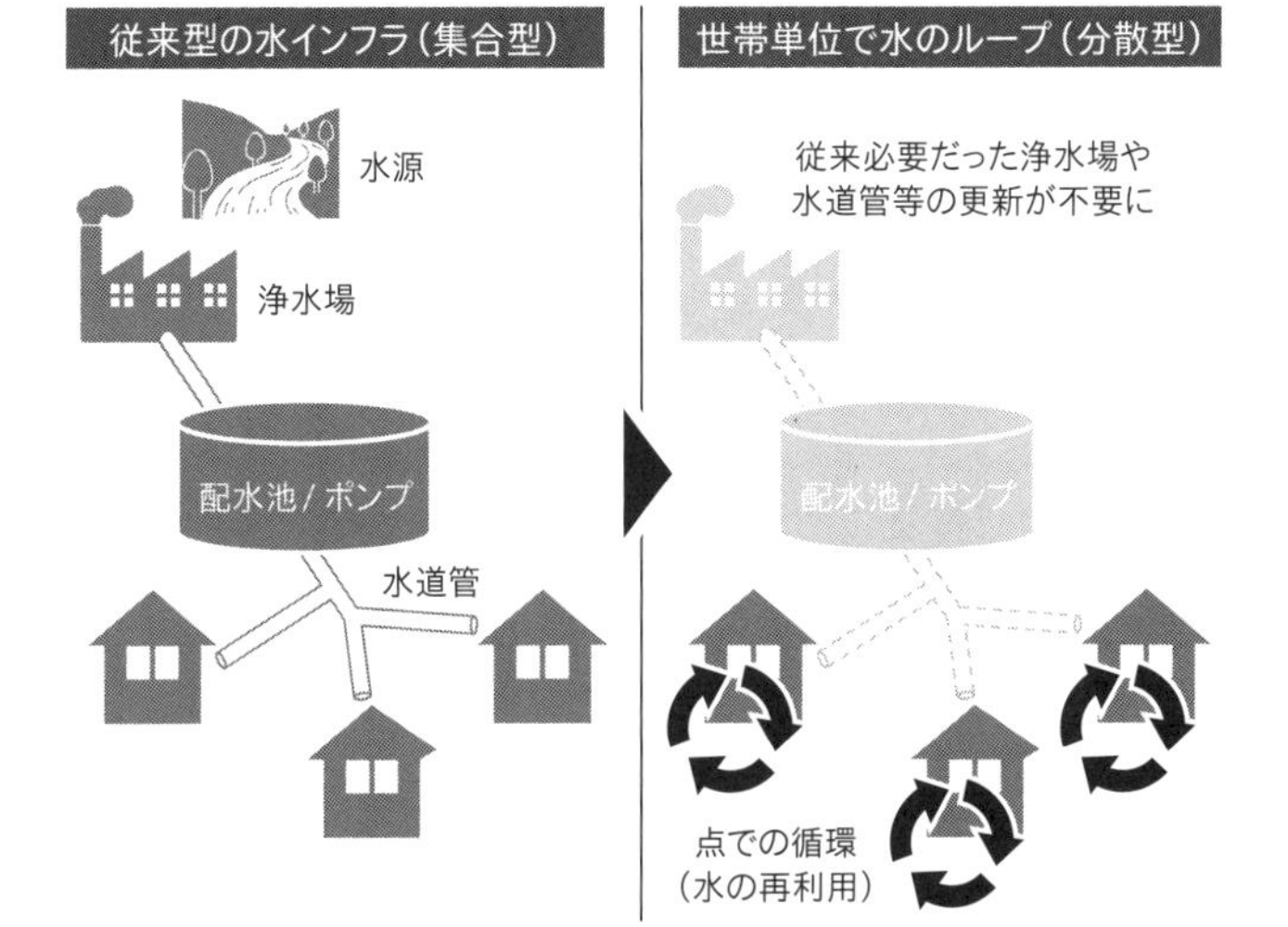

られる。こうした点が、自治体向けのビジネスを拡大する際の阻害要因になる。特にスタートアップは、営業面で非効率となるケースが多い。

そのため、いかにして個々の水道事業体ではなく、地域単位などで広域的な発注を実現するかが重要だ。これは国や自治体の役割にもなるため、政策的に推奨し誘導する工夫の視点も重要になるだろう。

また、非都市部の分散型水インフラは、「地域におけるインフラサービスは誰が提供するのか」という視点で考える必要がある。例えば、水インフラの確保に苦労する地域でも、プロパンガスや電気、通信は供給されているし、浄化槽も設置されている。そのため、**水道インフラ以外も含めた地域インフラを、様々な分野のインフラ事業が行政と最低限のコストシェアなどにより協働しながら守っていく**、といった姿もありえるだろう。

おわりに

コンサルタントには、2つのタイプがいると言われる。

1つは「課題回答型コンサルタント」。もう1つが「課題設定型コンサルタント」。

「課題回答型」は、「売上が伸びず困っている」、「競合他社の後塵を拝している」など、クライアント企業から提示された課題に、時間と報酬をいただき回答を作成するコンサルタントだ。

一方で「課題設定型」は、クライアント企業に対して「そもそも本質的にどんな経営課題を解決すべきか」を提示し解決できるコンサルタントである。

たとえれば、「課題回答型」が夏休みの宿題代行サービスで、「課題設定型」はテーマから考えてそれを必要とする人に売り込み、問題を解決するビジネスだ。

様々な労働集約産業がデジタル化で消えゆく中で、コンサルティング業界は未だ残る労働集約産業である。事実、「コンサルタントが何人・何時間を支援に使うか」で報酬が決まる工数ビジネスは、過去から今に至るまで変わっていない。また、人数規模で売上の大小が決まるため、自社のコンサルタントが「何千人を超えた」ということが喧伝されている。

ただ、生成ＡＩの登場は、（最後の労働集約産業になるかもしれない）コンサルティング業界にかつてない破壊的な影響を与えた。本書の執筆でも、生成ＡＩの利用は欠かすことができなかった。生成ＡＩは、コンサルティング業界が本来あるべき「知識集約産業」を体現しているのだ。

翻って、本書のテーマである「社会課題解消ビジネス」とは、コンサル会社にとってはどのようなものか。コンサル会社が自ら社会課題を見つけビジネスとして解消する「課題設定型」のケースは、残念ながら少ない。実態は「社会課題解消ビジネスをしたい」クライアント企業から提示された課題に回答をする「課題回答型」がほとんどだ。

「課題回答型コンサルは生成ＡＩに駆逐され不要になる」――そんな世界線はもはや既定路線だ。一方、「これからコンサル会社は人数の規模でなく、知識の集積度で競い合う」と言いたいところだが、知識の集積で生成ＡＩに太刀打ちできるわけがない。

今後、社会課題解消ビジネスが大きな潮流になる場合、コンサルに求められるのは課題設定型の社会課題解消ビジネスだろう。社会課題の本質的な問題を提示し、社会に解消の機運を醸成する。さらに、生成ＡＩでは出せないようなロジックで様々なステークホルダーを説得し、利害を調整し腹落ちさせて動かしながら、ビジネスと両立させ実際に社会課題を解決していく。

その姿は、知的なエリートによる「ブレイクスルー」型の課題解決ではなく、マドルスルー（何度も挫折しながらもがき苦しみ何とか突破する）型の課題解決になる。

これは何もコンサルタントに限った話ではない。業種業界を問わずこれからを生き抜く全てのビジネスパーソンに共通して言えることでもあろう。

「風雲児」とは、「事変などの機会を捉えて才能を表し、目ざましい活動をする人」のことだ。ポリクライシスの時代は、風雲児が生まれるチャンスである。このチャンスに「課題設定型」になれるか、「課題回答型」で淘汰されるか、まさにその真価が問われる。本書が全てのビジネスパーソンにとって「課題設定型」に転身する一助になれば幸いである。

著者プロフィール

EYストラテジー・アンド・コンサルティング株式会社

EYストラテジー・アンド・コンサルティング株式会社は企業の成長のための戦略立案、M&Aトランザクションそしてビジネス変革を推進するコンサルティングサービスから成り立つEYのメンバーファームです。業種別の専門チームが起点となり、ストラテジーからエグゼキューション（M&A）、ストラテジーからトランスフォーメーションをワンストップで支援します。

EYは、「Building a better working world～より良い社会の構築を目指して」をパーパス（存在意義）としています。クライアント、人々、そして社会のために長期的価値を創出し、資本市場における信頼の構築に貢献します。

150カ国以上に展開するEYのチームは、データとテクノロジーの実現により信頼を提供し、クライアントの成長、変革および事業を支援します。

アシュアランス、コンサルティング、法務、ストラテジー、税務およびトランザクションの全サービスを通して、世界が直面する複雑な問題に対し優れた課題提起（better question）をすることで、新たな解決策を導きます。

EYとは、アーンスト・アンド・ヤング・グローバル・リミテッドのグローバルネットワークであり、単体、もしくは複数のメンバーファームを指し、各メンバーファームは法的に独立した組織です。アーンスト・アンド・ヤング・グローバル・リミテッドは、英国の保証有限責任会社であり、顧客サービスは提供していません。EYによる個人情報の取得・利用の方法や、データ保護に関する法令により個人情報の主体が有する権利については、ey.com/privacyをご確認ください。EYのメンバーファームは、現地の法令により禁止されている場合、法務サービスを提供することはありません。EYについて詳しくは、ey.comをご覧ください。

岩泉 謙吾（企画立案、全体監修、第1部、第3部担当）

ストラテジー・アンド・トランスフォーメーション／EYパルテノン ストラテジー
パートナー

コンサルティングファーム複数社を経て、2021年より現職。事業戦略策定や新規事業立ち上げ、システム導入など幅広いテーマの案件に従事。ICT（Information and Communication Technology＝情報通信技術）関連企業を中心に戦略策定、事業変革、新規事業立ち上げなどの支援業務をけん引する。

中川 遼（企画立案、第2部担当）

ストラテジー・アンド・トランスフォーメーション／EYパルテノン ストラテジー
シニアマネージャー

コンサルティングファーム複数社を経て、2021年より現職。複数年にわたり様々な業種／業界の企業を対象に、社会課題の商機導出、ビジネスモデル策定、社会課題解消の機運醸成までの社会課題解消ビジネスにおける3ステップ一連の支援に従事。近年はICT業界を中心とした社会課題解消ビジネスの支援に従事。

伊原 克将（第2部第10章コラム担当）

Strategic Impact　BX Strategy
シニアマネージャー
多摩大学ルール形成戦略研究所 客員教授

早稲田大学大学院 環境・エネルギー研究科 博士課程（工学）修了。大手印刷会社、米国系会計コンサルティングファームを経て現職。国内初となる「行動科学×戦略コンサルティング」を特色とするチームを創設し、官民の戦略・構想プロジェクトを多数手がける。その他に、気候変動分野を中心とした政策提言や制度設計に従事。

伊藤 言（第2部第10章コラム担当）

Strategic Impact　BX Strategy
マネージャー
多摩大学大学院ルール形成戦略研究所 客員教授

独立行政法人の研究員、心理学系シンクタンクを経て現職。国内初の「行動科学（心理学・行動経済学）×戦略コンサルティング」チームを創設。アカデミアの知見（先人の英知）がビジネス（経営課題解決）に活かされない現状を社会課題と捉え、両者をつなぐコンサルティングを探求している。

尾山 耕一（第2部第12章コラム担当）

サステナビリティ室　室長
パートナー

慶應義塾大学大学院経営管理研究科修士課程（MBA）修了後、大手会計系コンサルティングファームを経て、現職。自動車・製造業を中心に、サステナビリティ戦略、新規事業戦略、マーケティング戦略立案などに従事。

田村 響（第4部第16章担当）

サステナビリティ室
シニアマネージャー

東京大学大学院修士課程（国際協力学）修了後、大手会計系コンサルティングファーム、国際協力を専業とするコンサルティングファームを経て、現職。気候変動を中心としたサステナビリティ経営の高度化／事業戦略との統合や統合報告書をはじめとした情報開示の支援などに従事。

沖田 広希（第4部第17章担当）

サステナビリティ室
マネージャー

東京大学大学院修士課程（国際協力学）修了後、国際協力を専業とするコンサルティングファームを経て、現職。キャリアを通じて広くサステナビリティ・社会課題解決に関するプロジェクトに従事。開発途上国における経済社会開発、インフラ開発に伴う環境社会インパクト評価の経験に加え、近年では中央官庁・民間企業問わず多様なクライアントのサステナビリティ戦略・構想策定、マルチステークホルダー向け情報開示・対話促進、TCFD/TNFD提言に則したシナリオ分析・情報開示の伴走支援等に従事。

齋藤 隆祐（第4部第18章担当）

サステナビリティ室
シニアマネージャー

エラスムス大学ロッテルダム経営大学院修士課程（MBA）修了後、総合系コンサルティングファーム、国際開発NGO、気候変動テックスタートアップなどを経て、現職。テクノロジー・データを活用したサステナビリティ経営の業務変革や、民間企業の気候変動レジリエンス強化など、広く企業のサステナビリティ経営推進の支援業務に従事。

奥野 翔矢（第4部第18章担当）

サステナビリティ室
マネージャー

京都大学大学院修士課程（工学）修了後、セメントメーカー、大手会計系コンサルティングファームを経て、現職。官公庁や民間企業に対して、ESG経営の高度化や気候変動対応強化、サステナビリティ起点の新規事業構築などの支援に従事。

山本 一真（第4部第18章担当）

サステナビリティ室
シニアコンサルタント

コロンビア大学国際公共政策大学院修士課程（国際公共政策学）・東京大学公共政策大学院修士課程（公共政策学）修了後、大手会計系コンサルティングファームを経て、現職。様々な業種／業界の企業を対象に気候変動影響分析やESG経営推進の支援に従事。

福田 健一郎（第4部第19章担当）

インフラストラクチャー・アドバイザリー
アソシエートパートナー

大手シンクタンクを経て、現職。上下水道事業を専門としており、PPP/PFI（官民連携）やDX、脱炭素化等の各種事業化に向けた支援を国、地方自治体や民間企業に提供。人口減少下で持続可能な公共インフラサービス運営手法の立案やインフラ産業の変革を支援するチームをリード。

大塚 高弘（第4部各章の調査担当）

サステナビリティ室
シニアコンサルタント

大阪大学大学院博士課程（理学）修了後、新卒入社。官公庁を含む多様なクライアントに対して、サステナビリティ経営高度化、情報開示規則対応強化、マルチステークホルダー向け発信媒体作成・対話促進の支援などに従事。

本書内容に関するお問い合わせについて

このたびは翔泳社の書籍をお買い上げいただき、誠にありがとうございます。弊社では、読者の皆様からのお問い合わせに適切に対応させていただくため、以下のガイドラインへのご協力をお願いしております。下記項目をお読みいただき、手順に従ってお問い合わせください。

お問い合わせされる前に

弊社Webサイトの「正誤表」をご参照ください。これまでに判明した正誤や追加情報を掲載しています。

正誤表　https://www.shoeisha.co.jp/book/errata/

●お問い合わせ方法

弊社Webサイトの「書籍に関するお問い合わせ」をご利用ください。

書籍に関するお問い合わせ　https://www.shoeisha.co.jp/book/qa/

インターネットをご利用でない場合は、FAXまたは郵便にて、下記“（株）翔泳社 愛読者サービスセンター”までお問い合わせください。
電話でのお問い合わせは、お受けしておりません。

●回答について

回答は、お問い合わせいただいた手段によってご返事申し上げます。お問い合わせの内容によっては、回答に数日ないしはそれ以上の期間を要する場合があります。

●お問い合わせに際してのご注意

本書の対象を超えるもの、記述個所を特定されないもの、また読者固有の環境に起因するお問い合わせ等にはお答えできませんので、予めご了承ください。

●郵便物送付先およびFAX番号

送付先住所　〒160-0006　東京都新宿区舟町5
FAX番号　03-5362-3818
宛先　（株）翔泳社 愛読者サービスセンター

ブックデザイン　池上 幸一
DTP　株式会社 シンクス

3つのステップで成功！
社会課題で新規事業をつくる

「ソーシャル×テクノロジー」で生まれるビッグチャンス

2025年4月21日　初版第1刷発行

著　者　EY《イーワイ》ストラテジー・アンド・コンサルティング

発行人　臼井 かおる
発行所　株式会社 翔泳社（https://www.shoeisha.co.jp）
印刷・製本　中央精版印刷 株式会社

ISBN 978-4-7981-8826-3　Printed in Japan